Olaf Fischer

Allgemeine Bankbetriebswirtschaft

Prüfungstraining zum Bankfachwirt

Die Bücher der Reihe Prüfungstraining zum Bankfachwirt richten sich an Kandidaten, die sich auf die Abschluss- oder Zwischenprüfung vorbereiten. Die Bücher helfen Verständnislücken auf prüfungsrelevanten Gebieten zu schließen, bieten eigene Kontrollmöglichkeiten an und geben somit die erforderliche Sicherheit für das erfolgreiche Bestehen der Prüfung.

Bisher sind erschienen:

Allgemeine Bankbetriebswirtschaft
von Olaf Fischer

Mündliche Prüfung Bankfachwirt
von Achim Schütz I Olaf Fischer I Margit Burgard

Volkswirtschaftslehre für Bankfachwirte
von Olaf Fischer (Hrsg.) und Meinolf Lombino

Recht für Bankfachwirte
von Ulrich Bente, Henriette Deichmann
und Cordula Gürtler-Bente

Abschlussprüfungen Allgemeine Bankwirtschaft, Betriebswirtschaft, Volkswirtschaft, Recht
von Olaf Fischer (Hrsg.) und Torben Mothes

Weitere Titel sind in Vorbereitung

Olaf Fischer

Allgemeine Bankbetriebswirtschaft

Sicher durch die Zwischen- und Abschlussprüfung zum geprüften Bankfachwirt

4., überarbeitete Auflage

GABLER

Bibliografische Information der Deutschen Nationalbibliothek
Die Deutsche Nationalbibliothek verzeichnet diese Publikation in der Deutschen Nationalbibliografie; detaillierte bibliografische Daten sind im Internet über <http://dnb.d-nb.de> abrufbar.

1. Auflage 2004
2., überarbeitete Auflage 2006
3., überarbeitete Auflage 2008
4., überarbeitete Auflage 2009

Lektorat: Guido Notthoff

Gabler ist Teil der Fachverlagsgruppe Springer Science+Business Media.
www.gabler.de

Umschlaggestaltung: Ulrike Weigel, www.CorporateDesignGroup.de
Druck und buchbinderische Verarbeitung: Krips b.v., Meppel

Printed in the Netherlands

ISBN 978-3-8349-1509-2

Vorwort

Liebe Leserinnen und Leser,

wenn Sie mein Buch in die Hand nehmen, stehen Sie wahrscheinlich vor Ihrer Abschlussprüfung oder Zwischenprüfung zum geprüften Bankfachwirt.

Mit meinem Buch möchte ich Ihnen die Vorbereitung im Fach Allgemeine Bankbetriebswirtschaft erleichtern. Ich weiss aus eigener Erfahrung, wie schwierig es ist, die Prüfungsvorbereitung anhand eigener Mitschriften aus den Vorlesungen bzw. anhand anderer, zum Teil zu umfangreicher, Literatur vorzunehmen.

In den Vorlesungen haben Sie im Langzeitgedächtnis einiges gespeichert, welches Sie nun wiederholen möchten. Genau an dieser Stelle setzt mein Buch an. Meine persönliche Zielstellung ist es, Ihnen innerhalb eines Zeitraumes von max. 14 Tagen alle wesentlichen Aspekte wieder ins Gedächtnis zu rufen.

Mein Buch setzt deshalb voraus, dass Sie die wesentlichen Elemente der Allgemeinen Bankbetriebswirtschaft schon einmal gehört haben. Es geht an geeigneter Stelle ins Detail, andere Aspekte werden nur grob umrissen. Es ist nicht Ziel, ein in sich abgeschlossenes Buch zu dem Thema Allgemeine Bankbetriebswirtschaft zu schreiben. Dann würde es mindestens die dreifache Seitenanzahl umfassen und das Wiederholen zu umfangreich machen.

Jeder Teil wird abgerundet durch Fälle und Aufgaben, die das Gelesene vertiefen. Die Lösungshinweise zu den Fällen und den Wiederholungsaufgaben sowie aktuelle Informationen erhalten Sie auf der Internetseite zu meinem Buch. Die Lösungshinweise sind über folgende Page des Gablerverlages zu erreichen „http://app.gwv-fachverlage.de/tu/96". Zu den Kurzaufgaben sind auf der Internetseite keine Lösungshinweise enthalten, da die Lösungen hierzu in der Regel dem vorangegangenen Text entnommen werden können.

Erlauben Sie mir an dieser Stelle noch den Hinweis, dass das Thema Europäische Zentralbank nicht behandelt wird. Es ist traditionell ein Thema der Allgemeinen Volkswirtschaft. Ebenfalls sind einzelne Aspekte des Jahresabschlusses nur auf den Bankbetrieb bezogen. Allgemeine betriebswirtschaftliche Themen hierzu sind dem Fach Allgemeine Betriebswirtschaft vorbehalten.

In den Bereichen Jahresabschluss der Kreditinstitute, Bankkostenrechnung als zentrales Element des Bankcontrollings und der Bankpolitik werden Einlagenkreditinstitute in der Form von Universalbanken betrachtet. Auf die Besonderheiten von Spezialinstituten wird an dieser Stelle nicht eingegangen.

Mein besonderer Dank gilt meinen Studentinnen und Studenten in diesem Fachgebiet sowie den Leseren der bisherigen Auflagen, die mir durch Hinweise und Anregungen die Möglichkeit gegeben haben, mein Buch weiter zu perfektionieren. Insbesondere möchte bei Herrn Thomas Rust sowie Herrn Torben Mothes für ihre kreativen und kritischen Hinweise zur Verbesserung des Werkes bedanken.

Ein gut gemeinter Hinweis an Sie! Es ist sinnvoll sich intensiv mit den Gesetzestexten zu beschäftigen. Lesen Sie die entsprechenden Vorschriften nach. Es ist nicht nötig, alles zu wissen, lediglich wo es steht, da Sie die gängigen Gesetzestexte in den Prüfungen benutzen können.

In der vorliegenden 4. Auflage sind alle wesentlichen gesetzlichen Änderungen eingearbeitet worden. So werden Sie beispielsweise die Regelungen der Solvabilitätsverordnung und der Liquiditätsverordnung übersichtlich erläutert finden. Ferner wurden die Änderungen des KWG durch das Investmentänderungsgesetz sowie des Finanzmarkt-Richtlinie-Umsetzungsgesetzes berücksichtigt. Dem Finanzmarktstabilisierungsgesetz wurde ein eigenes Kapitel gewidmet. Auf die Berücksichtigung der Änderungen des HGB durch das Bilanzrechtsmodernisierungsgesetz wurde bei der vorliegenden Auflage zunächst noch verzichtet. Wenn das Gesetzgebungsverfahren abgeschlossen ist, werden Sie auf der Internetseite zum Buch entsprechende Ausführungen finden, die in der nächsten Auflage im Buch berücksichtigt werden.

Nun wünsche ich Ihnen viel Erfolg bei Ihrer Prüfungsvorbereitung und stehe Ihnen über die Internetseite gerne mit Rat und Tat zur Seite. Sollten Sie Fehler finden oder der Meinung sein, den einen oder anderen Aspekt besser darstellen zu können, so bitte ich um entsprechende Information. Sie erreichen mich unter folgender E-Mail-Adresse: „bankbetriebswirtschaft@freenet.de“

Ich werde Anregungen gerne berücksichtigen.

Herzlichst

Ihr
Olaf Fischer

Berlin, im Dezember 2008

Dieses Buch widme ich folgenden Personen, denen ich mich sehr verbunden fühle.

Meiner Ehefrau Claudia.

Meinen lieben Freunden Christiane und Willi Lippke.

Meinen Förderern

- Peter Golsch
- Jürgen Schmidt
- August Hentze
- Ralf Denkert
- Michael Jama

in Dankbarkeit für die Unterstützung auf meinem beruflichen Weg.

Inhaltsverzeichnis

Abkürzungsverzeichnis ... XIII

Bankrechtliche Rahmenbedingungen

1 Banken, deren Sicherung und Beaufsichtigung ... 3

1.1 Kreditinstitute und bankverwandte Unternehmen ... 3

1.2 Gründung und Errichtung von Kreditinstituten ... 7

1.3 Der Leistungsprozess der Kreditinstitute ... 8

1.4 Das Kreditwesengesetz (KWG) im Überblick ... 11

1.5 Institutionen und Träger der Bankenaufsicht ... 12

1.6 Einlagensicherungssysteme im deutschen Bankwesen ... 13

1.7 Finanzmarktstabilisierungsgesetz im Überblick ... 14

2 Eigenmittel und deren Verwendung ... 15

2.1 Einleitung ... 15

2.2 Das Kernkapital und seine Bestandteile ... 20

2.3 Das Ergänzungskapital, die Drittrangmittel und ihre Bestandteile ... 21

2.4 Verwendung der Eigenmittel zur Risikounterlegung ... 28

2.5 Ausgewählte außerbilanzielle Geschäfte und Finanzinnovation ... 44

2.6 Beispiel Zinsswap ... 48

3 Eigenmittel auf konsolidierter Basis ... 51

3.1 Grundlagen ... 51

3.2 Konsolidierungsverfahren ... 54

3.3 Entstehung und Behandlung des aktivischen Unterschiedsbetrages ... 55

4 Kreditgeschäft im KWG ... 61

4.1 Großkreditvorschriften im KWG ... 61

4.2 Millionenkreditvorschriften im KWG ... 65

4.3 Organkreditvorschriften im KWG ... 65

4.4 Offenlegung der wirtschaftlichen Verhältnisse und Kreditnehmereinheiten ... 67

5 Liquidität der Kreditinstitute ... 71

5.1 Liquidität und Liquiditätsbegriffe ... 71

5.2 Liquiditätsverordnung ... 73

6 Aufgaben und Fälle 77
6.1 Ermittlung des modifizierten, verfügbaren Eigenkapitals und Ermittlung der Gesamtkennziffer gem. SolvV 77
6.2 Ermittlung der anrechenbaren Eigenmittel und der Gesamtkennziffer gem. SolvV 78
6.3 Großkredite im KWG 79
6.4 Kurzaufgaben 80
6.5 Wiederholungsaufgaben 81

Jahresabschluss der Kreditinstitute

7 Rahmenbedingungen 87
7.1 Einführung in das betriebliche Rechnungswesen 87
7.2 Rechtsgrundlagen 89
7.3 Prüfungspflichten und Publizität 91
8 Die Bilanz der Kreditinstitute 93
8.1 Inhalte und Gliederungen in der Bankbilanz 93
8.2 Die Bankbilanz - Aktiva 95
8.3 Die Bankbilanz - Passiva 102
9 Die Gewinn- und Verlustrechnung 109
9.1 Aufgaben der Gewinn- und Verlustrechnung 109
9.2 Positionen der Gewinn- und Verlustrechnung 110
10 Anhang und Lagebericht 115
10.1 Anhang 115
10.2 Lagebericht 116
11 Bewertung in der Bankbilanz nach den Vorschriften des HGB 117
11.1 Einführung und Rechtsgrundlagen des HGB 117
11.2 Bewertungsvorschriften der Aktiva 121
12 Bilanzpolitik 129
12.1 Grundlagen der Bilanzpolitik 129
12.2 Gestaltung des Ergebnisausweises 131
13 Konzernabschluss 133
13.1 Konzernabschluss nach dem HGB 133
13.2 Konzernabschluss nach den IAS/IFRS 135
14 Aufgaben und Fälle 139
14.1 Erstellung des Jahresabschlusses 139
14.2 Bewertung in der Bankbilanz 140

14.3 Kurzaufgaben 141
14.4 Wiederholungsaufgaben 142

Bankkostenrechnung als zentrales Element des Bankcontrollings

15 Rahmenbedingungen 147
15.1 Einführung in das Bankcontrolling 147
15.2 Grundlagen der Bankkostenrechnung 150
15.3 Grundbegriffe der Bankkostenrechnung 153
16 Die erste Rechenstufe 161
16.1 Gesamtbetriebskalkulation 161
16.2 Gesamtzinsspannenrechnung 165
17 Die Teilzinsspannenrechnung 167
17.1 Übersicht über die verschiedenen Methoden 167
17.2 Schichtenbilanzmethode 168
17.3 Das Grundkonzept der Marktzinsmethode 171
17.4 Besonderheiten der Marktzinsmethode 174
18 Die Kalkulation im Betriebsbereich 183
18.1 Kostenstellenrechnung 183
18.2 Stückkostenrechnung 184
19 Das integrierte Kostenrechnungssystem 187
19.1 Einleitung 187
19.2 Geschäftsartenrechnung - Produktkalkulation 190
19.3 Kundenkalkulation und Geschäftsstellenrechnung 195
20 Aufgaben und Fälle 203
20.1 Standard-Einzelkostenrechnung 203
20.2 Standard-Risikokosten 205
20.3 Kundenkalkulation 206
20.4 Kurzaufgaben 207
20.5 Wiederholungsaufgaben 208

Bankpolitik

21 Zielsystem im Bankgeschäft 211
21.1 Einleitung 211
21.2 Die Eigenkapitalrentabilität als Messgröße für den Gesamterfolg 213
21.3 Die finanziellen und nicht finanziellen Sicherungsziele 218
22 Instrumente der Banksteuerung 219
22.1 Einleitung 219

22.2 Organisation ... 220
22.3 Planung ... 223
22.4 Bankmarketing im Kundengeschäft ... 226
23 Rentabilitätsmanagement ... 235
23.1 Einführung ... 235
23.2 Die Planung des strukturellen Gewinnbedarfs ... 237
23.3 Ableitung der Mindestbruttozinsspanne Gesamtbank ... 240
23.4 Ableitung der Mindestmarge im Kundengeschäft ... 245
24 Risikomanagement ... 247
24.1 Einleitung ... 247
24.2 Kreditrisiko ... 252
24.3 Zinsänderungsrisiko, Aktienkursrisiko und Währungsrisiko ... 253
25 Aufgaben und Fälle ... 259
25.1 Bankmarketing ... 259
25.2 Strukturelle Gewinnbedarfsplanung ... 260
25.3 Kurzaufgaben ... 261
25.4 Wiederholungsaufgaben ... 262
Schlagwortverzeichnis ... 265

Abkürzungsverzeichnis

AO	Abgabenordnung
BaFin	Bundesanstalt für Finanzdienstleistungsaufsicht
BAKred	Bundesaufsichtsamt für das Kreditwesen
BelWertV	Beleihungswertermittlungsverordnung
DM	Drittrangmittel
EStG	Einkommensteuergesetz
EK	Ergänzungskapital sowie Eigenkapital
GK-Zins	Geld- und Kapitalmarktzins
HGB	Handelsgesetzbuch
KI	Kreditinstitut
KK	Kernkapital
KWG	Kreditwesengesetz
LiqV	Liquiditätsverordnung
Nif	Note Issuance Facilities
PfandBG	Pfandbriefgesetz
Ruf	Revolving Underwriting Facilities
SolvV	Solvabilitätsverordnung
VAR	Value at Risk

BANKRECHTLICHE RAHMENBEDINGUNGEN

1 Banken, deren Sicherung und Beaufsichtigung

Lernziele
Sie werden die Begriffe Institut und Finanzunternehmen sowie Bankgeschäfte erläutern können. Ihnen werden die Grundlagen der Bankengründung aufgezeigt. Sie werden die Begriffe Handelsbuchinstitut und Nichthandelsbuchinstitut darstellen können. Ihnen wird das Einlagensicherungssystem sowie die Bankenaufsicht vorgestellt.

1.1 Kreditinstitute und bankverwandte Unternehmen

Das KWG unterscheidet zwei wesentliche Unternehmensarten:

- Institute und
- Finanzunternehmen.

Institute sind gem. § 1 Abs. 1b KWG Kreditinstitute und Finanzdienstleistungsinstitute. Für Institute gelten die Vorschriften des KWG i.d.R. vollumfänglich.

Für Finanzunternehmen sind nur einige §§ im KWG von Bedeutung (z.B. die Vorschriften zur Konsolidierung).

Kreditinstitute können Einlagenkreditinstitute, Wertpapierhandelsbanken, E-Geld-Institute oder sonstige Kreditinstitute sein.

Finanzdienstleistungsinstitute betreiben „banknahe" Geschäfte, zählen jedoch nicht als Kreditinstitut.

Die Einordnung als Finanzdienstleistungsinstitut ist gegenüber dem Begriff Kreditinstitut subsidiär, d.h. wenn ein Kreditinstitut Geschäfte eines Finanzdienstleistungsinstituts betreibt, wird es trotzdem als Kreditinstitut eingestuft.

Institute können Handelsbuchinstitute (§ 13a Abs. 1 KWG) oder Nichthandelsbuchinstitute (§ 13 Abs. 1 KWG) sein. Handelsbuchinstitute müssen die Vorschriften des KWG und der SolvV zum Handelsbuch beachten.

EIN INSTITUT GILT GEM. § 2 ABS. 11 KWG ALS NICHTHANDELSBUCHINSTITUT, WENN

- der Anteil des Handelsbuches i.d.R. 5% der gesamten Geschäftstätigkeit (bilanzielle und außerbilanzielle Geschäfte) nicht übersteigt,
- die Handelsbuchpositionen i.d.R. den Betrag von 15 Mio. EUR nicht überschreiten,
- der Anteil des Handelsbuches zu keiner Zeit mehr als 6% der gesamten Geschäftstätigkeit (bilanzielle und außerbilanzielle Geschäfte) beträgt und
- die Gesamtsumme der Handelsbuchpositionen zu keiner Zeit den Betrag von 20 Mio. EUR überschreitet.

Im Handelsbuch werden nach Ermessen des Institutes folgende wesentliche Positionen erfasst (§ 1a Abs. 1 KWG):

- Finanzinstrumente und Waren **mit dem Ziel, durch kurzfristigen Wiederverkauf Gewinne im Eigenhandel zu erwirtschaften,**
- Bestände und Geschäfte zur Absicherung von Marktrisiken des Handelsbuches und damit im Zusammenhang stehende Refinanzierungsgeschäfte,
- Aufgabegeschäfte,
- Forderungen in Form von Gebühren, Provisionen etc., die mit den Positionen des Handelsbuches unmittelbar verknüpft sind sowie
- Pensionsgeschäfte auf Positionen des Handelsbuches.

Finanzinstrumente zur Zuordnung zum Handelsbuch sind gem. § 1a Abs. 3 KWG alle Verträge, die einen finanziellen Vermögenswert für die eine Seite und eine finanzielle Verbindlichkeit oder ein Eigenkapitalinstrument für die andere Seite darstellen.

Alle anderen Positionen werden dem Anlagebuch zugeordnet. Insbesondere Wertpapiere, die nicht dem Eigenhandel dienen. Die Zuordnung liegt im Ermessen des jeweiligen Institutes. Hierzu müssen jedoch klar nachvollziehbare Kriterien geschaffen werden.

Beachten Sie bitte, dass ein Nichthandelsbuchinstitut seinen Handelsbestand trotzdem getrennt vom Anlagebuch verwalten muss.

In § 1 Abs. 1 KWG ist aufgeführt, welche Geschäfte als Bankgeschäfte laut KWG angesehen werden.

Es handelt sich um:

- Einlagengeschäft,
- Pfandbriefgeschäft,
- Kreditgeschäft,
- Diskontgeschäft,
- Finanzkommissionsgeschäft,
- Depotgeschäft,

- Darlehenserwerbsgeschäft,
- Garantiegeschäft,
- Girogeschäft,
- Emissionsgeschäft,
- E-Geld-Geschäft und
- die Tätigkeit als zentraler Kontrahent.

Werden diese Bankgeschäfte gewerbsmäßig betrieben, oder ist zur Erbringung dieser Bankgeschäfte ein in kaufmännischer Weise eingerichteter Geschäftsbetrieb erforderlich, liegt ein Kreditinstitut vor.

Kreditinstitute werden synonym im Folgenden auch als Banken bezeichnet.

In § 1 Abs. 1a KWG ist definiert, welche Geschäfte als Finanzdienstleistungen gelten. Es handelt sich um:

- Anlagevermittlung,
- Anlageberatung
- Betrieb eines multilateralen Handelssystems
- Platzierungsgeschäft
- Abschlußvermittlung,
- Finanzportfolioverwaltung,
- Eigenhandel (als Dienstleistung für andere),

(die vorstehenden Punkte: bezogen auf Finanzinstrumente gem. § 1 Abs. 11 KWG)

- Drittstaateneinlagenvermittlung,
- Finanztransfergeschäft,
- Sortengeschäft,
- Kreditkartengeschäft sowie
- Eigengeschäft.

Werden diese Geschäfte gewerbsmäßig betrieben, oder ist zur Erbringung dieser Geschäfte ein in kaufmännischer Weise eingerichteter Geschäftsbetrieb erforderlich, liegt ein Finanzdienstleistungsinstitut vor.

In § 1 Abs. 3 KWG ist verankert, welche Geschäfte Finanzunternehmen betreiben. Es handelt sich im Wesentlichen um:

- Beteiligungserwerb,
- Leasinggeschäft,
- Factoringgeschäft.

DIE UNTERSCHEIDUNG DER INSTITUTE KANN ZUSAMMENFASSEND WIE FOLGT DARGESTELLT WERDEN:

	Mögliche Unterteilung	**Betreibende Geschäfte**
Kreditinstitute	E-Geld-Institute	➢ E-Geld-Geschäft
	Einlagenkreditinstitute	➢ Einlagen- und Kreditgeschäft
	Sonstige Kreditinstitute	➢ Sonstige Bankgeschäfte
		Geschäfte mit Finanzinstrumenten:
	Wertpapierhandelsbanken	1. Finanzkommissionsgeschäft 2. Emissionsgeschäft
Finanzdienstleistungsinstitute		3. Eigenhandel (als Dienstleistung für andere) 4. Anlagevermittlung 5. Abschlußvermittlung 6. Anlageberatung 7. Betrieb eines multilateralen Handelssystems 8. Platzierungsgeschäft 9. Finanzportfolioverwaltung
	Sonstige Finanzdienstleistungsinstitute	➢ Sonstige Finanzdienstleistungsgeschäfte

Wertpapierhandelsbanken sind laut KWG **Kreditinstitute**, die keine Einlagenkreditinstitute sind und Bankgeschäfte nach Nr. 1 oder 2 oder andere Bankgeschäfte mit Finanzdienstleistungsgeschäften nach Nr. 3 - 9 betreiben.

So kann auch eine Bank das Depotgeschäft und Eigenhandel betreiben und ist trotzdem eine Wertpapierhandelsbank.

Wichtig:

Wertpapierhandelsbanken und Finanzdienstleistungsinstitute, die Eigenhandel, Anlagevermittlung, Abschlußvermittlung, Finanzportfolioverwaltung, Anlageberatung, Platzierungsgeschäfte oder ein multilaterales Handelssystem betreiben, gelten als **Wertpapierhandelsunternehmen.**

Ferner wurden durch die Umsetzung des Finanzkonglomeraterichtlinie-Umsetzungsgesetzes u.a. die Begriffe Finanzkonglomerate, Banken- und Wertpapierdienstleistungsbranche eingeführt.

1.2 Gründung und Errichtung von Kreditinstituten

Bei der Begründung von Kreditinstituten unterscheidet man zwischen Gründung und Errichtung.

Gründung drückt den formal rechtlichen Aspekt der Aufnahme der Geschäftstätigkeit aus.

Bei der Errichtung wird der technisch organisatorische Bereich angesprochen.

GRÜNDUNGSVORAUSSETZUNGEN NACH DEM KWG:

Nach § 32 KWG ist für die Gründung eines Instituts die Erlaubnis der Bundesanstalt für Finanzdienstleistungsaufsicht notwendig.

Nach § 33 Abs. 1 KWG ist die Erlaubnis zu versagen, wenn u.a.

- kein ausreichendes Eigenkapital bzw. Anfangskapital (differenzierte Darstellung siehe KWG) vorhanden ist,
- keine ausreichende Zuverlässigkeit der Geschäftsleiter oder Antragsteller gegeben ist,
- die Gesellschafter oder Inhaber bedeutender Beteiligungen (ab 10%) nicht zuverlässig sind,
- die Geschäftsleiter oder Inhaber nicht fachlich geeignet sind,
- weniger als 2 Geschäftsleiter vorhanden sind,
- die Hauptverwaltung nicht im Inland liegt oder
- mangelnde organisatorische Vorkehrungen für einen ordnungsgemäßen Geschäftsbetrieb erkennbar sind.

Auf Grund des „Europäischen Passes“ können Institute in anderen Staaten im europäischen Wirtschaftsraum ebenfalls Filialen eröffnen, ohne dort eine neue Genehmigung zu beantragen. Lediglich folgende Voraussetzungen sind gem. § 24a KWG zu erfüllen:

- Es muss sich um ein Einlagenkreditinstitut, E-Geld-Institut oder Wertpapierhandelsunternehmen mit Sitz im Inland handeln, um somit die Heimatlandkontrolle zu gewährleisten.
- Es ist eine Anzeige bei der BaFin und der Deutschen Bundesbank einzureichen. Die BaFin leitet die Daten der Anzeige zzgl. der Antragsunterlagen an die zuständige Stelle des Aufnahmelandes weiter, wenn sie hinsichtlich der angemessenen Organisationsstruktur sowie Finanzlage des Instituts keine Bedenken hat.

Außerdem sind noch rechtsformspezifische Vorschriften bei der Gründung zu beachten.

Mit Ausnahme von Einzelunternehmen können Kreditinstitute in jeder Rechtsform gegründet werden. Bei der Wahl der „richtigen" Rechtsform sind jedoch rechtliche und steuerliche Komponenten zu berücksichtigen.

Eine der wesentlichsten Fragen bei der Gründung ist, ob es sich um eine Universalbank oder Spezialbank handeln soll. Demzufolge sind die Geschäftsschwerpunkte und Zielgruppen entsprechend der strategischen Ausrichtung zu definieren.

Hinsichtlich der übrigen betriebswirtschaftlichen Komponenten gibt es keine wesentlichen Unterschiede zu „normalen" Unternehmensgründungen.

1.3 Der Leistungsprozess der Kreditinstitute

Der Bankbetrieb ist durch einen Dualismus geprägt.

Im Dualismus wirken zwei Bereiche mit ihren Produktionsfaktoren bei der Leistungserstellung bilanzieller Geschäfte zusammen.

Es handelt sich um den Betriebsbereich, der eine Betriebsleistung erbringt und den Wertbereich, der die so genannte Wertleistung erbringt.

Ergebnis dieser beiden Leistungen ist die Marktleistung bei Eigen- oder Kundengeschäften in der Form eines abgesetzten Produktes bzw. abgeschlossenen Geschäftes.

In der Literatur gibt es zu diesem Thema unterschiedliche Begriffe, die synonym verwendet werden. Betriebsleistungen werden auch Stückleistungen genannt. Marktleistungen werden auch als Bankleistungen bezeichnet und stehen synonym für das abgesetzte Produkt oder abgeschlossene Geschäft im Eigen- oder Kundengeschäft.

NACHFOLGENDE ÜBERSICHT VERDEUTLICHT NOCH EINMAL DEN ZUSAMMENHANG:

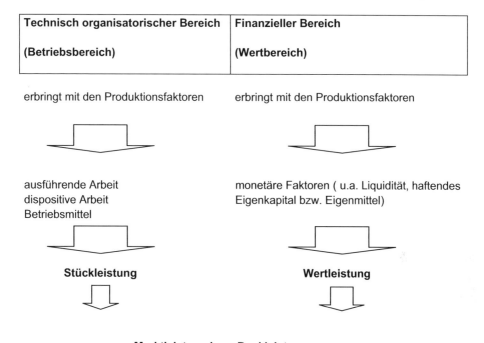

Technisch organisatorischer Bereich **(Betriebsbereich)**	**Finanzieller Bereich** **(Wertbereich)**
erbringt mit den Produktionsfaktoren	erbringt mit den Produktionsfaktoren
⇩	⇩
ausführende Arbeit dispositive Arbeit Betriebsmittel	monetäre Faktoren (u.a. Liquidität, haftendes Eigenkapital bzw. Eigenmittel)
⇩	⇩
Stückleistung	**Wertleistung**
⇩	⇩

Marktleistung bzw. Bankleistung

Sie sehen, dass die Stückleistung und die Wertleistung zusammen die Marktleistung bzw. Bankleistung in der Form eines abgesetzten Produktes ergeben.

Eine Wertleistung erlangt nur zusammen mit einer Stückleistung die „Marktreife“.

Daneben kann jedoch eine einzelne Stückleistung eine eigenständige Marktleistung im **nicht bilanziellen Geschäft** darstellen.

Beispiele:

Depotgeschäft, Kontoeröffnung (vor Geldeingang), Verkauf von Versicherungsprodukten und Investmentfonds

BEISPIEL FÜR DEN DUALISMUS:

Verkauf eines Sparbriefes:

Betriebsbereich:	Beratungsgespräch Ausfüllen der Formulare Legitimationsprüfung Kontoeröffnung
Wertbereich:	Einzahlung bzw. Überweisungseingang des Geldes

Aus der Wertleistung und Stückleistung entsteht eine Bankleistung (das abgesetzte Produkt: Sparbrief). Aus dieser abgesetzten Bankleistung ergeben sich Zinszahlungen.

Der Kunde fragt nur das Produkt bzw. die Bankleistung Sparbrief nach. Er sieht diesen Vorgang als Ganzes.

Bankprodukte können nicht auf Vorrat produziert werden.

Die Produktpalette einer Bank liefert für den Leistungsprozess den organisatorischen Rahmen und ist häufig standardisiert.

Die Bankgeschäfte – und somit die Produktpalette – von Kreditinstituten können im wirtschaftlichen Sinne nach Art der betriebenen Geschäfte wie folgt eingeteilt werden:

- Aktiv- und Passivgeschäfte,
- Sonstige (Bank-) Geschäfte,
  - traditionelle außerbilanzielle Geschäfte,
  - innovative außerbilanzielle Geschäfte,
  - Vermittlungsgeschäfte und
  - sonstige Dienstleistungsgeschäfte.

Ferner können die Bankgeschäfte im wirtschaftlichen Sinne noch wie folgt eingeteilt werden:

Kundengeschäfte (primäre Bankleistungen)

- Geschäfte mit Nichtbanken – z.B. Privatkunden, Firmenkunden, Institutionelle Kunden incl. öffentliche Kunden.

Eigengeschäfte (sekundäre Bankleistungen)

- Interbankengeschäfte, Eigenhandel.

1.4 Das Kreditwesengesetz (KWG) im Überblick

Das KWG steht unter dem Grundsatz des Gläubigerschutzes.

Es soll verhindert werden, dass durch zu riskante Geschäfte die Existenz des Kreditinstituts und somit die Einlagen gefährdet werden. Dies hätte für das Vertrauen in die Finanzwirtschaft fatale Folgen.

Neben der Vertrauensgewähr deckt das KWG noch die Funktionsgarantie der Kreditwirtschaft ab.

Das KWG ist wie folgt aufgebaut:

Allgemeine Vorschriften	§§ 1-9
Vorschriften für Institute, Institutsgruppen etc.	§§ 10-31
Vorschriften über die Beaufsichtigung der Institute	§§ 32-51
Besondere Vorschriften für Finanzkonglomerate	§§ 51a-51c
Sondervorschriften	§§ 52-53e
Strafvorschriften, Bußgeldvorschriften	§§ 54-60a
Übergangs- und Schlussvorschriften	§§ 61-65

Mit der 6. und 7. KWG-Novelle wurden verschiedene EU-Richtlinien in deutsches Recht umgesetzt. Es handelt sich u.a. um:

- BCCI-Folgerichtlinie,
- Wertpapierdienstleistungsrichtlinie,
- Kapitaladäquanzrichtlinie,
- 4. Finanzmarktförderungsgesetz,
- Finanzkonglomeraterichtlinie-Umsetzungsgesetz,
- die neu gefasste Bankenrichtlinie und Kapitaladäquanzrichtlinie und
- Finanzmarkt-Richtlinie-Umsetzungsgesetz.

Tipp:

Da Sie das KWG in unkommentierter Ausführung in den Prüfungen verwenden können, machen Sie sich bitte mit seinem Aufbau vertraut. Es lohnt sich!

1.5 Institutionen und Träger der Bankenaufsicht

Die Bankenaufsicht wird von der Bundesanstalt für Finanzdienstleistungsaufsicht (BaFin) und der Deutschen Bundesbank vorgenommen.

Nach § 6 Abs. 1 KWG übt die Bundesanstalt die Aufsicht über die Institute nach den Vorschriften des KWG aus.

Die Bundesanstalt hat Missständen im Kredit- und Finanzdienstleistungsbereich entgegenzuwirken,

- welche die Sicherheit der den Instituten anvertrauten Vermögenswerte gefährden,
- welche die ordnungsgemäße Durchführung von Bankgeschäften oder Finanzdienstleistungen beeinträchtigen oder
- erhebliche Nachteile für die Gesamtwirtschaft herbeiführen können.

Dabei kann die Bundesanstalt entsprechende Anordnungen treffen, um mögliche Missstände bei einem Institut zu vermeiden oder zu beheben.

Sie arbeitet bei der laufenden Überwachung der Institute mit der Deutschen Bundesbank zusammen.

Die laufende Überwachung wird gem. § 7 Abs. 1 KWG wie folgt konkretisiert und von den Hauptverwaltungen der Deutschen Bundesbank durchgeführt. Es handelt sich dabei u.a. um:

- Auswertung der eingereichten Unterlagen; insbesondere der Prüfungsberichte nach § 26 KWG und der Jahresabschlussunterlagen,
- Durchführung und Auswertung der Prüfungen zur Beurteilung der angemessenen Eigenkapitalausstattung und der Risikosteuerungsverfahren der Institute.

Dabei tauschen die Deutsche Bundesbank und die Bundesanstalt Informationen und Erkenntnisse aus.

Die Bundesanstalt legt i.d.R. die von der Deutschen Bundesbank getroffenen Feststellungen ihren aufsichtsrechtlichen Maßnahmen zu Grunde.

1.6 Einlagensicherungssysteme im deutschen Bankwesen

IM DEUTSCHEN BANKWESEN GIBT ES FOLGENDE EINLAGENSICHERUNGSSYSTEME:

Institutssicherung		Einlagensicherung
Unternehmen der Sparkassen Finanzgruppe	**Genossenschaftsbanken**	**private Kreditinstitute**
➢ Gesichert sind 100% der Einlagen	➢ Gesichert sind 100% der Einlagen	➢ Gesichert sind 90% des Einlagenvolumens von bestimmten Nichtbanken; max. jedoch 20.000 EUR
Sicherstellung durch: ➢ regionale Stützungsfonds ➢ Sicherungsreserve der Landesbanken und Sicherungsfonds der Landesbausparkassen	Sicherstellung durch: ➢ Garantiefonds und Garantieverbund des BVR	Sicherstellung durch: ➢ Entschädigungseinrichtung der Wertpapierhandelsunternehmen (für Wertpapierhandelsbanken) ➢ Entschädigungseinrichtung Deutscher Banken GmbH (für private Einlagenkreditinstitute)
Zusätzlich ist auf freiwilliger Basis für private Kreditinstitute die Beteiligung am Gemeinschaftsfonds des BdB möglich (Einlagensicherungsfonds). ➢ Hier sind Einleger (Nichtbanken) bis zu 30% des haftenden Eigenkapitals der Bank abgesichert.		

Bitte beachten Sie, dass Inhaberschuldverschreibungen bei der Einlagensicherung privater Kreditinstitute nicht abgesichert sind. Lediglich Namensschuldverschreibungen fallen unter die Einlagensicherung.

1.7 Finanzmarktstabilisierungsgesetz im Überblick

Zur Stabilisierung des Finanzmarktes wurde das Finanzmarktstabilisierungsgesetz erlassen. Ziel des Gesetzes ist es u.a. das Vertrauen der Banken sowie weiteren Unternehmen des Finanzsektors untereinander wiederherzustellen um so die negativen Auswirkungen der Finanzmarktkrise auf Einlagensicherung, Arbeitsplätze, Wirtschaftswachstum sowie auf die soziale Marktwirtschaft zu mildern. Die Finanzmarktstabilisierungsfonds-Verordnung regelt die weiteren Details.

Kern des Finanzmarktstabilisierungsgesetzes ist der Finanzmarktstabilisierungsfonds, der mit einem Volumen von insgesamt 100 Mrd. Euro ausgestattet ist. Der Fonds wird durch die Finanzmarktstabilisierungsanstalt - als rechtlich unselbständige Anstalt des öffentlichen Rechts - verwaltet. Das Bundesministerium für Finanzen übt die Kontrolle über den Fonds und die Anstalt aus.

Aus dem Finanzmarktstabilisierungsfonds können den antragsberechtigten Unternehmen des Finanzsektors auf Antrag folgende folgende Hilfeleistungen genehmigt werden:

1. Garantien für Refinanzierungsinstrumente (zur Überbrückung möglicher Liquiditätsengpässe)
2. Beteiligung des Fonds an einer Rekapitalisierung u.a. durch Leistung einer Einlage als stiller Gesellschafter oder Anteilserwerb (Ziel: Stärkung der Eigenkapitalbasis)
3. Risikoübernahme bei bestimmten Risikopositionen durch Erwerb oder Absicherung auf andere Weise

Garantien können bis zu einem Gesamtvolumen von 400 Mrd. Euro übernommen werden. Mittel zur Rekapitalisierung und zur Risikoübernahme stehen insgesamt in Höhe von 80 Mrd. Euro zur Verfügung. Weitere 20 Mrd. Euro können dem Fonds im Falle von Inanspruchnahmen zur Verfügung gestellt werden.

Unternehmen des Finanzsektors, die Hilfeleistungen beanspruchen, müssen sich auf strenge Auflagen sowie finanzielle Beschränkungen (z.B. Beschränkung von Managergehältern und Dividenden) einstellen.

2 Eigenmittel und deren Verwendung

Lernziele
Ihnen werden die Bestandteile der Eigenmittel von Instituten vorgestellt. Sie werden deren Verwendung zur Unterlegung von Adressen- und Marktrisiken sowie des operationellen Risikos darstellen können. Ihnen werden ausgewählte außerbilanzielle Geschäfte vorgestellt.

2.1 Einleitung

§ 10 KWG schreibt vor, dass Institute über angemessene Eigenmittel verfügen müssen. Was als angemessen gilt, wird durch die Regelungen in der Solvabilitätsverordnung (SolvV) näher bestimmt. Ferner dienen die Eigenmittel als Bezugs- bzw. Bemessungsgröße für bestimmte Vorschriften im KWG.

GRUNDSÄTZLICH KÖNNEN DEN EIGENMITTELN FOLGENDE FUNKTIONEN ZUGEORDNET WERDEN:

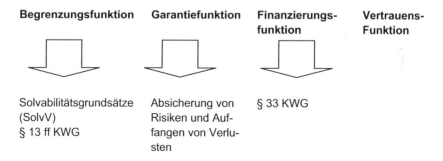

Begrenzungsfunktion	**Garantiefunktion**	**Finanzierungsfunktion**	**Vertrauens-Funktion**
Solvabilitätsgrundsätze (SolvV) § 13 ff KWG	Absicherung von Risiken und Auffangen von Verlusten	§ 33 KWG	

Wichtig:

Im Nachfolgenden wird nur von Einlagenkreditinstituten ausgegangen.

DIE EIGENMITTEL DER INSTITUTE SETZEN SICH AUS FOLGENDEN KOMPONENTEN ZUSAMMEN:

Kernkapital (überwiegend rechtsformabhängig)	**Ergänzungskapital** (überwiegend rechtsformunabhängig)	**Drittrangmittel** (rechtsformunabhängig)
	Ergänzungskapital I: ➢ Ungebundene Vorsorgereserven nach § 340f HGB ➢ Vorzugsaktien (mit Nachzahlungsverpflichtung) ➢ Rücklagen gem. § 6 EStG aus Immobilien ➢ Genussrechtskapital (Genussrechtsverbindlichkeiten) ➢ Neubewertungsreserven ➢ (Wertberichtigungsüberschuss von IRBA-Instituten) ***Ergänzungskapital II:*** ➢ Längerfristige nachrangige Verbindlichkeiten ➢ Haftsummenzuschlag	➢ Nettogewinne im Handelsbuch ➢ Kurzfristige nachrangige Verbindlichkeiten ➢ zzgl. gekapptes Ergänzungskapital

Neben den Eigenmitteln die zur Unterlegung von Risiken gem. SolvV verwendet werden, sind die Eigenmittel (incl. haftendem Eigenkapital), die für bestimmte Vorschriften des KWG als Bemessungs- und Bezugsgröße dienen, von Bedeutung. Für die Eigenmittel zur Unterlegung von Risiken gem. der SolvV darf bei IRBA-Instituten auch der Wertberichtigungsüberschuss hinzugerechnet werden. Ebenfalls werden noch diverse Abzugspositionen berücksichtigt. Ferner können bzw. müssen bestimmte Risikopositionen (z.B. Überschreitungen im Großkreditbereich) direkt mit Eigenmitteln unterlegt werden. Diese dafür verwendeten Eigenmittelbestandteile stehen dann zur Unterlegung von Risiken gem. der SolvV nicht mehr zur Verfügung.

Bei der Berechnung der Eigenmittel sind folgende Zusammenhänge und Beschränkungen zu beachten:

➢ Kernkapital und Ergänzungskapital abzüglich Abzugsposten bilden zusammen das haftende Eigenkapital.

- Das haftende Eigenkapital zuzüglich der Drittrangmittel ergeben die Eigenmittel.
- Das modifizierte verfügbare Eigenkapital setzt sich zusammen aus dem haftenden Eigenkapital zzgl. eines möglichen Wertberichtigungsüberschusses abzgl. Unterlegungstatbestände gem. §§ 12,13,13a und 15 KWG sowie gewisser Abzugspositionen. Es kann zur Risikounterlegung gem. SolvV verwendet werden.

HAFTENDES EIGENKAPITAL, EIGENMITTEL, MODIFIZIERTES EIGENKAPITAL UND ANRECHENBARE EIGENMITTEL – EINE EINFACHE ERSTE ÜBERSICHT:

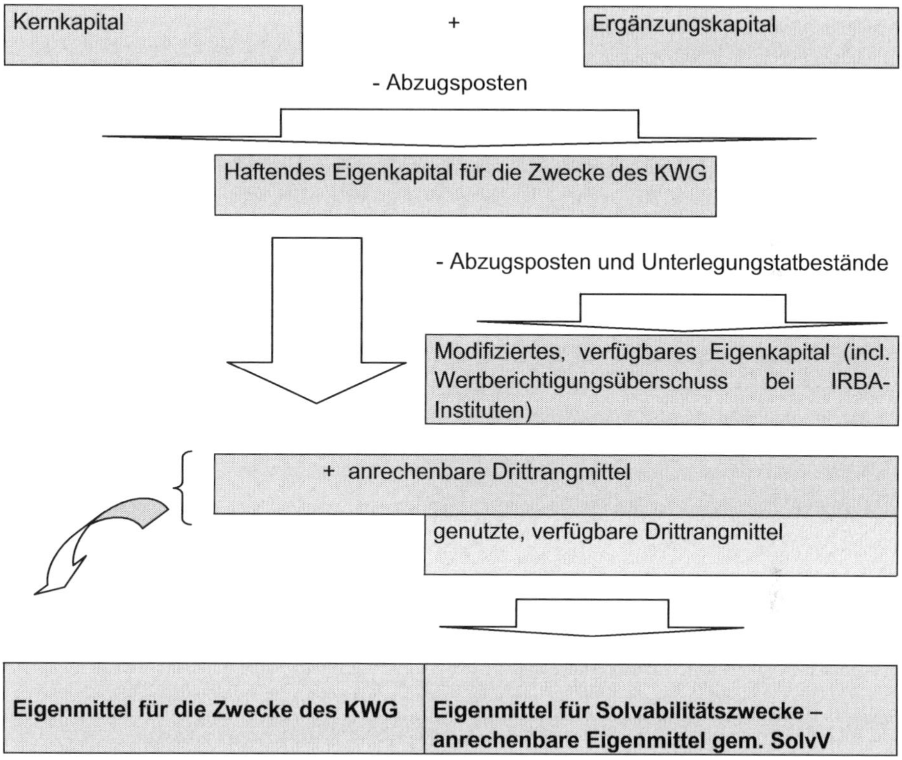

FOLGENDE BESCHRÄNKUNGEN UND PARAMETER - VEREINFACHT DARGESTELLT - MÜSSEN BEACHTET WERDEN:

- Ergänzungskapital I + Ergänzungskapital II = Ergänzungskapital
- Ergänzungskapital II = < 50% vom Kernkapital

- Ergänzungskapital = < Kernkapital
- Freies Kernkapital x 250% - freies Ergänzungskapital = anrechenbare Drittrangmittel
- Verfügbare Drittrangmittel = anrechenbare Drittrangmittel – Unterlegungstatbestände gem. § 13a KWG (Großkreditbereich)
- Die verfügbaren Drittrangmittel dürfen jedoch nur zu 5/7 der Anrechnungsbeträge für Marktrisikopositionen und Optionsgeschäfte verwendet werden. Sie bezeichnet man als genutzte, verfügbare Drittrangmittel.
- Der Betrag an verfügbaren Drittrangmittel, der über der 5/7 Grenze liegt, bezeichnet man als ungenutzte, aber verfügbare Drittrangmittel.

Nachfolgendes - stark vereinfachtes - Beispiel verdeutlicht die obigen Zusammenhänge:

Die Preußenbank eG verfügt als Handelsbuchinstitut über folgende Eigenmittelkomponenten:

Kernkapital:	50 Mio. EUR
Ergänzungskapital I:	40 Mio. EUR
Ergänzungskapital II:	30 Mio. EUR
Drittrangmittel:	20 Mio. EUR (nur Handelsgewinne)

Die risikogewichteten Positionswerte für Adressrisiken nach dem Kreditrisiko-Standardansatz betragen 1.000 Mio. EUR.
Die Anrechnungsbeträge für Marktrisikopositionen und Optionsgeschäfte betragen 20 Mio. EUR.
Der Anrechnungsbetrag für das operationelle Risiko beträgt 1 Mio. EUR.

1. Ermittlung des haftenden Eigenkapitals:

Kernkapital 50 Mio. EUR
Ergänzungskapital II darf max. 25 Mio. EUR betragen.
Ergänzungskapital I 40 Mio. EUR + Ergänzungskapital II 25 Mio. EUR = Ergänzungskapital gesamt 65 Mio. EUR. Das gesamte Ergänzungskapital darf aber max. 50 Mio. EUR betragen.

Das haftende Eigenkapital der Preußenbank eG setzt sich wie folgt zusammen:

Kernkapital:	50 Mio. EUR
Ergänzungskapital:	50 Mio. EUR
Haftendes Eigenkapital:	**100 Mio. EUR**

Das Ergänzungskapital wurde um insgesamt 20 Mio. EUR gekappt. Dieser Betrag kann den Drittrangmitteln zugerechnet werden.

2. Bestimmung des freien Kernkapitals, des freien Ergänzungskapitals sowie des modifizierten, verfügbaren Eigenkapitals

Da keine weiteren Abzugs- bzw. Unterlegungstatbestände vorhanden sind, entspricht das haftende Eigenkapital dem modifizierten, verfügbaren Eigenkapital.

Gemäß der SolvV müssen die risikogewichteten Positionswerte für Adressrisiken in Höhe 8% mit modifizierten Eigenkapital unterlegt werden. Dieser Betrag wird i.d.R. aufgeteilt in 4% Kernkapital und 4% Ergänzungskapital. Das operationelle Risiko muss mit 1 Mio. EUR ebenfalls durch das modifizierte Eigenkapital (zu mind. 50% aus Kernkapital und max. 50% aus Ergänzungskapital) unterlegt werden.

Zur Unterlegung von Adressrisiken sind also 1.000 Mio. EUR risikogewichteter Positionswert x 4% = 40 Mio. EUR Kernkapital und 40 Mio. EUR Ergänzungskapital gebunden.

Das gesamte Kernkapital für Solvenzzwecke beträgt 50 Mio. EUR. Abzüglich 40 Mio. EUR gebundenes Kernkapital für Adressrisiken und 0,5 Mio. EUR für die operationellen Risiken ergeben sich 9,5 Mio. EUR freies Kernkapital. Ebenso sind 9,5 Mio. EUR freies Ergänzungskapital vorhanden.

3. Ermittlung der anrechenbaren Drittrangmittel und deren Verwendung

Freies Kernkapital 9,5 Mio. EUR x 250% = 23,75 Mio. EUR – 9,5 Mio. EUR freies Ergänzungskapital = anrechenbarer Betrag an Drittrangmitteln in Höhe von 14,25 Mio. EUR.

Zur Verfügung stehen Handelsgewinne in Höhe von 20 Mio. EUR und gekapptes Ergänzungskapital von 20 Mio. EUR, also insgesamt 40 Mio. EUR.

25,75 Mio. EUR an Drittrangmittel dürfen also nicht angerechnet werden.

Genutzt werden dürfen die Drittrangmittel jedoch nur bis max. 5/7 der Anrechnungsbeträge für Marktrisiken und Optionsgeschäfte; also 20 x 5/7 = 14,29 Mio. EUR. Da nur 14,25 Mio. EUR an anrechenbaren Drittrangmitteln vorhanden sind, dürfen auch nur diese 14,25 Mio. EUR genutzt werden.

4. Unterlegung aller Risiken

Adressrisiken: 80 Mio. EUR an modifiziertem Eigenkapital (40 Mio. EUR an Kernkapital und 40 Mio. EUR an Ergänzungskapital für Solvenzzwecke)

Operationelles Risiko: 1 Mio. EUR an modifiziertem Eigenkapital

Marktrisiken: 14,25 Mio. EUR an genutzten, verfügbaren Drittrangmitteln und 5,75 Mio. EUR an modifiziertem Eigenkapital.

Die Preußenbank eG verfügt also über angemessene Eigenmittel.

Wichtig:

Freies Kernkapital und freies Ergänzungskapital werden folglich als nicht zur Unterlegung von Adressrisiken und operationellen Risiken benötigte Eigenkapitalbestandteile beschrieben.

2.2 Das Kernkapital und seine Bestandteile

Das Kernkapital zählt als Eigenkapital der ersten Güte. Es ist grundsätzlich rechtsformabhängig. **Einzelunternehmen werden an dieser Stelle nicht betrachtet.**

AG/GmbH	Personenhandelsgesellschaften	Genossenschaftsbanken	öffentlich rechtliche Kreditinstitute	öffentlich rechtliche Sparkassen
Gezeichnetes Kapital	eingezahltes Geschäftskapital	Geschäftsguthaben	Dotationskapital	Rücklagen
Rücklagen	Rücklagen	Rücklagen	Rücklagen	
abzgl. eigene Aktien	abzgl. Entnahmen und Kredite an persönlich haftende Gesellschafter	abzgl. Geschäftsguthaben ausscheidender Mitglieder		
abzgl. Vorzugsaktien mit Nachzahlungsverpflichtung	zzgl. nachgewiesenes freies Vermögen der persönlich haftenden Gesellschafter (gilt nur für KI, die diesen Ausweis bis 1.1.1998 geltend gemacht hatten)			

zzgl. Zwischengewinn und Bilanzgewinn (sofern keine Ausschüttung vorgesehen)
zzgl. Einlagen stiller Gesellschafter; diese werden nur unter folgenden Voraussetzungen anerkannt: ➢ volle Teilnahme am Verlust (in diesem Fall muss das Institut berechtigt sein, die Zinszahlung aufzuschieben), ➢ nachrangige Befriedigung im Insolvenzfalle, ➢ Besserungsabreden max. 4 Jahre, ➢ Ursprungslaufzeit mind. 5 Jahre und ➢ Restlaufzeit mind. 2 Jahre. Nachträglich können wichtige Punkte (Teilnahme am Verlust, Nachrang, Laufzeit) grundsätzlich nicht geändert werden. Eine vorzeitige Rückzahlung ist grundsätzlich nur möglich, wenn ein gleichwertiger Ersatz geschaffen wird oder die BaFin der Rückzahlung zustimmt. Hierauf ist schriftlich hinzuweisen.
zzgl. Sonderposten für allgemeine Bankrisiken gem. § 340g HGB
abzgl. Abzugsposten; z.B. Bilanzverlust, immaterielle Vermögenswerte
Kernkapital

2.3 Das Ergänzungskapital, die Drittrangmittel und ihre Bestandteile

Das Ergänzungskapital bezeichnet man als Eigenkapital der zweiten Güte. Es beinhaltet hauptsächlich weiche Komponenten.

Sie lassen sich wie folgt beschreiben:

Ungebundene Vorsorgereserven nach § 340f HGB

- Es handelt sich um willkürlich gebildete Bewertungsreserven auf Forderungen und Wertpapiere der Liquiditätsreserve, die aus dem bereits versteuerten Gewinn gebildet worden sind. Ihre Höhe ist auf max. 4% des Forderungs- und Wertpapierbestandes der Liquiditätsreserve beschränkt.
- Durch ihre "geräuschlose" Bildung und Auflösung dienen sie als Ergebnisregulierungsinstrument in der Bilanzpolitik.
- In diesem Zusammenhang werden sie auch versteuerte Pauschalwertberichtigungen genannt.

Vorzugsaktien (mit Nachzahlungsverpflichtung)

- Sie sind zwar vom Kernkapital bei Aktienbanken abgezogen worden, können aber als Ergänzungskapital berücksichtigt werden.

Neubewertungsreserven

- Es handelt sich um nicht realisierte (stille) Reserven im Bestand der Grundstükke und Gebäude sowie bei bestimmten Positionen im Wertpapierbestand des Anlagebuches. Sie müssen im letzen festgestellten Jahresabschluss im Anhang ausgewiesen worden sein.
- Sie entstehen grundsätzlich, wenn der tatsächliche Wert der jeweiligen Aktiva am Bilanzstichtag oder zum Meldestichtag höher ist als der Buchwert (ggf. zzgl. Vorsorgereserven) in der Bilanz.
- Die zwei relevanten Positionen lassen sich wie folgt umreißen:

Grundstücke und Gebäude:

Zur Ermittlung der nicht realisierten Reserven bei Grundstücken und Gebäuden ist eine Beleihungswertermittlung erforderlich (gem. § 16 PfandBG). Die positive Differenz zwischen Beleihungswert und Buchwert stellt die stille Reserve dar.

Diese stille Reserve wird zu 45% als Ergänzungskapital anerkannt. Eine regelmäßige Überprüfung des Gutachtens ist alle 3 Jahre erforderlich.

(Bestimmte) Wertpapiere des Anlagebuches:

Die Bewertungsgrundlage ist die amtl. Kursnotiz bei Wertpapieren, die an einer Wertpapierbörse zum Handel zugelassen sind, der Rücknahmepreis bei Investmentzertifikaten oder der Wert gem. Bewertungsgesetz bei bestimmten, nicht börsennotierten Wertpapieren.

Zur Feststellung der nicht realisierten Reserven im Wertpapierbestand bei börsennotierten Papieren erfolgt durch den Vergleich des Kurswertes am Meldestichtag mit dem Buchwert, der ggf. um die Vorsorgereserven bei Wertpapieren der Liquiditätsreserve erhöht wurde.

Die stillen Reserven im Wertpapierbestand zum Meldestichtag werden zu 45% als Ergänzungskapital anerkannt. Die Obergrenze bilden jedoch die im letzten Anhang ausgewiesenen stillen Reserven.

Wichtig:

Grundsätzlich sind sämtliche Wertpapierbestände wie auch das gesamte Immobilienvermögen in diese Berechnung mit einzubeziehen. Mögliche stille Lasten müssen mit den stillen Reserven verrechnet werden. Dabei werden die Bestände an Wertpapieren und Immobilien jeweils getrennt voneinander betrachtet. Im Rahmen der erfolgten Überarbeitung des KWG wurden die Neubewertungsreserven im Wertpapierbestand quasi dynamisiert. Obergrenze bilden jedoch die im Anhang des letzen festgestellten Jahresabschlusses ausgewiesenen Reserven.

Die Neubewertungsreserven werden jedoch nur anerkannt, wenn das Kernkapital mindestens 4,4% des 12,5-fachen des Gesamtanrechnungsbetrages für Adressrisiken beträgt (Kernkapital-Koeffizient). Eine Anerkennung als Ergänzungskapital erfolgt insgesamt nur bis zu 1,4% des 12,5-fachen des Gesamtanrechnungsbetrages für Adressrisiken. Für diese Berechnungen dürfen Positionen des Handelsbuches als Positionen des Anlagebuches berücksichtigt werden. (Nur für Handelsbuchinstitute von Bedeutung!)

Für das richtige Verständnis ist die Einteilung des Wertpapierbestandes im aufsichtsrechtlichen Sinne sowie entsprechend der Erfassung im Jahresabschluss wichtig:

➢ Wertpapiere der Liquiditätsreserve ➢ Wertpapiere des Finanzanlagevermögens ❖ Beteiligungen ❖ Anteile an verbundenen Unternehmen ❖ Sonstige Wertpapiere des Anlagevermögens	Anlagebuch
➢ Wertpapiere des Handelsbestandes	Handelsbuch

Rücklagen gem. § 6b EStG (aus Immobilien)

Nach dem EStG können Veräußerungsgewinne aus dem Verkauf von bestimmten Vermögensgegenständen (Grundstücke, grundstücksgleiche Rechte und Gebäude) in eine Rücklage eingestellt werden und brauchen vorerst nicht versteuert werden.

Die Rücklage wird dann später beim Erwerb eines neuen Vermögensgegenstandes angerechnet und vermindert den steuerlichen Abschreibungsbetrag.

Dadurch erfolgt dann eine indirekte Rückzahlung des gestundeten Steuerbetrages.

Bis zur Wiederanlage werden diese Rücklagen, u.a. wegen der Steuerlast, nur mit 45% als Ergänzungskapital anerkannt.

Genussrechtskapital (Genussrechtsverbindlichkeiten)

Genussscheine, die Genussrechte verbriefen, sind Wertpapiere mit einer gewissen "Zwitterstellung". Formal sind sie Fremdkapital und können teils mit gewinnabhängiger Ausschüttung oder fester Zinszahlung ausgestattet sein. Häufig sind sie auch mit einer nachrangigen Befriedigung im Insolvenzfalle verbunden. Insofern kommen sie dem Eigenkapital wirtschaftlich schon sehr nahe.

Voraussetzung für die Anerkennung als Ergänzungskapital:

- volle Teilnahme am Verlust; Berechtigung des Instituts die Zinszahlungen in Verlustphasen aufzuschieben,
- nachrangige Befriedigung im Insolvenzfalle,
- Besserungsabreden auf maximal 4 Jahre,
- Ursprungslaufzeit mind. 5 Jahre und
- Restlaufzeit mind. 2 Jahre.

Hinweis:

Nachträglich können wichtige Punkte (Teilnahme am Verlust, Nachrang, Laufzeit) grundsätzlich nicht geändert werden. Eine vorzeitige Rückzahlung ist grundsätzlich nur möglich, wenn ein gleichwertiger Ersatz geschaffen wird oder die BaFin der Rückzahlung zustimmt. Hierauf ist schriftlich hinzuweisen.

Längerfristige nachrangige Verbindlichkeiten

Es handelt sich um Verbindlichkeiten mit Nachrangabrede, bei denen es grundsätzlich keine Absicherung gibt.

Voraussetzungen für die Anerkennung als Ergänzungskapital:

- Verzicht auf Aufrechnung mit Forderungen des Kreditinstitutes,
- nachrangige Befriedigung im Insolvenzfalle,
- Ursprungslaufzeit mind. 5 Jahre und
- keine Sicherheitenstellung (außer nachrangige Garantie des Mutterinstitutes).

Bei einer Restlaufzeit von unter 2 Jahren erfolgt lediglich eine Anerkennung zu 40%.

Hinweis:

Nachträglich können wichtige Punkte (Nachrang, Laufzeit) grundsätzlich nicht geändert werden. Eine vorzeitige Rückzahlung ist grundsätzlich nur möglich, wenn ein gleichwertiger Ersatz geschaffen wird oder die BaFin der Rückzahlung zustimmt. Hierauf ist schriftlich hinzuweisen.

Haftsummenzuschlag bei Kreditgenossenschaften

Der Haftsummenzuschlag entsteht aus der Haftsumme, mit der ein Genossenschaftsmitglied über den Genossenschaftsanteil hinaus haftet.

Grundlage für den Haftsummenzuschlag ist die Zuschlagsverordnung, die eine Reduzierung des Zuschlages auf 25% des eingezahlten Eigenkapitals (Geschäftsguthaben zzgl. Rücklagen) ab dem Jahre 1995 vorsieht. Diese Regelungen beziehen sich auf vorherige KWG-Novellen, haben aber weiterhin bestand.

Wichtig:

Durch die Dynamisierung des Geschäftsguthabens kann sich der Haftsummenzuschlag auch unterjährig verändern. Somit ist auch der Haftsummenzuschlag dynamisch.

Genossenschaften mit beschränkter Nachschusspflicht:

- 75% der Haftsumme werden als Haftsummenzuschlag anerkannt.

Genossenschaften mit unbeschränkter Nachschusspflicht:

- Als Haftsummenzuschlag wird das doppelte der Geschäftsanteile anerkannt.

BEISPIEL ZUR ERMITTLUNG DES HAFTSUMMENZUSCHLAGS:

Werte aus dem Jahresabschluss 2006 der Preußenbank eG (Genossenschaft mit unbeschränkter Nachschusspflicht)

Ergebnisrücklagen:	10 Mio. EUR
Geschäftsanteile:	50 Mio. EUR
Geschäftsguthaben:	45 Mio. EUR

Per 15.05.2007 ergeben sich folgende Werte:

Geschäftsanteile:	55 Mio. EUR
Geschäftsguthaben:	50 Mio. EUR

Der Haftsummenzuschlag errechnet sich wie folgt:

Eingezahltes Kapital:	
Ergebnisrücklagen (statisch):	10 Mio. EUR
Geschäftsguthaben (dynamisch):	50 Mio. EUR
	60 Mio. EUR

Geschäftsanteile per 15.05.2007:	55 Mio. EUR
	x 2
Haftsummenzuschlag:	110 Mio. EUR

Von dem Haftsummenzuschlag sind max. 25% von 60 Mio. EUR, also 15 Mio. EUR anrechenbar.

Ferner ist zu beachten, dass der anrechenbare Haftsummenzuschlag zusammen mit den längerfristigen nachrangigen Verbindlichkeiten max. 50% des Kernkapitals betragen darf.

Die Drittrangmittel bestehen aus den kurzfristigen nachrangigen Verbindlichkeiten und dem Nettogewinn:

- **Kurzfristige nachrangige Verbindlichkeiten** - Sie haben u.a. lediglich folgende Voraussetzungen zu erfüllen:
  - Ursprungslaufzeit von 2 Jahren,
  - nachrangige Befriedigung im Insolvenzfalle.
- **Nettogewinn** - Dabei handelt es sich um die noch nicht realisierten Gewinne aus dem Handelsbuch, welche bereits u.a. um Steuern und Kosten ermäßigt wurden.

Die Drittrangmittel können auch um die nicht ausgenutzten, also gekappten Bestandteile des Ergänzungskapitals aufgefüllt werden.

Basis für die Berechnung der Eigenmittel **ist zum Teil** der letzte festgestellte Jahresabschluss bzw. der letzte erstellte Zwischenabschluss des Institutes. Die davon betroffenen Eigenmittelkomponenten werden als statische Positionen bezeichnet, da sie sich erst durch einen neuen Jahresabschluss bzw. Zwischenabschluss ändern können. Andere Eigenmittelkomponenten können sich dagegen jedoch zwischenzeitlich, z.B. durch Kapitalerhöhungen etc., ändern. Diese Positionen werden dann entsprechend der Veränderung angepasst bzw. neu mit aufgenommen. Man spricht hier von dem Prinzip der effektiven Kapitalaufbringung und von dynamischen Eigenmittelkomponenten.

NACHFOLGENDE ÜBERSICHT SKIZZIERT DYNAMISCHE UND STATISCHE BESTANDTEILE:

Kernkapital	Ergänzungskapital	Drittrangmittel
Gezeichnetes Kapital (D)	Ungebundene Vorsorgereserven nach § 340f HGB (S)	Nettogewinn (D)
Rücklagen (S/D)	Rücklagen nach § 6b EStG (aus Immobilien) (S)	Kurzfristige nachrangige Verbindlichkeiten (D)
Einlagen stiller Gesellschafter (D)	Neubewertungsreserven (S/D)	
Sonderposten gem. § 340g HGB (S)	Genussrechtskapital (D)	**D = Dynamisch** **S = Statisch**
Zwischengewinn (S)	Längerfristige nachrangige Verbindlichkeiten (D)	
Geschäftsguthaben (D)	Haftsummenzuschlag (D)	
	Vorzugsaktien (mit Nachzahlungsverpflichtung) (D)	

Die nachfolgende Übersicht stellt zusammenfassend die Zusammensetzung der Eigenmittel und deren Verwendungsmöglichkeit dar.

Die Eigenmittel dürfen nur einmal zur Risikoabdeckung eingesetzt werden.

Während sich durch den Abzug von bestimmten Positionen die Bezugsgröße haftendes Eigenkapital für die Zwecke des KWG verändert, erfolgt bei der Berücksichtigung bestimmter Unterlegungstatbestände eine Reduzierung der Eigenmittel für die Regelungen zur Risikounterlegung gem. SolvV. Bei der Berechnung der Angemessenheit der Eigenmittel stehen diese Positionen also nicht mehr zur Verfügung.

ABSCHLIEßENDE DARSTELLUNG ZUR ZUSAMMENSETZUNG DER EIGENMITTEL NACH KWG UND DEREN VERWENDUNG:

Kernkapital	Ergänzungskapital	Drittrangmittel
Bestandteile gem. § 10 Abs. 2a Satz 1 Nr. 1-9 KWG	Bestandteile gem. § 10 Abs. 2b Satz 1 Nr. 1-8 KWG ggf. abzgl. Marktpflegepositionen	Bestandteile gem. § 10 Abs. 2c Satz 1 Nr. 1-3 KWG
abzgl. Abzugsposten gem. § 10 Abs. 2a Satz 2 Nr. 1-5 KWG (z.B. Bilanzverlust, immaterielle Vermögensgegenstände)	abzgl. Korrekturposten gem. § 10 Abs. 2 Satz 4 KWG (EK II max. 50% vom KK) und gem. § 10 Abs. 2 Satz 3 KWG (EK = max. KK)	abzgl. Betrag, der zusammen mit dem freien Ergänzungskapital größer als 250% des freien Kernkapitals ist
Zwischensumme als Basis zur Kappung des EK sowie Feststellung, ob die NBR anerkannt werden dürfen		
abzgl. Abzugsposten gem. § 10 Abs. 6 Nr. 1-6 KWG zu mind. 50%	abzgl. Abzugsposten gem. § 10 Abs. 6 Nr. 1-6 KWG zu max. 50%	

Als Zwischenergebnis

Haftendes Eigenkapital für die Zwecke des KWG	*Anrechenbare Drittrangmittel*
Eigenmittel für die Zwecke des KWG	

abzgl. Abzugsposten gem. § 10 Abs. 6a Nr. 1-4 KWG zu mind. 50%	abzgl. Abzugsposten gem. § 10 Abs. 6a Nr. 1-4 KWG zu max. 50%	abzgl. Unterlegungstatbestände gem. § 13a KWG (Überschreitungen bei Großkrediten)
abzgl. Unterlegungstatbestände gem. §§ 12, 13, 13a und 15 KWG (z.B. Überschreitungen im Großkreditbereich oder bei qualifizierten Beteiligungen) zu mind. 50%	abzgl. Unterlegungstatbestände gem. §§ 12, 13, 13a und 15 KWG (z.B. Überschreitungen im Großkreditbereich oder bei qualifizierten Beteiligungen) zu max. 50%	*Zwischensumme:* *Verfügbare Drittrangmittel*

<table>
<tr><td>abzgl. negativem Ergänzungskapitalsaldo gem. § 10 Abs. 2a Satz 2 Nr. 7 KWG (sofern noch notwendig)</td><td>zzgl. Wertberichtigungsüberschuss bei IRBA-Instituten</td><td>abzgl. ungenutzte, aber verfügbare Drittrangmittel (Betrag > 5/7 der Anrechnungsbeträge für die Marktrisikopositionen und Optionsgeschäfte)</td></tr>
<tr><td>Kernkapital für Solvenzzwecke</td><td>Ergänzungskapital für Solvenzzwecke</td><td rowspan="2">Genutzte, verfügbare Drittrangmittel</td></tr>
<tr><td colspan="2">Modifiziertes, verfügbares Eigenkapital</td></tr>
<tr><td colspan="3">Anrechenbare Eigenmittel gem. SolvV</td></tr>
</table>

2.4 Verwendung der Eigenmittel zur Risikounterlegung

Nach der Solvabilitätsverordnung - Umsetzung der Säulen 1 und 3 von Basel II - sollen neben den Adressrisiken auch die Marktrisiken (incl. Optionsgeschäfte) und das operationelle Risiko von Instituten erfasst und mit Eigenmitteln unterlegt werden. Insofern spricht man an dieser Stelle von der „Verwendung“ der Eigenmittel. Zur Erfassung und Bewertung sind entsprechende Risikopositionen zu bilden.

Marktrisiken	**Adressrisiken**
Hier werden Positionen als Marktrisikopositionen erfasst, die ➢ Zinsrisiken und Aktienkursrisiken bei Positionen des Handelsbuches, ➢ Fremdwährungsrisiken oder ➢ Rohwarenrisiken beinhalten. Die Marktrisikopositionen werden gebildet durch ➢ Fremdwährungspositionen, ➢ Rohwarenpositionen, ➢ Handelsbuch-Risikopositionen und ➢ andere Marktrisikopositionen.	Hier werden die Positionen als Adressrisikopositionen erfasst, die ➢ ein Ausfallrisiko des Geschäftspartners beinhalten (Adressenausfallrisiko) und nicht als Handelsbuch-Risikopositionen erfasst werden, ➢ einem Wertverschlechterungsrisiko bei Sachanlagen unterliegen, ➢ eine Varitätsposition bei einem IRBA-Institut begründen, ➢ eine Aufrechnungsposition begründen oder ➢ Abwicklungsrisiken darstellen, wenn sie bei einem Handelsbuchinstitut im Handelsbuch erfasst sind. Die Adressrisikopositionen werden somit im **Wesentlichen** durch ➢ Adressenausfallrisikopositionen (beinhaltet auch Positionen des Sachanlagevermögens) und ➢ Abwicklungspositionen gebildet.

Operationelles Risiko
Das operationelle Risiko stellt die Gefahr von Verlusten dar, die infolge der Unangemessenheit oder des Versagens von internen Verfahren, Systemen, Menschen oder externer Ereignisse eintreten.

Risikopositionen, die mit haftendem Eigenkapital unterlegt werden müssen bzw. vom haftenden Eigenkapital abgezogen worden sind (gem. § 10 Abs. 6 KWG), werden bei den Adressrisikopositionen nicht mehr mit berücksichtigt.

Die anrechenbaren Eigenmittel sind zur Deckung der Adressrisiken, der Marktrisiken und der operationellen Risiken aufzuteilen. Es ist keine Doppelbelegung möglich.

Die Regelungen der SolvV schreiben vor, dass die Eigenkapitalanforderungen für Adressrisiken und das operationelle Risiko erfüllt sind, wenn der Gesamtanrechnungsbetrag für diese Risiken insgesamt das modifizierte verfügbare Eigenkapital nicht überschreitet.

Die Eigenmittelanforderungen für Marktrisiken sind erfüllt, wenn die Summe der Anrechnungsbeträge für Marktrisikopositionen (incl. Anrechnungsbeträge für Optionsgeschäfte) den nicht zur Unterlegung von Adressrisiken und dem operationellen Risiko benötigten modifizierten verfügbaren Eigenkapital zzgl. den genutzten, verfügbaren Drittrangmitteln nicht überschreitet.

Sind die Eigenmittelanforderungen erfüllt, so liegt eine angemessene Eigenmittelausstattung gem. § 10 KWG vor.

Wichtig:

Aus bestimmten Positionen können mehrere Risiken entstehen, die ggf. mehrfach entsprechend der folgenden Ausführungen mit Eigenkapital bzw. Eigenmitteln zu unterlegen sind.

I. Regelungen zur Behandlung von Adressrisiken

Die Adressrisiken werden durch die Adressenausfallrisikopositionen des Anlagebuches geprägt, welche ggf. um Positionen des Handelsbuches erweitert wurde. Dies ist u.a. der Fall, wenn ein Nichthandelsbuchinstitut vorliegt und die Handelsbuch-Risikopositionen gem. SolvV somit nicht separat erfasst werden müssen. (Teil 4 Kapitel 3 gilt in diesem Fall dann nicht)

Der Gesamtanrechnungsbetrag für Adressrisiken wird anhand folgender Positionen errechnet:

- Adressenausfallrisikopositionen
  - bilanzielle Adressenausfallrisikopositionen
  - außerbilanzielle Adressenausfallrisikopositionen
  - derivative Adressenausfallrisikopositionen
  - Vorleistungsrisikopositionen bei den Positionen, die dem Handelsbuch zugeordnet sind.

- Aufrechnungspositionen

- Abwicklungsrisikopositionen von Positionen des Handelsbuches bei Handelsbuchinstituten

Der Gesamtanrechnungsbetrag erhöht sich bei IRBA-Instituten ggf. noch um Veritätsrisikopositionen.

Die Adressenausfallrisiken und Risiken aus Aufrechnungspositionen werden nach dem Kreditrisiko-Standardansatz (KSA) oder nach dem auf internen Ratings basierenden Ansatz (IRBA) bewertet. Der IRBA darf nur von IRBA-Instituten genutzt werden und erfasst ggf. auch die Veritätsrisikopositionen. Verbriefungspositionen werden ebenfalls anhand des KSA bzw. des IRBA erfasst und bewertet.

INSOFERN ERMITTELT SICH DER GESAMTANRECHNUNGSBETRAG FÜR ADRESSRISIKEN WIE FOLGT:

	Risikogewichtete KSA-Positionswerte	incl. gewichtete Verbriefungs-positionswerte
+	Risikogewichtete IRBA-Positionswerte	
	Summe der risikogewichteten Positionswerte	
x	0,08	
+	*Gesamtanrechnungsbetrag für Abwicklungsrisiken bei Handelsbuchinstituten*	
	Gesamtanrechnungsbetrag für Adressrisiken	

In der Regel entscheidet sich ein Institut für den KSA oder IRBA. Alle Adressrisikopositionen, die jedoch nicht nach den Regeln der IRBA berücksichtigt werden, bilden KSA-Positionen. Die Regelungen des KSA sind deshalb auch für IRBA-Institute im Sinne eines temporären oder dauerhaften Partial Use für bestimmte Portfolien von Bedeutung.

Im Folgenden werden lediglich die Adressenausfallrisiken mit den bilanziellen, außerbilanziellen und derivativen Adressenausfallrisikopositionen betrachtet. Auf die detaillierte Behandlung von Verbriefungspositionen, Vorleistungspositionen, Aufrechnungs- und Veritätsrisikopositionen wird nicht näher eingegangen, da eine Prüfungsrelevanz aufgrund der Komplexität nicht gegeben erscheint.

- **Ermittlung der risikogewichteten Positionswerte für Adressenausfallrisikopositionen**

Risikogewichteter Positionswert =	Positionswert	x	Risikogewicht
	Bemessungsgrundlage x	Konversionsfaktor gem.	

KSA

Bilanzaktiva	Buchwert	§§ 50,51 SolvV	abhängig von Schuldnerkategorie und ggf. externem Rating
außerbil. Geschäfte	i.d.R. Buchwert		
derivative Geschäfte	Wertermittlung nach der Internen Modelle Methode (IMM), der Standardmethode, der Marktbewertungsmethode oder Laufzeitmethode.		

IRBA

Bilanzaktiva	Bruttoforderung vor Wertberichtigungen	§ 101 SolvV	abhängig von den Faktoren: 1. prognostizierte Ausfallwahrscheinlichkeit (Basis: Internes Rating) 2. prognostizierte Verlustquote bei Ausfall 3. IRBA-Restlaufzeitkorrekturfaktor
außerbil. Geschäfte	i.d.R. Buchwert		
derivative Geschäfte	Wertermittlung nach der Internen Modelle Methode (IMM), der Standardmethode, der Marktbewertungsmethode oder Laufzeitmethode.		

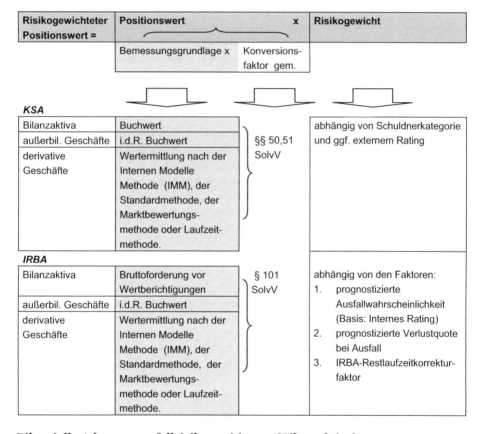

Bilanzielle Adressenausfallrisikopositionen (Bilanzaktiva):

Die wesentlichsten Positionen sind gem. § 10 SolvV:

- Bilanzaktiva gem. § 19 Abs. 1 Satz 2 Nr. 1-9 KWG (z.B. Forderungen an Kunden und Kreditinstitute, Schuldverschreibungen) – Ausnahme: Aktiva, aus unechten Pensionsgeschäften, die beim Pensionsnehmer bilanziert werden,

- Sachanlagen und
- sonstige Vermögensgegenstände.

Bemessungsgrundlage bildet i.d.R. der Buchwert zzgl. der als haftendes Eigenkapital anerkannten freien Vorsorgereserven nach § 340f HGB.

Lediglich beim IRBA wird die Bruttoforderung vor Wertberichtigung angesetzt. Übersteigen die gebildeten Wertberichtigungen und Rückstellungen den erwarteten Verlust, so wird der Überschuss als Wertberichtigungsüberschuss dem modifizierten, verfügbaren Eigenkapital zugerechnet. Ein negativer Unterschiedsbetrag wird dagegen abgezogen.

Außerbilanzielle Adressenausfallrisikopositionen (außerbilanzielle Geschäfte):

Die wesentlichsten Positionen sind gem. § 13 SolvV:

- Geschäfte gem. § 19 Abs. 1 Satz 3 KWG (z.B. Indossamentsverbindlichkeiten, noch nicht in Anspruch genommene Kreditzusagen, Erfüllungsgarantien),
- bestimmte Formen des Credit Default Swaps,
- Terminkäufe und Stillhalteverpflichtungen aus Verkaufsoptionen, wenn bei tatsächlicher Erfüllung (Lieferung oder Abnahme des Geschäftsgegenstandes) eine bilanzielle Adressenausfallrisikoposition entstehen würde.

Bemessungsgrundlage bildet auch hier i.d.R. der Buchwert.

Derivative Adressenausfallrisikopositionen (derivative Geschäfte):

Im Wesentlichen handelt es sich um Derivate gem. § 19 Abs. 1a KWG. Dabei sind jedoch bestimmte Ausnahmen gem. § 11 SolvV zu beachten. Zur Bestimmung der Bemessungsgrundlage können folgende Verfahren nach einheitlicher und dauerhafter Wahl gewählt werden:

- Interne Modelle Methode (IMM) – Zustimmung der Bundesanstalt ist nötig,
- Standardmethode (SM),
- Marktbewertungsmethode oder die Laufzeitmethode für Nichthandelsbuchinstitute.

Nichthandelsbuchinstitute dürfen zur Erfassung und Bewertung bestimmter derivativer Positionen die Laufzeitmethode verwenden. Bei diesen Positionen darf es sich nur um Geschäfte handeln, bei denen sich der Wiedereindeckungsaufwand auf Änderungen der Preise von zins-, währungs- oder goldpreisbezogenen Geschäften beruht. Ein Wechsel von der Laufzeitmethode zu den oben genannten Verfahren ist jederzeit möglich. Handelsbuchinstitute müssen immer die Marktbewertungsmethode anwenden.

Laufzeitmethode	**Marktbewertungsmethode**
Formel:	**Formel:**
Marktwert x laufzeitbezogenem Anrechnungssatz gem. Tabelle 2 Anlage 1 der SolvV	Wiederbeschaffungskosten (Current Exposure) + Add-on (Potential Exposure) Ermittlung des Add-on: Marktwert x Prozentsatz gem. Tabelle 1 der Anlage 1 der SolvV
Marktwerte bei	Marktwerte bei
➢ Swapgeschäften: Kapitalbetrag	➢ Swapgeschäften: Kapitalbetrag
➢ unbedingte Termingeschäfte und Optionsrechte: Anspruch auf Abnahme oder Lieferung zu aktuellen Marktpreisen	➢ unbedingte Termingeschäfte und Optionsrechte: Anspruch auf Abnahme oder Lieferung zu aktuellen Marktpreisen
⇩	⇩
Bemessungsgrundlage	*Bemessungsgrundlage*

Wichtig:

Bestimmte Geschäfte (z.B. ein Terminkauf von Aktien) müssen ggf. als derivative und als außerbilanzielle Adressenausfallrisikoposition erfasst werden. Es erfolgt somit eine doppelte Erfassung.

➢ **Ermittlung des Gesamtanrechnungsbetrages für Abwicklungsrisiken**

Basis bilden zugunsten des Institutes bestehende Unterschiedsbeträge zwischen dem vereinbarten Abrechnungspreis und dem aktuellen Marktwert auf bestimmte Positionen des Handelsbuches (Liefer- oder Abnahmeanspruch auf Wertpapiere, Fremdwährungen oder Waren), deren Erfüllung überfällig ist. Dabei erfolgt die Ermittlung des Anrechnungsbetrages jeder Position wie folgt:

Positiver Unterschiedsbetrag x

8%	(bei Überschreitung ab 5. bis einschließlich 15. Geschäftstag)
50%	(bei Überschreitung ab 16. bis einschließlich 30. Geschäftstag)
75%	(bei Überschreitung ab 31. bis einschließlich 45. Geschäftstag)
100%	(bei Überschreitung ab dem 46. Geschäftstag)

Die Summe aller Einzelpositionen ergibt den Gesamtanrechnungsbetrag für die Abwicklungsrisiken.

Der Kreditrisiko-Standardansatz (KSA)

Der Kreditrisiko-Standardansatz zeichnet sich durch folgende Besonderheiten aus:

- Es erfolgt eine Einteilung der Risikopositionen in 15 KSA-Forderungsklassen.
- Basis für die Bestimmung des Risikogewichts einer Risikoposition bildet die jeweilige Forderungsklasse bzw. ein externes Ratings bei 10 Forderungsklassen.
- Externe Ratings dürfen nur verwendet werden, wenn sie von Ratingagenturen stammen, die seitens der Bankenaufsicht anerkannt sind. Das Gleiche gilt für Exportversicherungsagenturen.
- Die Ratingergebnisse gehen in Bonitätsstufen der BaFin von 1 – 6 über.
- Es sind Risikogewichte je nach Bonitätsstufe oder Forderungsklasse von 0%, 10%, 20%, 50%, 100%, 150%, 350% oder 1.250% vorgesehen.

DIE JEWEILIGEN FORDERUNGSKLASSEN UND DEREN RISIKOGEWICHTE ANHAND DER ERGEBNISSE DES EXTERNEN RATINGS:

Bonitätsstufe BaFin	1	2	3	4	5	6
KSA-Forderungsklassen	*Jeweilige Risikogewichte in %*					
Zentralregierungen	0	20	50	100	100	150
Regionalregierungen und örtliche Gebietskörperschaften	0/20	20/50	50/100	100	100	150
Sonstige öffentliche Stellen	0/20	20/50	50/100	100	100	150
Multilaterale Entwicklungsbanken	20	50	50	100	100	150
Internationale Organisationen	kein externes Rating möglich; Risikogewicht 0					
Institute	20	50	100	100	100	150
von Kreditinstituten emittierte gedeckte Schuldverschreibungen	10	20	50	50	50	100
Unternehmen	20	50	100	100/150	150	150
Mengengeschäft	kein externes Rating möglich; Risikogewicht 75%					
durch Immobilien besicherte Positionen	kein externes Rating möglich; Risikogewicht 35/50/100					
Investmentanteile	20	50	100	100	150	150
Beteiligungen	kein externes Rating möglich; Risikogewicht 100					
Verbriefungen	20	50	100	350/1250	1250	1250
Sonstige Positionen	externes Rating nur bei nth-to-default-Kreditderivaten möglich; ansonsten pauschales Risikogewicht je nach Art 20 – 100					
überfällige Positionen	kein externes Rating möglich; Risikogewicht 50/100/150					

Erläuterungen und Besonderheiten zu den wesentlichsten Forderungsklassen:

Institute:

Ungeratete Forderungen an Institute sind grundsätzlich mit 100% als Risikogewicht anzusetzen. Wesentliche Ausnahmen bilden bestimmte kurzfristige sowie gruppeninterne Positionen, die mit einem Risikogewicht von 20% bzw. 0% anzusetzen sind. Grundsätzlich orientiert sich das Rating von Instituten anhand des Ratings des Sitzstaates. Somit darf einem Institut kein geringeres Risikogewicht als das Risikogewicht des jeweiligen Zentralstaates zugewiesen werden.

Unternehmen:

Ungeratete Forderungen an Unternehmen sind grundsätzlich zu 100% als Risikogewicht anzusetzen. Ergibt das jeweilige Rating des Sitzstaates des Schuldner ein Risikogewicht von mehr als 100%, ist dieses Risikogewicht auch für das Unternehmen anzusetzen. Ansonsten erfolgt die Risikogewichtung anhand der jeweiligen Bonitätsstufen.

Mengengeschäft:

Im Mengengeschäft werden Positionen zugeordnet, die von einer natürlichen Person, einer Gemeinschaft natürlicher Personen oder einem kleinen oder mittleren Unternehmen geschuldet sind. Ebenfalls muss das Forderungsportfolio im Mengengeschäft ähnliche Eigenschaften aufweisen. So soll durch Diversifizierungseffekte das Kreditausfallrisiko gemindert werden. Ein kleines oder mittleres Unternehmen liegt vor, wenn die Gesamtverschuldung max. 1 Mio. Euro beträgt.

Durch Immobilien besicherte Positionen:

Realkredite im aufsichtsrechtlichen Sinne - bis 60% des Beleihungswertes bei Wohnimmobilien bzw. des niedrigeren Wertes von 50% des Marktwertes bzw. 60% des Beleihungswertes bei gewerblichen Objekten - werden mit einem Risikogewicht von 35% bei Wohnimmobilien bzw. 50% bei Gewerbeimmobilien angesetzt. Dabei müssen die Wertermittlungen den Anforderungen des PfandBG und der BelWertV erfüllen. Gleiches gilt grundsätzlich auch für Positionen, die durch Immobilienleasing begründet werden.

Bestimmte Sicherheiten reduzieren die Bemessungsgrundlage. Dabei wird zwischen der einfachen und der umfassenden Methode unterschieden.

BEISPIEL ZUR ERMITTLUNG DER NOTWENDIGEN EIGENKAPITALUNTERLEGUNG BESTIMMTER POSITIONEN NACH DEM KSA:

Die Preußenbank eG wendet den KSA an. Sie hat nur folgende Darlehen vergeben:

1. 1.500 TEUR an die Brauerei AG, Rating von Moody`s A1 – entspricht der Bonitätsstufe der BaFin von 2

2. 2.000 TEUR an die Meier AG, Rating von Moody`s Aaa – entspricht der Bonitätsstufe der BaFin von 1

3. 400 TEUR an die Bier GmbH, besichert durch eine erstrangige Grundschuld auf dem Betriebsgrundstück. Anforderungen für die Zuordnung zur Position „durch Immobilien besicherte Positionen“ sind erfüllt.

Die Darlehen 1 und 2 sind der Forderungsklasse „Unternehmen“ zuzuordnen. Das Darlehen zu 3 wird der Forderungsklasse „ durch Immobilien besicherte Positionen“ zugeordnet und unterliegt einem pauschalen, klassenabhängigen Risikogewicht von 50% (da es sich um ein Gewerbeobjekt handelt). Bei den Darlehen 1 und 2 ist das Ratingergebnis der Agentur Moody`s von Bedeutung. Das Ratingergebnis wird den jeweiligen Bonitätsstufen der BaFin zugeordnet und somit das Risikogewicht der jeweiligen Position bestimmt. Bemessungsgrundlage bei diesen bilanziellen Positionen ist jeweils der Buchwert.

Ermittlung des benötigten modifizierten, verfügbaren Eigenkapitals für die Adressrisiken:

	BMG x	**Konversionsfaktor**	**x Risikogewicht**	**=**	**risikogewichteter KSA-Positionswert**
Darlehen 1	1.500 TEUR	100%	50%		750 TEUR
Darlehen 2	2.000 TEUR	100%	20%		400 TEUR
Darlehen 3	400 TEUR	100%	50%		200 TEUR
					1.350 TEUR
					x 0,08
Gesamtanrechnungsbetrag für Adressrisiken					***108 TEUR***

Die Preußenbank eG muss also für die Darlehen in Höhe von 3.900 TEUR insgesamt mindestens 108 TEUR an modifiziertem, verfügbarem Eigenkapital vorhalten.

Der „auf internen Ratings basierende Ansatz" (IRBA)

Der auf internen Ratings basierende Ansatz (IRBA) zeichnet sich durch folgende Besonderheiten aus:

- Herzstück des IRBA bilden interne Ratings, welche ein Kreditinstitut in die Lage versetzen, mit eigenen internen Ratingverfahren die Bonität von Kreditnehmern zu beurteilen.

- Eine ausdrückliche Genehmigung der BaFin ist notwendig, damit ein Institut diesen Ansatz wählen kann und somit als IRBA-Institut klassifiziert wird.

- Die mit Eigenkapital zu unterlegenden Positionen sind insgesamt in 7 Forderungsklassen einzuteilen.

- Die Forderungsklassen lauten:

- Zentralregierungen (§ 74 SolvV),
- Institute (§ 75 SolvV),
- Mengengeschäft mit den Unterklassen (§ 76 SolvV)
  - qualifizierte, revolvierende
  - grundpfandrechtlich besicherte } Positionen
  - sonstige
- Beteiligungen (§ 78 SolvV),
- Verbriefungen (§ 79 SolvV)
- Unternehmen (§ 80 SolvV) und
- sonstige kreditunabhängige Aktiva (§ 82 SolvV) .

- Bei den Forderungsklassen Unternehmen, Zentralregierungen und Institute können die Institute zwischen dem Basisansatz (Basis-IRBA) und dem fortgeschrittenen Ansatz (Fortgeschrittener IRBA) wählen.

- Beim Basis-IRBA schätzt das Institut die Ausfallwahrscheinlichkeit selber. Die übrigen Parameter Laufzeit, Verlustquote bei Ausfall und der Konversionsfaktor werden seitens der Bankenaufsicht in der SolvV fest vorgegeben.

- Beim fortgeschrittenen IRBA schätzt das Institut neben der Ausfallwahrscheinlichkeit die Verlustquote bei Ausfall und den Konversionsfaktor selber. Die Laufzeit wird individuell vom Institut berechnet (über den IRBA-Restlaufzeitkorrekturfaktor).

- Im Mengengeschäft schätzt das Institut neben der Ausfallwahrscheinlichkeit die Verlustquote bei Ausfall und den Konversionsfaktor ebenfalls selber. Es handelt sich hierbei um eine „Zwischenform" zwischen dem Basis- und Fortgeschrittenen-IRBA.

Zur Bestimmung des risikogewichteten IRBA-Positionswertes erlangt die Ermittlung des jeweiligen Risikogewichts eine besondere Bedeutung.

Folgende Faktoren spielen bei der Ermittlung des Risikogewichts eine Rolle: Am Beispiel der Positionen der Forderungsklassen Zentralregierungen, Institute und Unternehmen:

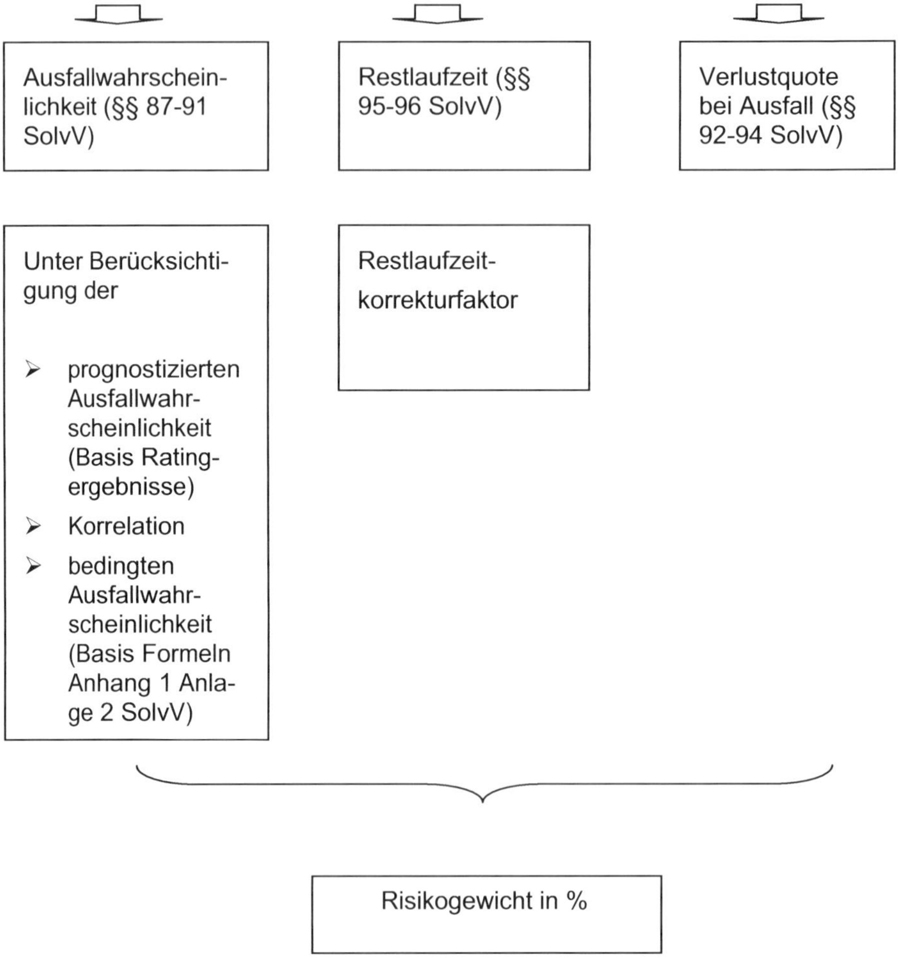

Besonderheiten:

Ausfallwahrscheinlichkeit (PD): Basis bildet das Ergebnis des internen Ratings. Dabei beträgt die Mindestausfallwahrscheinlichkeit der prognostizierten Ausfallwahrscheinlichkeit 0,03% (Ausnahme Zentralregierungen).

Verlustquote bei Ausfall (LGD): Basis sind eigene Schätzungen im fortgeschrittenen Ansatz. Im Basisansatz gem. § 93 SolvV 45% für vorrangige und 75% für nachrangige Forderungen.

Restlaufzeit (M): Im Basis-IRBA von der SolvV vorgegeben. 0,5 bis 2,5 Jahre. Im fortgeschrittenen Ansatz erfolgt eine eigene Ermittlung der Laufzeit auf Basis eines laufzeitgewichteten Cash-flows; jedoch begrenzt auf 5 Jahre (Restlaufzeitkorrekturfaktor).

NACHFOLGENDE TABELLE STELLT EINEN AUSZUG AUS EINEM BEISPIELHAFTEN TABLEAU ZUR BESTIMMUNG DER RISIKOGEWICHTE FÜR DIE FORDERUNGSKLASSE UNTERNEHMEN DAR:

Ausfallwahrscheinlichkeit	Risikogewicht
0,03%	15,3%
0,05%	20,8%
0,10%	31,4%
:	
:	
25,00%	261,4%

Neben der Ausfallwahrscheinlichkeit sind die weiteren, oben genannten Größen mit in die Berechnung eingeflossen. Für die obige Berechnung diente eine Verlustquote bei Ausfall von 45% als Basis.

Der risikogewichtete Positionswert einer IRBA-Position ermittelt sich wie folgt:

⇨ **Bemessungsgrundlage x Konversionsfaktor x Risikogewicht**

Kreditrisikominderungstechniken

Im Rahmen der SolvV ist der Sicherheitenkreis deutlich erweitert worden.

ES WERDEN FOLGENDE SICHERUNGSINSTRUMENTE/KREDITMINDERUNGSTECHNIKEN BERÜCKSICHTIGT:

Sicherungsinstrumente

Sachsicherheiten

- Berücksichtigungsfähig nach Basis-IRBA
  - Grundpfandrechte
  - Sicherungsabtretung von Forderungen
  - Sonstige IRBA-Sicherheiten
  - Finanzielle Sicherheiten
- Berücksichtigungsfähig nach KSA
  - Finanzielle Sicherheiten

Personensicherheiten

- Berücksichtigungsfähig nach Basis-IRBA und KSA
  - Gewährleistungen
  - Garantien
  - Kreditderivate
  - Sonstige Gewährleistungen
    - Bareinlage bei Drittinstituten
    - Lebensversicherungen
    - Schuldverschreibungen mit Rückkaufsverpflichtung

Ferner können Aufrechnungsvereinbarungen/Nettingvereinbarungen unter Beachtung bestimmter Aspekte berücksichtigt werden. Diese führen grundsätzlich zu einer Reduzierung der Bemessungsgrundlage.

Im fortgeschrittenen IRBA-Ansatz ist der Kreis der berücksichtigungsfähigen Sicherheiten unbeschränkt.

Die SolvV sieht in den §§ 159, 164-168 und 172-178 definierte Mindestanforderungen an Kreditrisikominderungstechniken vor, die von den Instituten erfüllt werden müssen.

Finanzielle Sicherheiten sind im § 155 SolvV abschließend aufgezählt:. Im Nachfolgenden ist ein Auswahl an Sicherheiten aufgeführt:

- Bareinlagen,
- Schuldverschreibungen von öffentlichen Adressen, Kreditinstituten und Unternehmen mit den Bonitätsstufen 1-3,
- Aktien,
- Gold sowie
- Investmentanteile, die in die obigen Aktiva investieren.

Im Rahmen der umfassenden Methode ist der Kreis der finanziellen Sicherheiten weiter gefasst.

Die Sicherheiten werden grundsätzlich risikoreduzierend angerechnet.

Im KSA werden die Sicherheiten wie folgt berücksichtigt:

Während bei Gewährleistungen, Garantien, Kreditderivaten eine Reduzierung des Risikogewichts erfolgt, wird die Bemessungsgrundlage bei der Berücksichtigung finanzieller Sicherheiten grundsätzlich um den aufsichtsrechtlichen Sicherheitenwert reduziert und nur der „Blankoanteil" entsprechend dem Risikogewicht gewichtet. Dabei sind jedoch bestimmte Besonderheiten – auf die im Folgenden nicht näher eingegangen wird – zu beachten.

Im IRBA-Ansatz werden die Sicherheiten grundsätzlich wie folgt berücksichtigt:

Bei Gewährleistungen, Garantien und Kreditderivaten wird - vereinfacht dargestellt - die Ausfallwahrscheinlichkeit der Position durch die Ausfallwahrscheinlichkeit des Garanten ersetzt. Alle anderen Sicherheiten wirken auf die Verlustquote beim Ausfall. Es erfolgt in diesen Fällen also eine Anpassung des Risikogewichts.

II. Regelungen zur Behandlung von Marktrisiken

IN DER SOLVV WERDEN FOLGENDE MARKTRISIKEN ERFASST UND IN ENTSPRECHENDE KATEGORIEN ZUR AUFSICHTSRECHTLICHEN BEWERTUNG EINGETEILT:

Fremdwährungsrisiko	**Zins- und Aktienkursrisiken bei Positionen des Handelsbuches**	**Rohwarenrisiko**
von Positionen des Handelsbuches und Anlagebuches	Berücksichtigt werden Finanzinstrumente gem. § 1a Abs. 3 KWG, die nachfolgende Risiken beinhalten: ➢ Zins-(änderungs)risiko ➢ Aktienkursrisiko ***Erfassung jeweils als:*** ➢ besonderes Kursrisiko (bezogen auf den Emittenten) ➢ allgemeines Kursrisiko (bezogen auf allgemeine Marktveränderungen)	von Positionen des Handelsbuches und Anlagebuches
Währungsgesamtposition **Teil 4, Kapitel 1 SolvV**	**Handelsbuch-Risikoposition** **Teil 4, Kapitel 3 SolvV**	**Rohwarenposition** **Teil 4, Kapitel 2 SolvV**

Ferner werden noch die anderen Marktrisikopositionen (Teil 4, Kapitel 5 SolvV) erfasst. Sie beinhalten Positionen bzw. Geschäfte, die keiner anderen Risikokategorie zugeordnet werden können. So z.B. Wetterzertifikate oder Geschäfte, die CO_2-Emissionen zum Gegenstand haben. Außerdem werden gem. Teil 4, Kapitel 4 Optionsgeschäfte (Optionspositionen) auf die obigen Positionen berücksichtigt.

Anhand des Umfanges des Handelsbuches erfolgt die Einteilung der Institute in Handelsbuchinstitute und Nichthandelsbuchinstitute.

Alle Nichthandelsbuchinstitute sind von den Vorschriften der SolvV zu den Handelsbuch-Risikopositionen befreit. Sie brauchen also die Zins-(änderungs)risiken und Aktienkursrisiken aus dem Handelsbuch nicht mit Eigenmitteln zu unterlegen.

Diese Institute müssen nur die entsprechenden Adressrisiken (incl. der zugeordneten Positionen des Handelsbuches) sowie die Marktrisiken aus dem Fremdwährungsbereich, dem Rohwarenbereich sowie den anderen Marktrisikobereichen mit Eigenmitteln unterlegen (Drittrangmittel dürfen hierfür verwendet werden).

BESONDERS VON BEDEUTUNG IST, DASS AUCH MEHRERE RISIKEN EINES GESCHÄFTES MIT EIGENMITTELN UNTERLEGT WERDEN MÜSSEN:

So ist es erforderlich, dass bei einem Fremdwährungsdarlehen über 1 Mio. US$ sowohl das Marktrisiko (Fremdwährungsrisiko) wie auch das Adressenausfallrisiko aus der Bilanzaktiva (Forderungen an Kunden) erfasst werden und mit modifiziertem, verfügbarem Eigenkapital bzw. mit anrechenbaren Eigenmitteln zu unterlegen sind.

Grundsätzlich werden die mit Eigenmittel zu unterlegenden Beträge aus den Marktrisikopositionen wie folgt ermittelt (Ermittlung der Anrechnungsbeträge):

- Ermittlung der zu erfassenden Geschäfte und Bewertung i.d.R. nach Marktwerten.
- Ermittlung der Nettoposition je Risikoart (ggf. getrennt nach Gattungen).
- Ermittlung der Eigenmittelanforderung und somit der Anrechnungsbeträge.
- Addition zu einer Gesamtposition der mit Eigenmitteln zu unterlegenden Anrechnungsbeträge.

Die Institute können gem. Kapitel 6 SolvV eigene Risikomodelle entwickeln und sich somit von den grundsätzlich vorgeschriebenen Standardverfahren lösen. Dazu ist eine Genehmigung der BaFin erforderlich.

Die Einhaltung der Vorschriften der SolvV ist grundsätzlich täglich sicherzustellen. Mit dem Stand am Quartalsende (Meldestichtag) erfolgt die Meldung der Eigenmittelausstattung sowie die Erfüllung der Vorschriften der SolvV - insbesondere anhand der Gesamtkennziffer - bis zum 15. des Folgemonats in elektronischer Form an die Deutsche Bundesbank. Seitens der Bundesbank erfolgt eine Weiterleitung an die BaFin.

ERMITTLUNG DER GESAMTKENNZIFFER:

$$\frac{\text{modifiziertes verfügbares EK} + \text{genutzte verfügbare Drittrangmittel}}{12{,}5 \times (\text{Anrechnungsbeträge für Adressrisiken} + \text{operationelle Risiken} + \text{Marktrisikopositionen und Optionsgeschäfte})} \times 100$$

III. Regelungen zur Behandlung des operationellen Risikos

Das operationelle Risiko stellt die Gefahr von Verlusten dar, die infolge der Unangemessenheit oder des Versagens von internen Verfahren, Systemen, Menschen oder externer Ereignisse eintreten können.

Der Anrechnungsbetrag für das operationelle Risiko kann anhand folgender Verfahren ermittelt werden:

- Basisindikator-Ansatz,
- Standardansatz und
- Fortgeschrittene Ansätze.

IV. Offenlegungspflichten der SolvV

Institute, Institutsgruppen und Finanzholdinggruppen haben gem. SolvV bestimmte Offenlegungspflichten zu erfüllen, die gem. Basel II die „Marktdisziplin" fördern soll.

Im Rahmen der Offenlegungspflicht sind Informationen zu folgenden Kategorien zu veröffentlichen:

- Eigenmittelstruktur und Angemessenheit der Eigenmittelausstattung,
- Risikomanagementverfahren,
- Kreditrisikominderungsverfahren und
- Verbriefungstransaktionen.

Die Offenlegung hat grundsätzlich in jährlichen Intervallen zu erfolgen. Die Veröffentlichung der Daten und die Wahl des Offenlegungsmediums sind im elektronischen Bundesanzeiger bekannt zu machen. Ferner sind die BaFin und die Bundesbank über die Veröffentlichung zu informieren.

2.5 Ausgewählte außerbilanzielle Geschäfte und Finanzinnovationen

Außerbilanzielle Geschäfte gewinnen bei Banken immer mehr an Bedeutung. Es handelt sich hierbei um die traditionellen außerbilanziellen Geschäfte, die i.d.R. unter dem Bilanzstrich ausgewiesen werden, wie auch um innovative außerbilanzielle Geschäfte.

ÜBERSICHT ÜBER DIE IM NACHFOLGENDEN BEHANDELTEN GESCHÄFTE:

- Note Issuance Facilities (Nif) und Revolving Underwriting Facilities (Ruf),
- Währungs- und Zinsswaps,
- Zinstermingeschäfte (unbedingte Termingeschäfte) und
- Asset Backed Securities (ABS).

Note Issuance Facilities (Nif) / Revolving Underwriting Facilities (Ruf)

Kurzbeschreibung:

Beteiligte: Bank, Emittent, Anleger

Ort: internationaler Geldmarkt

Verfahrensweise:

Der Emittent verfügt über eine revolvierende Linie (Rahmenvereinbarung) bei einer oder mehreren Banken um kurzfristige Anleihen oder Schuldscheine (Euronotes) zu emittieren und von diesen Banken am Markt unterbringen zu lassen.

Einige oder alle beteiligten Banken gehen gleichzeitig noch eine Verpflichtung ein, die nicht platzierten Euronotes ganz oder teilweise zu übernehmen oder aber entsprechende Kreditmittel in benötigter Höhe zur Verfügung zu stellen (Stand-By oder Back-Up-Linien).

Die Verzinsung entspricht i.d.R. dem Euribor (je Laufzeit) + Risikozuschlag.

Für die Bereitstellung der Linie bzw. für die Platzierungsleistungen erhalten die beteiligten Banken Provisionen.

Sind alle beteiligten Banken verpflichtet, die Euronotes zu übernehmen, dann handelt es sich um Nif`s.

Sind die Platzierungsbanken und die zur Übernahme verpflichteten Banken nicht identisch, liegt ein Ruf vor. In diesem Falle platziert ein Lead-Manager die Anleihen und die "Underwriter" übernehmen nach entsprechenden Quoten den Restbetrag.

In der Praxis tauchen jedoch unterschiedliche Variationen auf, sodass an dieser Stelle lediglich die Grundform zum Verständnis dargestellt wurde.

Es findet eine Verbriefung von Kreditforderungen in Wertpapiere statt, die unter dem Gesichtspunkt der Globalisierung der Kredit- und Kapitalmärkte mit dem Begriff Securitization umschrieben wird.

Währungs- und Zinsswaps

Es handelt sich um eine Vereinbarung zum Tausch von Zahlungsströmen bzw. Volumen. Diese kann bezogen sein auf Zinszahlungen (z.B. fest gegen variabel) und auf Währungen (z.B. US$ gegen SFR). Ebenfalls ist auch eine Kombination aus Währungs- und Zinsswap möglich.

Das Hauptrisiko liegt im Adressenausfallrisiko, d.h. darin, dass einer der Beteiligten seine Verpflichtungen während der Laufzeit bzw. zum Ende der Laufzeit nicht erfüllen kann.

Im Rahmen der SolvV erfolgt eine Bewertung nach der Laufzeit- oder Marktbewertungsmethode, wenn die Positionen im Anlagebuch geführt werden.

Bonitätsunterschiede der Beteiligten können zum Vorteil ausgenutzt werden.

Zinstermingeschäfte (am Beispiel eines Forward Rate Agreements)

Zwei Partner vereinbaren für einen bestimmten Kapitalbetrag einen fixierten Zinssatz (Basiszins), der im Vergleich mit einem Referenzzinssatz zur Zahlung eines Zinsdifferenzbetrages zu einem zukünftigen Zeitpunkt führt. Vergütet wird die Differenz bezogen auf den zu Grunde liegenden Kapitalbetrag. Es wird eine ausübungsfreie Grundzeit vereinbart.

Der Käufer erwartet steigende Zinsen, der Verkäufer dagegen sinkende Zinsen.
Durch FRA`s können Zinsänderungsrisiken gesteuert und ggf. kompensiert werden.

BEISPIEL:

Die Preußenbank AG kann 2.100.000,00 EUR für 6 Monate ausleihen. Zur Refinanzierung stehen folgende Varianten zur Verfügung:

- 6 Monate Eurokredit Basis Euribor: 8 3/8%
- 3 Monate Eigenkapital; fiktive Eigenkapitalverzinsung: 8 1/16%, danach 3 Monate Eurokredit

Risiko bei der ersten Variante:

- Sinkt der Passivzins (variabel), so ist die Refinanzierung zu teuer.

Risiko bei der zweiten Variante:

- Die Anschlussfinanzierung nach 3 Monaten birgt ein Zinsänderungsrisiko durch mögliche Zinssteigerungen.

An dieser Stelle wird nun der Forward Rate Agreement eingesetzt und die Finanzierung wie folgt dargestellt:

- Eigenkapital als Finanzierung für 3 Monate zu 8 1/16% (kalkulatorisch) und Kauf eines FRA mit einem Referenzzins Euribor 3 Monate, Zins z.B. 8 7/16% (3 auf 6).
- Nach 3 Monaten erfolgt die Refinanzierung am Eurogeldmarkt.

Die max. Kosten betragen 8 1/4% im Durchschnitt.

Die Preußenbank AG erhält nach 3 Monaten einen Ausgleich, wenn der Euribor über 8 7/16% liegt. Die ausübungsfreie Grundzeit beträgt somit 3 Monate. Die Gesamtlaufzeit 6 Monate.

Ist der Euribor unter 8 7/16%, so muss die Preußenbank AG den Differenzbetrag begleichen, kann sich aber günstig am Eurogeldmarkt refinanzieren.

Das Zinsänderungsrisiko wurde somit ausgeschaltet und die Kosten der Refinanzierung auf 8 1/4% im Durchschnitt begrenzt.

ABS – Asset Backed Securities

ABS sind eine neue Form der Verbriefung von Kreditforderungen.

Mit den ABS können einer oder mehrere Gläubiger Forderungen in ihrer Bilanz bzw. in ihren Bilanzen handelbar machen. Dabei handelt es sich entweder um synthetische oder „True Sale"-Verbriefungen.

Es gibt bei einem ABS grundsätzlich folgende Beteiligte:

- Forderungsverkäufer, → Originator
- Zweckgesellschaft, → Special Purpose Vehicle
- Investoren,
- Forderungsschuldner und
- Ratingagenturen.

Bei „True Sale"-Verbriefungen werden die Forderungen an eine zu diesem Zweck gegründete Zweckgesellschaft verkauft, die sich durch Ausgabe von emittierten Wertpapieren (ABS) an Investoren refinanziert. Zinsen und Tilgung fließen vom Originator an die Zweckgesellschaft, die hiervon die Investoren bedient.

Die Abwicklung übernimmt i.d.R. der Originator. Hierfür stellt er Servicegebühren in Rechnung, evtl. wird noch ein Treuhänder dazwischen geschaltet.

Bei synthetischen Transaktionen werden die Kreditforderungen nicht verkauft. Es wird lediglich das Kreditrisiko von den Forderungen getrennt und mittels eines Credit-Default-Swap an die Zweckgesellschaft übertragen. Die Emissionserlöse der von der Zweckgesellschaft emittierten ABS werden in einen Sicherungspool investiert, aus dem ggf. Zahlungen an den Originator bei einem Forderungsausfall geleistet werden. Die Zinserträge aus der Anlage und die Prämie für die Risikoübernahme werden dazu verwendet, die Zinszahlungen für die ABS zu gewährleisten. Die Forderungen bleiben in diesem Fall in der Bilanz des Originators enthalten.

Ziele des Originators:

Entlastung im Rahmen der SolvV durch Risikominimierung sowie Schaffung neuer Liquidität bei „True Sale"-Verbriefungen.

Die Zahlungsströme zu den obigen Varianten sind auf der Internetseite zum Buch dargestellt.

2.6 Beispiel Zinsswap

Zinsswaps können eingesetzt werden zur:

- Minimierung von Zinsänderungsrisiken und/oder
- Ausnutzung von Arbitragevorteilen auf Grund unterschiedlicher Bonitätsstrukturen.

BEISPIEL ZUR ABSICHERUNG VON ZINSÄNDERUNGSRISIKEN:

Einfache Zinsbindungsbilanz mit festverzinslichen Positionen in Mio. EUR:

	1. Quartal 09	2. Quartal 09	3. Quartal 09	4. Quartal 09
Festzinsaktiva	100	90	90	80
Festzinspassiva	100	80	80	80
Festzinsüberhang	**0**	**10 aktiv**	**10 aktiv**	**0**
Zinsänderungsrisiko		**Passivisches Zinsänderungs-risiko**	**Passivisches Zinsänderungs-risiko**	

Im 2. Quartal 2009 liegt ein Festzinsüberhang auf der Aktivseite vor. Es besteht die Gefahr, dass die Zinsen am Geldmarkt steigen. In diesem Fall verteuert sich die Refinanzierung und die Zinsmarge sinkt (Passivisches Zinsänderungsrisiko).

Dieses Zinsänderungsrisiko kann u.a. durch den Abschluss eines Swap-Geschäftes kompensiert werden. Es wird also ein Swap vereinbart, in dem die Bank:

- feste Zinsen für 10 Mio. EUR für 90 bzw. 180 Tage (je nach Zinserwartung) zahlt und
- variable Zinsen für 10 Mio. EUR erhält.

Vereinfacht ausgedrückt kann man sagen, dass die Bank aus dem Festzinskredit 10 Mio. EUR variabel gestaltet hat und aus der variablen Passiva eine Festzinseinlage in Höhe von 10 Mio. EUR gemacht hat.

BEISPIEL ZUR AUSNUTZUNG VON ARBITRAGEUNTERSCHIEDEN:

Folgende Parameter müssen in diesem Fall erfüllt sein:

- Die Finanzierungspartner müssen unterschiedliche Finanzierungsinteressen hinsichtlich der Zinsberechnungsbasis haben (fest und variabel).
- Es müssen Bonitätsunterschiede bestehen.
- Es müssen unterschiedliche Risikoprämien und Laufzeitprämien für fixe und variable Zinsvereinbarungen am Markt gezahlt werden.

Im nachfolgenden Beispiel ist dies der Fall!

	Rating von Standard & Poor`s
Unternehmen guter Bonität:	A
Bank mit erstklassiger Bonität:	AAA

Zielfinanzierung:

Bank: benötigt Kapital, welches variabel bedient werden soll.

Unternehmen: benötigt Kapital, welches fest verzinslich bedient werden soll.

Kosten:	Unternehmen:	variabel:	Euribor + 1%
		fest:	12% (10 Jahre)
	Bank:	variabel:	Euribor
		fest:	10% (10 Jahre)

Würden die Beteiligten ihre Geschäfte isoliert voneinander realisieren, so ergäben sich folgende Kosten:

Unternehmen:	fest	12%
Bank:	variabel	Euribor
Summe Kosten gesamt:		*Euribor + 12%*

Durch Ausnutzen eines möglichen Vorteils entschließen sich die beiden Parteien, einen Zinsswap zu vereinbaren. Ein möglicher Vorteil soll wie folgt aufgeteilt werden: 2/3 Bank und 1/3 Unternehmen.

Dazu ist es jedoch erforderlich, dass beide Vertragspartner eine reale Kapitalbeschaffung zu den jeweils der gewünschten Zielfinanzierung entgegengesetzten Bedingungen durchführen.

Reale Kapitalbeschaffung:

Hierzu nimmt die Bank Festzinspassiva z.B. durch die Emission einer IHS auf.	Kosten:	10%
Das Unternehmen emittiert eine FRN.	Kosten:	Euribor + 1%
Summe Kosten gesamt:		*Euribor + 11%*
Vorteil gesamt:		***1%***

Swap-Geschäft:

Nun wird ein Swap-Geschäft vereinbart, in dem der Zinsvorteil von 1% entsprechend aufgeteilt wird. Um die eigentliche Zielfinanzierung wieder darzustellen, wird die nachfolgende Swap-Vereinbarung geschlossen:

- Das Unternehmen zahlt an die Bank einen Festzins von 11,67% (Vorteil 1/3 von 1 = 0,33%).
- Die Bank zahlt dem Unternehmen variabel Euribor +1% (auch andere Konstellationen sind möglich).

Durch diesen Swap wurde die eigentliche Zielfinanzierung realisiert. Dies kann noch einmal anhand nachfolgender Liquiditätsrechnung nachvollzogen werden:

Bank:

zahlt an die Inhaber der IHS:	-		10,00%	fest
bekommt vom Unternehmen:	+		11,67%	fest
zahlt dem Unternehmen:	-	Euribor +	1%	variabel
Nettoaufwand:		**Euribor -**	**0,67% (2/3 von 1%)**	

Die zur Kapitalaufnahme eingegangene Festzinsposition wurde durch den Swap in eine variable Zahlungsverpflichtung „getauscht“. Somit wurde insgesamt eine günstigere Refinanzierung realisiert.

3 Eigenmittel auf konsolidierter Basis

Lernziele
Ihnen werden die Regelungen zur Eigenmittelkonsolidierung gem. § 10a KWG vorgestellt. Sie werden die verschiedenen Konsolidierungsmethoden kennen lernen. Ihnen wird die Behandlung des aktivischen Unterschiedsbetrages erläutert. Sie werden anhand eines komplexen Beispiels die Eigenmittelberechnung im „Konzern" darstellen können.

3.1 Grundlagen

Neben Instituten müssen auch Institutsgruppen, Finanzholding-Gruppen und Finanzkonglomerate insgesamt über angemessene Eigenmittel verfügen. Die Vorschriften hierzu sind im § 10 i.V.m. § 10a KWG für Institutsgruppen und Finanzholding-Gruppen sowie im § 10b KWG für Finanzkonglomerate enthalten.

Hinweis:

Im Nachfolgenden werden lediglich die Regelungen für Insitutsgruppen und Finanzholding-Gruppen dargestellt. Eine ansprechende Darstellung der Regelungen für Finanzkonglomerate finden Sie im Monatsbericht April 2005 der Deutschen Bundesbank.

Es ist also erforderlich, dass alle Risikopositionen gem. SolvV sowie die Eigenmittel innerhalb einer Institutsgruppe oder Finanzholding-Gruppe konsolidiert werden müssen. Institutsinterne Beziehungen werden dabei eliminiert.

Um die Anforderungen des § 10 KWG zu erfüllen, müssen die Vorschriften der SolvV insgesamt in der Gruppe eingehalten werden. Der Aufbau von Kreditpyramiden soll somit verhindert werden.

Eine Institutsgruppe besteht aus einem Mutterinstitut bzw. EU-Mutterinstitut mit Sitz im Inland (übergeordnetes Unternehmen) und nachgeordneten Unternehmen (gruppenangehörige Unternehmen).

Als übergeordnetes Unternehmen einer Institutsgruppe zählen Kreditinstitute und Finanzdienstleistungsinstitute, die keinem Institut oder Finanzholdig-Gesellschaft nachgeordnet sind. Dieses übergeordnete Institut ist für die Einhaltung der Vorschriften gem. § 10a KWG verantwortlich.

Nun ist zu klären, welche nachgeordneten Unternehmen in die notwendige Konsolidierung mit einbezogen werden müssen.

Nachgeordnete Unternehmen sind:

- Tochterunternehmen als Kreditinstitute, Kapitalanlagegesellschaften, Finanzdienstleistungsinstitute, Finanzunternehmen und Anbieter von Nebendienstleistungen,
- Gemeinschaftsunternehmen (qualifizierte Minderheitsbeteiligungen) und
- Unternehmen (Institute und Finanzunternehmen), die nach § 10 Abs. 6 Satz 4 freiwillig in die Konsolidierung einbezogen wurden, um den Abzug vom haftenden Eigenkapital bei dem Mutterinstitut zu vermeiden.

Tochterunternehmen werden im § 1 Abs. 7 KWG definiert. Dabei wird im Wesentlichen auf die Vorschriften des § 290 HGB Bezug genommen. Im § 290 HGB werden die handelsrechtlichen Voraussetzungen definiert, nach denen Unternehmen als Tochterunternehmen in den Konzernabschluss integriert werden müssen.

TOCHTERUNTERNEHMEN WERDEN ANHAND FOLGENDER KRITERIEN BESTIMMT:

Control-Konzept (§ 290 Abs. 2 HGB)

- Die Muttergesellschaft verfügt über die Mehrheit der Stimmrechte (i.d.R. durch Mehrheit der Anteile) oder
- personelle Verflechtung (z.B. Mehrheitsbesetzung im Vorstand oder Aufsichtsrat der Tochter durch die Muttergesellschaft) oder
- Beherrschungsvertrag oder entsprechende Satzungsbestimmungen.

Konzept der einheitlichen Leitung (§ 290 Abs. 1 HGB)

- Einheitliche Leitung durch die Muttergesellschaft und Beteiligung gem. § 271 Abs. 1 HGB (dabei ist der Begriff „Einheitliche Leitung" weit gefasst).

Möglichkeit der Ausübung eines beherrschenden Einflusses (§ 1 Abs. 7 Satz 1 KWG)

In der Regel erfolgt jedoch bei Aufgaben zu diesem Thema die Ermittlung der Tochterunternehmenseigenschaft lediglich anhand der mittelbaren oder unmittelbaren Beteiligungsquote, die mehr als 50% betragen muss.

Gemeinschaftsunternehmen sind gem. § 10a Abs. 4 KWG Unternehmen in der Form von Instituten, Kapitalanlagegesellschaften, Finanzunternehmen, Anbieter von Nebendienstleistungen, an denen ein gruppenangehöriges Unternehmen

- mit mind. 20% der Kapitalanteile mittelbar oder unmittelbar beteiligt ist und
- für die Verbindlichkeiten des Unternehmens auf die Kapitalanteile beschränkt haftet und
- dieses Unternehmen zusammen mit einem gruppenfremden Unternehmen leitet.

BEISPIEL ZUR FESTSTELLUNG DER TOCHTERUNTERNEHMENSEIGENSCHAFT ANHAND VON BETEILIGUNGSQUOTEN:

Die Preußenbank AG verfügt über folgende Beteiligungen:

100% Sachsenbank AG	*60% Investmentbanking Thüringen AG*	*90% Leasing AG*

100%
Grundcreditanstalt
Brandenburg AG

Während die Beteiligungen an der Sachsenbank AG, der Leasing AG und der Investmentbanking Thüringen AG unmittelbare Beteiligungen sind, liegt bei der Grundcreditanstalt Brandenburg AG eine mittelbare, durchgerechnete Beteiligung von 60% vor.

Alle diese Institute und das Finanzunternehmen sind in die Konsolidierung als Tochterunternehmen mit einzubeziehen.

Eine Institutsgruppe im Sinne § 10a KWG besteht nicht, wenn nur Anbieter von Nebendienstleistungen als nachgeordnete Unternehmen vorhanden sind.

Eine Institutsgruppe liegt ebenfalls vor, wenn ein Institut mit anderen Unternehmen der Banken- und Wertpapierdienstleistungsbranche oder Investmentbranche eine horizontale Unternehmensgruppe gem. § 1 Abs. 21 KWG bildet. Als übergeordnetes Unternehmen gilt dann grundsätzlich das Einlagenkreditinstitut, E-Geld-Institut oder Wertpapierhandelsunternehmen mit Sitz im Inland mit der höchsten Bilanzsumme.

Eine Finanzholding-Gruppe liegt vor, wenn

- mind. 1 Einlagenkreditinstitut, E-Geld-Institut oder Wertpapierhandelsunternehmen als Tochterunternehmen im Verbund mit enthalten ist, welches seinen Sitz im Inland hat und die Finanzholding-Gesellschaft nicht selbst Tochter eines Einlagenkreditinstituts oder Wertpapierhandelsunternehmen ist (auf andere Konstellationen außerhalb des Inlandes wird hier nicht eingegangen).

Die Finanzholding-Gesellschaft muss dann dem Einlagenkreditinstitut, E-Geld-Institut oder Wertpapierhandelsunternehmen mit Sitz im Inland, welches keinem anderen nachgeordnet ist, die notwendigen Informationen für die Einhaltung des § 10 KWG in der Gruppe mitteilen.

Dieses Institut hat als übergeordnetes Unternehmen die Berichtspflicht zu erfüllen und muss die Einhaltung der angemessenen Eigenmittelausstattung sicherstellen.

3.2 Konsolidierungsverfahren

Im KWG sind folgende Verfahren zur Konsolidierung von Institutsgruppen und Finanzholding-Gruppen vorgesehen:

- Vollkonsolidierung und
- Quotenkonsolidierung.

Die Vollkonsolidierung wird bei Tochterunternehmen angewandt. Dabei werden die zu erfassenden Risiken und Eigenmittelpositionen der nachgeordneten Unternehmen dem übergeordneten Unternehmen grundsätzlich in voller Höhe angerechnet und somit konsolidierte Gesamtpositionen gebildet. Positionen an Eigenmitteln, die sich im Fremdbesitz befinden, werden entsprechend mit berücksichtigt.

Die Quotenkonsolidierung wird bei nachgeordneten Unternehmen angewandt, die keine Tochterunternehmen sind.

Dabei erfolgt die Konsolidierung der entsprechenden Risiken und Eigenmittelpositionen in Höhe der jeweiligen Beteiligungsquoten.

Für die Berechnung der Eigenmittel in der Gruppe gelten grundsätzlich die Vorschriften nach § 10 KWG. Es sind jedoch folgende Besonderheiten zu beachten:

- Abzug des Beteiligungsbuchwertes der nachgeordneten Unternehmen um eine Doppelanrechnung durch die Zusammenfassung der Kernkapitalbestandteile auf Gruppenebene zu verhindern.
- Abzug des aktivischen Unterschiedsbetrages (einmalig bzw. ratierlich).
- Abzug von konzerninternen Forderungen und Verbindlichkeiten gem. § 10a Abs. 6 Satz 3 KWG.
- Abzug von stillen Reserven (Neubewertungsreserven) bei einem gruppenangehörigen Unternehmen, sofern sie auf gruppenangehörige Unternehmen entfallen.
- Kappung des Ergänzungskapitals und Berechnung der max. anrechenbaren Drittrangmittel erst auf Gruppenebene.

Praktisch werden die Eigenmittel auf Basis der Einzelinstitute ermittelt, anschließend zusammengefasst und auf Gruppenebene durch die obigen Regelungen korrigiert.

3.3 Entstehung und Behandlung des aktivischen Unterschiedsbetrages

Ein aktivischer Unterschiedsbetrag entsteht, wenn der Beteiligungsbuchwert (i.d.R. Kaufpreis) höher ist als das bilanzielle Eigenkapital (gezeichnetes Kapital zzgl. offene Rücklagen) des nachgeordneten Unternehmens.

Der aktivische Unterschiedsbetrag steht zum Teil für immaterielle Werte, die das nachgeordnete Unternehmen auszeichnet (z.B. Marktzugänge, Fachwissen der Mitarbeiter) oder für stille Reserven, die ggf. nicht aufsichtsrechtlich anerkannt werden, aber trotzdem vorhanden sind.

DIE PREUßENBANK AG ERWIRBT DIE SACHSENBANK AG ZU 100% (BEIDE INSTITUTE NUTZEN DEN KSA):

Die Sachsenbank AG verfügt vor Beteiligung über folgende Werte:

Risikogewichtete KSA-Positionswerte 800 Mio. EUR	Gezeichnetes Kapital:	50 Mio. EUR
	Rücklagen:	10 Mio. EUR
	Genussrechte:	5 Mio. EUR
	Vorsorgereserven nach § 340f HGB:	3 Mio. EUR
	Neubewertungsreserven:	3 Mio. EUR

Der Kaufpreis für die Sachsenbank AG beträgt 90 Mio. EUR. In Höhe von 30 Mio. EUR entsteht ein aktivischer Unterschiedsbetrag. Um zu verhindern, dass sich im Jahr des Erwerbs das Kernkapital der Gruppe durch den Abzug des vollen Beteiligungsbuchwertes (90 Mio. EUR werden abgezogen, 60 Mio. EUR an Kernkapital werden nur hinzugerechnet) reduziert, wird der aktivische Unterschiedsbetrag rechnerisch dem Kernkapital hinzugerechnet. Insofern wird an dieser Stelle eine Neutralität der Positionen herbeigeführt.

Aufsichtsrechtlich wird der aktivische Unterschiedsbetrag wie folgt behandelt:

1) Er kann bei Ersterwerb je zur Hälfte vom Kernkapital und Ergänzungskapital (vor Kappung) abgezogen werden.

2) Alternativ kann er auch nach 1 Jahr hälftig über 10 Jahre verteilt vom Kernkapital und Ergänzungskapital (hier vor Kappung gem. § 10 Abs. 2 Satz 3 und 4 KWG / 50%/100%!!) abgezogen werden. **Insofern ermäßigt sich der Unterschiedsbetrag rechentechnisch über die Laufzeit und der effektive Abzugsbetrag vom Kernkapital und Ergänzungskapital steigt jährlich um 1/10 an. Insgesamt erfolgt so eine sukzessive Reduzierung des modifizierten, verfügbaren Eigenkapitals.**

In diesem Fall wird der aktivische Unterschiedsbetrag wie eine Beteiligung an einem gruppenfremden Unternehmen als bilanzielle Adressenausfallrisikoposition in der Gruppe betrachtet und nach einem Jahr des Erwerbes um 1/10 p.a. abgeschrieben. Parallel mit der Reduzierung des modifizierten, verfügbaren Eigenkapitals reduziert sich auch der als Risikoposition anzusetzende Restbetrag des aktivischen Unterschiedsbetrages.

Ferner schreibt § 10a Abs. 7 KWG vor, dass grundsätzlich auch die handelsrechtlichen Konzernabschlüsse als Basis für die aufsichtsrechtliche Konsolidierung verwendet werden können, bzw. unter bestimmten Umständen auch verwendet werden müssen. Die obigen Verfahren zur aufsichtsrechtlichen Konsolidierung gelten dann nicht für diese Gruppen. Da jedoch momentan noch eine Rechtsverordnung zur Regelung von Detailfragen fehlt, wird auf diesen Sachverhalt nicht weiter eingegangen.

FALLSTUDIE ZUR KONSOLIDIERUNG NACH §§ 10 UND 10A KWG:

Die Preußenbank AG übernimmt die Grundcreditbank AG zu einem Kaufpreis von 150 Mio. EUR. Beide Institute sind Nichthandelsbuchinstitute. Es liegt eine Beteiligungsquote von 100% vor. Insofern hat die Preußenbank AG die Konsolidierung nach Regelungen der Vollkonsolidierung vorzunehmen. **Operationelle Risiken sollen in dieser Berechnung nicht berücksichtigt werden.**

Die einzelnen Teilbilanzen vor Erwerb sehen wie folgt aus (alles in Mio. EUR) – Beide Institute nutzen den KSA:

Preußenbank AG

Risikogewichtete KSA-Positionswerte	3.020	Gezeichnetes Kapital	300
		Rücklagen	30
In den obigen Positionen sind längerfristige nachrangige Verbindlichkeiten der neuen Tochter enthalten.	(50)	Längerfristige nachrangige Verbindlichkeiten	150
		Genussrechte	80

Grundcreditbank AG

Risikogewichtete KSA-Positionswerte	980	Gezeichnetes Kapital	90
		Rücklagen	10
		Längerfristige nachrangige Verbindlichkeiten	80

Berechnung der Eigenmittel und deren Verwendung in der Gruppe:
Der aktivische Unterschiedsbetrag beträgt 50. Nach 1 Jahr wird er über 10 Jahre verteilt hälftig vom Kernkapital und Ergänzungskapital (also zu je 2,5 p.a.) abgezogen.

	nach Erwerb		1 Jahr nach Erwerb	2 Jahre nach Erwerb
Kernkapital Mutter	330		330	330
Kernkapital Tochter	100		100	100
- Beteiligungsbuchwert + aktivischer Unterschiedsbetrag - hälftiger Abzug des 1/10–Betrages vom Kernkapital	150 50 (150 –100)	50 x 10% = 5; ½ Abzug = 2,5	150 50 2,5	150 50 5
Kernkapital Gruppe	*330*		*327,50*	*325*

Ergänzungskapital I Mutter:	80		80	80
Ergänzungskapital II Mutter:	150		150	150
Ergänzungskapital II Tochter:	80		80	80
- konzerninterne nachrangige Verbindlichkeiten	50		50	50
Ergänzungskapital II Gruppe:	(180)		(180)	(180)
- hälftiger Abzug des 1/10–Betrages vom Ergänzungskapital		50 x 10% = 5; ½ Abzug = 2,5	2,5	5
Abzüglich: 1) Kappungsbetrag auf 50% des Kernkapitals für das Ergänzungskapital II	(180 – 165) 15		(180 – 163,75 – 2,5) 13,75	(180 – 162,5 – 5) 12,5
2) Kappungsbetrag auf 100% des Kernkapitals				
Ergänzungskapital Gruppe:	*245*		*243,75*	*242,5*
Kernkapital Gruppe	*330*		*327,5*	*325*
haftendes Eigenkapital = mod. verfügbares EK der Gruppe	**575**		**571,25**	**567,5**

Risikogewichtete KSA-Positionswerte Mutter	2.970 (ex. 50 Nachr. Verb.)		2.970 (ex. 50 Nachr. Verb.)	2.970 (ex. 50 Nachr. Verb.)
Risikogewichtete KSA-Positionswerte Tochter	980		980	980
aktivischer Unterschiedsbetrag	50	Abzug in Höhe von 1/10 = 5	45	40
Summe risikogewichtete KSA-Positionswerte Gruppe	4.000		3.995	3.990
Gesamtkennziffer	14,38%		14,30%	14,22%

Erläuterungen:

Der aktivische Unterschiedsbetrag wird, wie oben dargestellt, jährlich um 2,5 anwachsend vom Kernkapital abgezogen. Insofern reduziert sich das Kernkapital jährlich. Beim Ergänzungskapital kann der Abzug vor Kappung auf das Kernkapital erfolgen. Dies führt dazu, dass sich in diesem Beispiel der Abzug nicht direkt auswirkt, da genug gekapptes Ergänzungskapital vorhanden ist.

Gemäß § 2a KWG brauchen nachgeordnete Unternehmen einer Institutsgruppe unter bestimmten Umständen die Vorschriften des §10 KWG und der SolvV auf Einzelebene nicht einzuhalten. Es erfolgt eine Freistellung von der Einzelaufsicht. Die Einhaltung der Vorschriften gem. § 10 KWG i.V.m. SolvV erfolgt dann nur auf Gruppenebene.

4 Kreditgeschäft im KWG

Lernziele
Ihnen werden die Vorschriften des KWG zum Kreditgeschäft vorgestellt. Sie werden die Großkreditvorschriften, die Vorschriften zu den Organ- und Millionenkrediten erläutern können. Ihnen werden Kreditnehmereinheiten und die Offenlegungsvorschriften gem. § 18 KWG dargestellt.

4.1 Großkreditvorschriften im KWG

Ein Großkredit liegt vor, wenn alle Kredite von einem Institut an einen Kreditnehmer (ggf. Kreditnehmereinheit) insgesamt 10% des haftenden Eigenkapitals des Institutes erreichen bzw. übersteigen. Die gesetzliche Regelung ist im § 13 KWG für Nichthandelsbuchinstitute festgehalten.

Folgende Besonderheiten sind bei der Gewährung von Großkrediten zu beachten:

- Einstimmiger Beschluss aller Geschäftsleiter i.d.R. vor Kreditgewährung.
- Anzeige des Großkredites an die Bundesbank unverzüglich nach Kreditgewährung (*Ausnahmen gem. § 8 GroMiKV zum 15. der Monate Januar, April, Juli und Oktober*).
- Das haftende Eigenkapital wird auf Basis des § 10 KWG ermittelt.

ES GIBT FOLGENDE GRENZEN BEI DER VERGABE VON GROßKREDITEN:

- Der einzelne Großkredit darf grundsätzlich 25% des haftenden Eigenkapitals des Instituts nicht überschreiten (Großkrediteinzelobergrenze).
- Die Summe aller Großkredite darf grundsätzlich das 8-fache des haftenden Eigenkapitals des Instituts nicht überschreiten (Großkreditgesamtobergrenze).
- Kredite an Mutter-, Tochter- und Schwesterunternehmen dürfen grundsätzlich 20% des haftenden Eigenkapitals des Instituts nicht übersteigen.

Die genannten Grenzen dürfen bei voller Unterlegung mit haftendem Eigenkapital und Genehmigung der BaFin überschritten werden. Diese Bestandteile des haftenden Eigenkapitals dürfen nicht für die Abdeckung von Adressrisiken, operationelle Risiken bzw. Marktrisiken verwendet werden.

§ 22 KWG schreibt vor, dass eine Rechtsverordnung erlassen werden kann, in der u.a. die prozentuale Gewichtung der einzelnen Kreditarten festgelegt ist.

Aus dieser Vorschrift heraus, wurde die GroMiKV (Großkredit- und Millionenkreditverordnung) entwickelt. Sie regelt unter anderem die Detailfragen hinsichtlich Anrechnung, Meldung und dem weiteren Ablaufprocedere.

Für die Frage, was als Kredit gem. § 13 KWG anzusehen ist, befindet sich in § 19 KWG eine weite Definition. Diese wird durch § 2 GroMiKV ergänzt und mit einer Bemessungsgrundlage versehen.

Grundsätzlich sind folgende Positionen gem. § 19 KWG i.V.m. § 2 GroMiKV als Kredite anzusetzen und zu bemessen:

- Bilanzaktiva nach § 19 Abs. 1 Satz 2 KWG; z.B. Forderungen an Kreditinstitute und Kunden (Bemessungsgrundlage: Buchwert der einzelnen Positionen zzgl. EWB),
- Swapgeschäfte (Bemessungsgrundlage: effektiver Kapitalbetrag),
- sonstige Termingeschäfte (Bemessungsgrundlage: aktueller Marktwert) und
- außerbilanzielle Geschäfte nach § 19 Abs. 1 Satz 3 KWG; z.B. Erfüllungsgarantien, Gewährleistungsbürgschaften, *noch nicht beanspruchte Kreditzusagen.* (Bemessungsgrundlage: Kapitalbetrag für den das Institut einstehen muss bzw. Buchwert).

Weitere Kredite siehe § 19 KWG.

Es sind nun alle Kredite eines Kreditnehmers (ggf. Kreditnehmereinheit gem. § 19 Abs. 2 KWG) i.V.m. § 4 GroMiKV zu bewerten. Jedoch gibt es gem. § 20 KWG und § 25 ff GroMiKV Ausnahmen bzw. Erleichterungen hinsichtlich der Anrechnung auf die Obergrenzen sowie auf die Anzeigepflicht.

DIE NACHFOLGENDE ÜBERSICHT VERDEUTLICHT DIESEN ZUSAMMENHANG:

Alle Kredite eines Kreditnehmers (Kreditnehmereinheit)	§ 19 Abs. 2 KWG i.V.m. § 4 GroMiKV hinsichtlich der Kreditnehmer. § 19 Abs. 1 KWG i.V.m. § 2 GroMiKV hinsichtlich des Kreditbegriffs und seiner Bemessung.
- Ausnahmen	Gem. § 20 Abs. 1 und 2 Nr. 1-3 und Abs. 3 Satz 2 (i.V.m. Absatz 5) KWG z.B. Kredite an Bund bzw. durch ihn gesichert, durch Bareinlagen beim kreditgewährenden Institut gesichert.

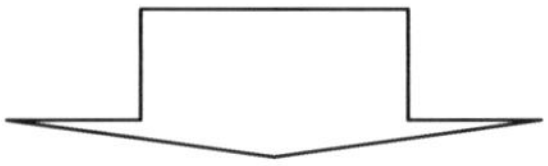

Ist der Betrag gleich oder größer als 10% des haftenden Eigenkapitals, dann liegt ein Großkredit vor.

Beschlussfassung und Anzeige an die Bundesbank

Nachdem definiert worden ist, ob ein Großkredit vorliegt, stellt sich die Frage, mit welchem Betrag die einzelnen Kredite auf die Obergrenzen – Großkrediteinzelobergrenze und Großkreditgesamtobergrenze – angerechnet werden.

ANRECHNUNGSSÄTZE – ANRECHNUNGSERLEICHTERUNGEN GEM. GROßKREDIT- UND MILLIONENKREDITVERORDNUNG – EINE AUSWAHL:

Null-Anrechnungen:

- Realkredite – wohnwirtschaftlich oder gewerblich,
- bestimmte, unmittelbar kündbare Kreditzusagen und
- durch qualifizierte Wertpapiere mit entsprechendem Marktwertüberschuss gesicherte Kreditteile – siehe hierzu § 28 GroMiKV.

20%-Anrechnungen:

- Kredite an eine Regionalregierung in einem Staat des EWR ,
- Kredite an Kreditinstitute mit Sitz im Inland mit einer Restlaufzeit von über 1 Jahr bis zu 3 Jahren.

50%-Anrechnungen:

- Schuldverschreibungen mit Restlaufzeiten von über 3 Jahren an Kreditinstitute mit Sitz im Inland,
- Kreditzusagen mit einer Ursprungslaufzeit von bis zu 1 Jahr,
- Eröffnung und Bestätigung von Dokumentenakkreditiven, die durch Warenwertpapiere gesichert sind.

Weitere Geschäfte – siehe § 25 ff GroMiKV.

Ferner können gem. § 29 ff GroMiKV nach Genehmigung durch die BaFin bestimmte Finanzsicherheiten angerechnet werden, die den auf die Großkreditobergrenzen anrechenbaren Kreditbetrag reduzieren.

Handelt es sich um ein Handelsbuchinstitut, so wird neben der Anlagebuchposition eine zusätzliche kreditnehmerbezogene Gesamtposition gem. § 13a KWG gebildet.

Im Wesentlichen gelten die oben genannten Regelungen für Nichthandelsbuchinstitute auch für Handelsbuchinstitute. Insbesondere hinsichtlich der Anlagebuchpositionen.

Basis für die Berechnung der maximalen kreditnehmerbezogenen Gesamtposition sowie zur Feststellung ob ein Gesamtbuch-Großkredit vorliegt, bilden jedoch die Eigenmittel.

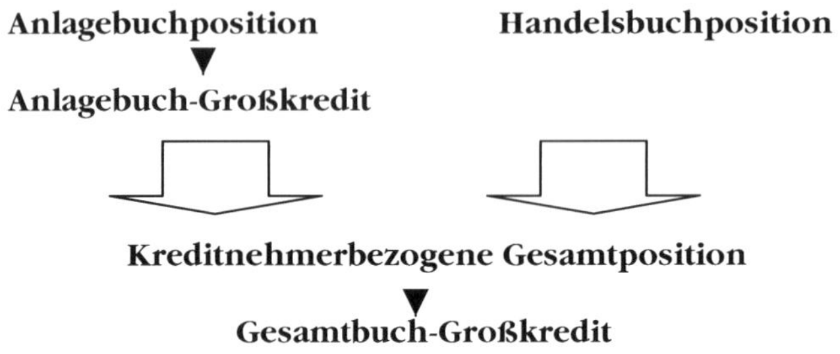

Entspricht oder überschreitet die kreditnehmerbezogene Gesamtposition 10% der Eigenmittel, dann liegt ein Gesamtbuch-Großkredit vor. Er darf grundsätzlich maximal 25% der Eigenmittel betragen. Die Summe aller Gesamtbuch-Großkredite darf grundsätzlich das 8-fache der Eigenmittel nicht übersteigen. Überschreitungen sind mit Eigenmitteln zu unterlegen und bedürfen der Zustimmung der BaFin.

§ 13b KWG schreibt vor, dass die obigen Bedingungen auch in der Institutsgruppe und einer Finanzholding-Gruppe eingehalten werden müssen.

Ferner sind noch die §§ 13c KWG (Gruppeninterne Transaktionen mit gemischten Unternehmen) und 13d KWG (Risikokonzentration und gruppeninterne Transaktionen von Finanzkonglomeraten) zu beachten.

4.2 Millionenkreditvorschriften im KWG

Ein Millionenkredit gem. § 14 KWG liegt vor, wenn alle Kredite von Kreditinstituten, Finanzdienstleistungsinstituten gem. § 1 Abs. 1a Satz 2 Nr. 4 KWG (Eigenhandel), Finanzunternehmen gem. § 1 Abs. 3 Satz 1 Nr. 2 KWG sowie Unternehmen gem. § 2 Abs. 2 KWG an einen Kreditnehmer (ggf. Kreditnehmereinheit) je obigem Unternehmen 1,5 Millionen EUR erreichen oder übersteigen.

Diese Kredite sind der Bundesbank alle 3 Monate anzuzeigen. Als Betrag wird der Stand am Quartalsende angegeben.

Der Kreditbegriff ist grundsätzlich identisch mit den Regelungen zu den Großkrediten. Die GroMiKV regelt auch hier die wesentlichsten Verfahrensabläufe sowie die Meldeinhalte.

Als Kredite im Sinne des § 14 KWG gelten jedoch gem. § 20 Abs. 6 KWG nicht:

- Vorleistungen bei Wechselkursgeschäften und Wertpapiergeschäften,
- abgeschriebene Kredite,
- Kredite an öffentliche Institutionen (Bund etc.),
- Anteile an anderen Unternehmen,
- Wertpapiere des Handelsbestandes,
- Kreditzusagen,
- Verfügungen über Beträge „Eingang vorbehalten" im Lastschrifteinzugsverfahren und
- Kredite an Kreditnehmer, für deren Verpflichtungen der Bund kraft Gesetz gesamtschuldnerisch haftet.

Werden von mehreren der meldepflichtigen Unternehmen Millionenkredite gewährt, so erhalten die beteiligten Unternehmen eine Rückmeldung. Die Bundesbank fungiert als so genannte Evidenzzentrale. Auch die Möglichkeit einer Voranfrage bei der Deutschen Bundesbank besteht.

4.3 Organkreditvorschriften im KWG

Organkredite sind Kredite an einen besonders eng mit dem Institut verbundenen Personenkreis. Die gesetzliche Regelung hierzu ist in den §§ 15 und 17 KWG verankert. Es gilt der enge Kreditbegriff gem. § 21 Abs. 1 KWG. Ebenfalls sind die Vorschriften zur Kreditnehmereinheit (§ 19 Abs. 2 KWG) von Bedeutung.

DER ANGESPROCHENE PERSONENKREIS LÄSST SICH WIE FOLGT DARSTELLEN:

natürliche Personen	Unternehmen
Geschäftsleiter	Unternehmen in der Rechtsform einer juristischen Personen oder Personenhandelsgesellschaft, wenn ein Geschäftsleiter, Prokurist oder Handlungsbevollmächtigter (zum gesamten Geschäftsbetrieb) des Instituts gesetzlicher Vertreter oder Aufsichtsorganmitglied ist.
Nicht zu den Geschäftsleitern gehörende Gesellschafter	Umgekehrter Fall zu oben (jedoch nur bezogen auf Aufsichtsratmandate)
Aufsichtsratsmitglieder	Unternehmen, an denen ein Institut oder Geschäftsleiter mit mind. 10% beteiligt oder ein Geschäftsleiter oder das Institut persönlich haftender Gesellschafter ist.
Prokuristen und zum gesamten Geschäftsbetrieb ermächtigte Handlungsbevollmächtigte	Unternehmen, die am Institut mit mind. 10% beteiligt sind.
Ehegatten, Lebenspartner und minderjährige Kinder der obigen Personen	Unternehmen, von denen ein gesetzlicher Vertreter oder ein Gesellschafter einer Personenhandelsgesellschaft mit mind. 10% an dem Institut beteiligt ist.
Stille Gesellschafter	Sowie bestimmte Personengruppen, wie Geschäftsführer, Prokuristen etc. sowie deren Ehepartner, Lebensgefährten und minderjährigen Kinder eines vom Institut abhängigen oder das Institut beherrschenden Unternehmens.

Kredite an Prokuristen und Handlungsbevollmächtigte (zum gesamten Geschäftsbetrieb) sowie deren Ehegatten, Lebenspartner und minderjährige Kinder zählen jedoch nur dann als Organkredite, wenn sie ein Jahresgehalt übersteigen.

Kredite an Unternehmen zählen zu Organkrediten, wenn sie mehr als 1% des haftenden Eigenkapitals des Institutes betragen oder 50.000 EUR überschreiten.

Organkredite sind von den Geschäftsleitern einstimmig zu beschließen. Außerdem ist noch die ausdrückliche Zustimmung des Aufsichtsrates erforderlich.

Sie sind zu marktüblichen Konditionen zu gewähren. Nicht zu marktüblichen Konditionen gewährte Organkredite sind auf Anordnung der BaFin mit haftendem Eigenkapital zu unterlegen.

Beim Ausfall dieser Kredite sind die beteiligten Personen dem Institut und seinen Gläubigern gem. § 17 KWG haftbar, sofern gegen die Vorschriften des § 15 KWG verstoßen wurde.

4.4 Offenlegung der wirtschaftlichen Verhältnisse und Kreditnehmereinheiten

Bei Krediten eines Kreditinstitutes an einen Kreditnehmer (ggf. Kreditnehmereinheit), die 750.000 EUR oder 10% des haftenden Eigenkapitals des Instituts übersteigen, muss sich das Kreditinstitut die wirtschaftlichen Verhältnisse gem. § 18 KWG offen legen lassen. Hier gilt der enge Kreditbegriff gem. § 21 Abs. 1 KWG.

Diese Vorschrift gilt grundsätzlich für die gesamte Kreditlaufzeit. Sie endet also nicht nach der erfolgten Erstprüfung, sondern muss auch während der Kreditlaufzeit regelmäßig erfüllt werden.

Im gewerblichen Kreditgeschäft bzw. im Firmenkundengeschäft sind u.a. folgende Unterlagen von dem Kreditnehmer beizubringen:

- Bilanzen, GuV, BWA, - bei Einzelunternehmen sind weiterhin Einkommensteuerbescheide und Einkommensteuererklärungen, Selbstauskunft und Vermögensaufstellung mit Nachweisen zu den Vermögenswerten und Verbindlichkeiten etc. erforderlich.

Diese Unterlagen müssen ausgewertet und kommentiert werden. Eine zeitnahe Aktualität muss gewährleistet werden.

In einem Schreiben vom 09.05.2005 hat die BaFin ihre bisherigen Rundschreiben zu diesem Thema aufgehoben. Es hat nun die Kreditinstitute verpflichtet, selber geeignete interne Maßnahmen zu definieren, wie sie die Anforderungen des § 18 KWG einhalten möchten. Im Rahmen der Jahresabschlussprüfung müssen die Abschlussprüfer zukünftig beurteilen, ob die definierten organisatorischen Maßnahmen ausreichen und vor allem, ob der § 18 KWG eingehalten worden ist.

Bei Berechnung, ob die Grenze zur Offenlegung überschritten wird, können Sicherheiten berücksichtigt werden.

Hierfür hatte die Bundesanstalt für Finanzdienstleistungsaufsicht bzw. das BAKred einen umfassenden Katalog an zugelassenen Sicherheiten erlassen, den Kreditinstituten jedoch die Möglichkeit gegeben, diesen Katalog individuell zu ergänzen, wenn eine annähernd gleiche Qualität der neuen Sicherheiten gewährleistet ist. Im Rahmen des oben skizzierten Schreibens werden auch diese Aspekte institutsintern in ein entsprechendes Regelwerk eingearbeitet werden.

Auch den Realkrediten fällt gem. § 21 KWG eine besondere Bedeutung zu.

ES ERGIBT SICH FOLGENDE VEREINFACHTE BERECHNUNG UM FESTZUSTELLEN, OB EIN KREDITENGAGEMENT UNTER DIE REGELUNGEN DES § 18 KWG FÄLLT:

	Summe aller Kredite eines Kreditnehmers bzw. Kreditnehmereinheit gem. § 19 KWG	
-	Abzugsposten z.B. Realkredite gem. §§ 14,16 PfandBG	i.V.m. § 21 Abs. 2,3 und 4 KWG
	Betrag größer als 750 TEUR bzw. 10% hEK ?	Dann erfolgt die Betrachtung der Sicherheiten
-	Sicherheiten z.B. Abtretung von Guthaben etc.	
	Maßgeblicher Betrag größer als 0 EUR ? Dann ist die Offenlegung der wirtschaftlichen Verhältnisse erforderlich.	

Die laufende Offenlegung kann vermieden werden, wenn der Restkreditbetrag auf selbstgenutztem Wohneigentum innerhalb von 80% des Beleihungswertes gesichert ist und der Kreditnehmer den Kapitaldienst störungsfrei erbringt.

Tipp:

Im Buch „Mündliche Prüfung Bankfachwirt“ von Achim Schütz, Margit Burgard und mir finden Sie auf Seite 152 noch ein wirklich gutes Rechenschema zur Feststellung, ob die Vorschriften gem. § 18 KWG bei einem Kreditengagement zu erfüllen sind oder nicht.

Weitere Vorschriften zum Kreditgeschäft betreffen die Kreditnehmereinheiten.

§ 19 Abs. 2 KWG schreibt vor, dass Kredite an mehrere natürliche Personen, juristische Personen oder Personenhandelsgesellschaften im Sinne der Vorschriften des KWG wie Kredite an einen Kreditnehmer zu bewerten sind, wenn gegenseitige wirtschaftliche Abhängigkeiten bestehen bzw. ein beherrschender Einfluss ausgeübt werden kann.

Dabei wird der Begriff Kreditnehmereinheit insbesondere wie folgt definiert:

Nr. 1

- Konzernzugehörigkeit der Unternehmen,
  - Unterordnungskonzern
  - Gleichordnungskonzern
- Gewinnabführungsverträge zwischen Unternehmen und
- Mehrheitsbeteiligung an Unternehmen von Unternehmen oder Personen.

Nr. 2

- Personenhandelsgesellschaften oder Kapitalgesellschaften und ihre persönlich haftenden Gesellschafter sowie Partnerschaften mit jedem Partner.

Nr. 3

- Personen und Unternehmen, für deren Rechnung Kredite aufgenommen werden, mit denen, die diesen Kredit in eigenem Namen aufnehmen (Strohmannkredite).

BEISPIELE:

Paul Müller ist geschäftsführender Gesellschafter der Müller GmbH. Beide bilden eine Kreditnehmereinheit.

Lutz und Paul Schulz sind persönlich haftende Gesellschafter der Schulz und Sohn OHG. Sie bilden gemeinsam mit der OHG eine Kreditnehmereinheit.

5 Liquidität der Kreditinstitute

Lernziele
Sie werden die Liquiditätsbegriffe kennen lernen. Ihnen werden die betriebswirtschaftlichen und rechtlichen Ansätze zur Sicherung der Liquidität von Kreditinstituten vorgestellt. Sie werden erläutern können, warum es zu Liquiditätsengpässen kommen kann.

5.1 Liquidität und Liquiditätsbegriffe

Eine ausreichende Liquidität ist neben angemessenen Eigenmitteln die wichtigste Voraussetzung für den langfristig erfolgreichen Geschäftsbetrieb. § 11 KWG schreibt vor, dass Institute jederzeit zahlungsfähig sein müssen.

Unter Liquidität versteht man die Fähigkeit, eingegangene Zahlungsverpflichtungen jederzeit erfüllen zu können.

Die zentrale Steuerung der Liquidität bezeichnet man als Liquiditätspolitik. Im Rahmen der Liquiditätspolitik muss jedoch auch immer das Ertragsziel mit berücksichtigt werden. Liquide Mittel bringen keinen oder einen eher geringen Ertrag. Insofern sollte die Liquiditätspolitik dafür sorgen, dass nur so viel Liquidität vorgehalten wird, wie wahrscheinlich auch benötigt wird.

Für Banken, wie auch für Unternehmen, gibt es unterschiedliche Liquiditätsansätze:

Zum einen kann der Ansatz auf die Aktivseite der Bilanz bezogen werden.

Es wird betrachtet, welche Aktiva wie schnell liquidiert, also in Zentralbankgeld umgewandelt werden kann. Die Liquidierbarkeit der jeweiligen Aktiva ist jedoch in Einzelfällen schwer zu bestimmen.

UNTER DIESEM ASPEKT KANN MAN DIE AKTIVA IN VERSCHIEDENE LIQUIDITÄTSBEGRIFFE EINTEILEN:

Primärliquidität: Diese Vermögenspositionen sind bereits liquide (z.B. Guthaben bei der Deutschen Bundesbank, Kassenbestand).

Sekundärliquidität: Diese Vermögenspositionen lassen sich ggf. unter Verlust und/oder mit einem Time-Lag in Zentralbankgeld umwandeln (z.B. Wertpapiere, Forderungen an Kunden).

Tertiärliquidität: Diese Vermögenspositionen lassen sich schwer und ggf. nur mit Verlust und einem Time-Lag in Zentralbankgeld umwandeln (z.B. Anlagevermögen).

Zum anderen kann der Liquiditätsansatz auch auf die Passivseite der Bilanz bezogen werden.

So kann z.B. durch Aufnahme von Tagesgeldern die Beschaffung von Zentralbankgeld realisiert werden.

Um sich einen Überblick über die statische und somit stichtagsorientierte Liquiditätslage zu verschaffen, empfiehlt es sich, entsprechende Verhältnisse von Aktiva zu Passiva unter Liquiditätsgesichtspunkten zu betrachten. In diesem Rahmen werden dann die so genannten Liquiditätskennziffern ermittelt.

Liquiditätsprobleme bzw. -engpässe entstehen durch Auseinanderfallen von Fälligkeiten bei Einzahlungen und Auszahlungen in der Form, dass der Bestand an Zahlungsmitteln (Barreserve) nicht ausreicht, um die Auszahlungen zu decken. Ebenfalls ist der Bestand an Zentralbankgeld begrenzt, d.h. er kann nicht aus dem Bankensektor geschaffen werden, sondern nur von der Notenbank.

ES LASSEN SICH FÜR BANKEN FOLGENDE LIQUIDITÄTSRISIKEN ABLEITEN:

Refinanzierungsrisiko: Gefahr, dass eine Anschlussfinanzierung bei positiver Fristentransformation nicht jederzeit sichergestellt werden kann.

Abrufrisiko: Gefahr, dass Einlagen unerwartet abgezogen oder Kreditlinien unerwartet beansprucht werden.

Terminrisiko: Gefahr, dass Zins- und Tilgungsleistungen von Kreditschuldnern nicht rechtzeitig erbracht werden und somit ungewollte Prolongationen von Krediten und Kreditlinien entstehen.

Derivatives Risiko: Gefahr, dass sich Verluste aus durchschlagenden Marktrisiken oder Adressenausfallrisiken nicht nur erfolgswirksam, sondern auch liquiditätswirksam auswirken.

Es gibt verschiedene Möglichkeiten zur Lösung des Liquiditätsproblems, die teils gesetzlich geregelt sind, teils durch betriebswirtschaftliche Grundsätze entwickelt wurden:

Bodensatztheorie von Adolf Wagner (1857)

Eine Bank kann den Teil an formal kurzfristigen Einlagen, der längerfristig zur Verfügung steht, auch langfristig ausleihen ohne in Liquiditätsprobleme zu kommen. Schwierig ist hingegen festzulegen, welcher Teil der Einlagen tatsächlich längerfristig zur Verfügung steht. Es handelt sich um die gedankliche Grundlage der Fristentransformation.

Goldene Bankregel von Otto Hübner (1854)

Die Goldene Bankregel geht davon aus, dass sich die Fristen im Aktivgeschäft und im Passivgeschäft entsprechen müssen. Eine Fristentransformation ist nach dieser Theorie nicht möglich.

Regelungen der Liquiditätsverordnung

Gemäß den Regelungen der LiqV erfolgt eine Gegenüberstellung von Zahlungsmitteln und Zahlungsverpflichtungen anhand von Restlaufzeiten. So soll sichergestellt werden, dass im Zeitraum bis zu 1 Monat die Zahlungsfähigkeit gegeben ist, wenn die Zahlungsmittel größer als die Zahlungsverpflichtungen sind.

Ergeben sich auf Grund der Liquiditätsdisposition Liquiditätsüberschüsse, so können diese auf dem Geld- oder Kapitalmarkt ertragsbringend angelegt werden. Ebenfalls können bei Liquiditätsengpässen entsprechende Mittel am Geld- oder Kapitalmarkt aufgenommen werden oder entsprechende Refinanzierungsmöglichkeiten der Deutschen Bundesbank/EZB genutzt werden.

5.2 Liquiditätsverordnung

DIE REGELUNGEN DER LIQUIDITÄTSVERORDNUNG BEINHALTEN FOLGENDE SCHWERPUNKTE:

- Es werden Zahlungsmittel und Zahlungsverpflichtungen entsprechend ihrer Restlaufzeit in Laufzeitbändern gegenübergestellt und ein Liquiditätsüberschuss oder Fehlbetrag ermittelt.
- Die LiqV sieht vier Laufzeitbänder vor, in denen nach ihrer Restlaufzeit die Zahlungsmittel sowie die Verpflichtungen eingestellt werden.

- Die Laufzeitbänder haben folgende Struktur:

1. Laufzeitband:	Täglich fällig bis zu 1 Monat
2. Laufzeitband:	> 1 Monat bis zu 3 Monaten
3. Laufzeitband:	> 3 Monate bis 6 Monate
4. Laufzeitband:	> 6 Monate bis 12 Monate

Es gibt unterschiedliche Anrechnungsgrade für die Aktiva und Passiva in den Laufzeitbändern, die eine Gewichtung der Passiva nach voraussichtlicher Abrufwahrscheinlichkeit vorsehen.

Grundsätzlich werden alle Zahlungsmittel und Zahlungsverbindlichkeiten zu 100% angesetzt. Wichtige Ausnahmen, die hauptsächlich das Laufzeitband I betreffen, sind:

Zahlungsmittel:	
Geldmarktfonds- und Wertpapierfonds:	90% im Laufzeitband I
Zahlungsverpflichtungen:	
Verb. ggü. Kreditinstituten täglich fällig:	40% im Laufzeitband I
Verb. ggü. Kunden täglich fällig:	10% "
Spareinlagen:	10% "
Eventualverbindlichkeiten:	5% "
Nifs und Rufs:	20% "
nicht beanspruchte unwiderruflich zugesagte Kreditzusagen: (keine Baufinanzierungen)	20% "
Verbindlichkeiten ggü. Girozentralen:	20% "
unwiderrufliche Baufinanzierungszusagen:	12% im 1. Laufzeitband 16% im 2. Laufzeitband 24% im 3. Laufzeitband 48% im 4. Laufzeitband (nach Zeitpunkt der erwarteten Inanspruchnahme)

Es werden Kennzahlen zur Auslastung ermittelt, wobei die entscheidendste Kennzahl im Laufzeitband I errechnet wird. Dies ist die Liquiditätskennzahl, die immer größer oder gleich 1 sein sollte, um nach den Vorschriften der LiqV als liquide zu gelten. Die Kennzahlen in den weiteren Laufzeitbändern sind nur Beobachtungskennzahlen.

Diesem Konzept liegt die Überlegung zu Grunde, dass solvente Institute keine Probleme haben sollten, sich ausreichend Liquidität für mögliche Unterdeckungen in späteren Laufzeitbändern zu beschaffen.

Überschüsse in den einzelnen Bändern werden in das nächste Band als Zahlungsmittel mit übernommen.

Die Ermittlung der Kennzahlen erfolgt monatlich zum Ende eines Kalendermonats. Sie sind der Bundesbank bis zum 15. des darauf folgenden Monats zu melden.

6 Aufgaben und Fälle

6.1 Ermittlung des modifizierten, verfügbaren Eigenkapitals und Ermittlung der Gesamtkennziffer gem. SolvV

DIE PREUßENBANK EG VERFÜGT ÜBER FOLGENDE EIGENMITTELBESTANDTEILE:

Längerfristige nachrangige Verbindlichkeiten	20 Mio. EUR
Genussrechte	10 Mio. EUR
Fonds für allgemeine Bankrisiken	10 Mio. EUR
Rücklagen	5 Mio. EUR
Ungebundene Vorsorgereserven nach § 340f HGB	3 Mio. EUR
Geschäftsguthaben	25 Mio. EUR

Ferner hat die Preußenbank eG ein Grundstück im Bestand, welches gem. § 16 PfandBG einen Beleihungswert von 25 Mio. EUR aufweist. Der Buchwert beträgt anhand der Anschaffungskosten 10 Mio. EUR. Die Genossenschaft hat die Haftsumme auf 200% der Geschäftsanteile beschränkt. Die Geschäftsanteile betragen insgesamt 30 Mio. EUR.

Im Bestand befindet sich auch eine Beteiligung an der Grundbank AG in Höhe von 5 Mio. EUR. Die Beteiligungsquote beträgt 11%. Eine freiwillige Konsolidierung soll nicht erfolgen.

Die gewichteten KSA-Positionswerte betragen 750 Mio. EUR (incl. der o.g. Beteiligung). Für operationelle Risiken sind 2 Mio. EUR Eigenkapital vorzuhalten. Marktrisikopositionen bestehen nicht.

1. Ermitteln Sie das modifizierte, verfügbare Eigenkapital nach § 10 KWG!

2. Bestimmen Sie, ob die Vorgaben der SolvV erfüllt worden sind, und treffen Sie eine Aussage, ob im Aktivgeschäft noch Wachstumspotenzial vorhanden ist!

3. Welche der obigen Eigenkapitalbestandteile sind dynamisch und welche sind statisch?

6.2 Ermittlung der anrechenbaren Eigenmittel und der Gesamtkennziffer gem. SolvV

Die Preußische Bodencreditbank AG ist ein Handelsbuchinstitut.

ALS HANDELSBUCHINSTITUT VERFÜGT SIE ÜBER FOLGENDE EIGENMITTELBESTANDTEILE:

per 31.12.2008	
Gezeichnetes Kapital	300 Mio. EUR
Kapitalrücklagen	20 Mio. EUR
Gewinnrücklagen	15 Mio. EUR
Genussrechte	40 Mio. EUR
Neubewertungsreserven aus Wertpapieren des Anlagebuchs (ungewichtet)	80 Mio. EUR
Kurzfristige nachrangige Verbindlichkeiten	80 Mio. EUR
per 31.03.2009	
Genussrechte	45 Mio. EUR
Nettogewinn	35 Mio. EUR

Die risikogewichteten KSA-Positionswerte per 31.12.2008 betragen 3.685 Mio. EUR. Zum 31.03.2009 haben sich diese auf 4.100 Mio. EUR erhöht.

Marktrisikopositionen sind in Höhe von 40 Mio. EUR und operationelle Risiken in Höhe von 3 Mio. EUR mit Eigenmitteln per 31.03.2009 zu unterlegen.

Die Überschreitungen aus der Vergabe von Großkrediten aus dem Anlagebuch betragen 4 Mio. EUR.

1. Ermitteln Sie das modifizierte, verfügbare Eigenkapital, die anrechenbaren Eigenmittel sowie die Eigenmittel gem. KWG per 31.03.2009!

2. Bestimmen Sie, ob die Vorgaben der SolvV erfüllt worden sind, und treffen Sie eine Aussage, ob im Aktivgeschäft noch Wachstumspotenzial vorhanden ist!

6.3 Großkredite im KWG

Die Preußenbank eG ist ein Nichthandelsbuchinstitut. Per 15.06.2008 wird dem Vorstand folgender Kreditwunsch vorgelegt:

KREDITNEHMER: KABEL 3 GMBH

Beantragte Kredite:

Art:	Höhe:	Sicherheiten:
KK-Linie (Zusage begrenzt auf 12 Monate)	0,5 Mio. EUR	Forderungszession
langfristiges Darlehen Nr. 1	3,0 Mio. EUR	Bürgschaft des Landes Brandenburg
Avalkredit	2,5 Mio. EUR	Keine
langfristiges Darlehen Nr. 2	1,5 Mio. EUR	Erstrangige Grundschuld auf Mehrfamilienhaus; ermittelter Beleihungswert durch einen Gutachter 2,0 Mio. EUR

Das haftende Eigenkapital der Preußenbank eG beträgt per 15.06.2008 25 Mio. EUR. An Großkrediten sind aktuell 150 Mio. EUR in den Büchern.

1. Erläutern Sie, ob hier ein Großkredit vorliegt! Bestimmen Sie ggf. ob die Preußenbank eG unter Berücksichtigung der gesetzlichen Obergrenzen nach § 13 KWG das obige Kreditengagement eingehen könnte!

6.4 Kurzaufgaben

1. Welche Voraussetzungen sind gem. §§ 32 und 33 KWG zur Bankengründung erforderlich?

2. Nennen Sie mindestens 5 betriebswirtschaftliche Aspekte der Bankengründung!

3. Erläutern Sie den Begriff „Europäischer Pass“!

4. Wann liegt ein Handelsbuchinstitut vor?

5. Welchen Pflichten obliegen Handelsbuchinstitute?

6. Wie setzt sich das haftende Eigenkapital gem. KWG zusammen?

7. Wie setzen sich die Eigenmittel gem. KWG zusammen? Worin liegt der Unterschied zu den angemessenen Eigenmitteln?

8. Welche Begrenzungen sind bei der Berechnung der Eigenmittel zu beachten?

9. Für welche Risiken können die Eigenmittelbestandteile verwendet werden?

10. Welche Regelungen schreibt die SolvV zur Behandlung von Marktrisiken und Adressenausfallrisiken vor?

11. Erläutern Sie, unter welchen Umständen bestimmte Unternehmen gem. § 10a KWG konsolidiert werden müssen!

12. Wie wird der aktivische Unterschiedsbetrag behandelt und wie entsteht dieser?

13. Welche Vorschriften zum Kreditgeschäft kennt das KWG?

14. Erläutern Sie die Vorschriften zu den Großkrediten und Millionenkrediten!

15. Was versteht das KWG unter Organkrediten?

16. Welche Liquiditätsbegriffe kennen Sie?

17. Erläutern Sie die Liquiditätsrisiken!

18. Beschreiben Sie die wesentlichsten Regelungen der LiqV!

6.5 Wiederholungsaufgaben

Liquidität

Die Preußenbank eG beauftragt Sie, die Liquiditätslage der Bank gem. § 11 KWG i.V.m. den Vorschriften der LiqV zu beurteilen.

IHNEN LIEGEN FOLGENDE WERTE VOR – WERTE IN MIO. EUR:

	Band I	Band II	Band III	Band IV
Zahlungsmittel	368	203	220	360
Zahlungsverpflichtungen	251	264	220	252

Folgende Positionen sind oben jedoch noch nicht enthalten:

täglich fällige Verbindlichkeiten gegenüber Kunden: 200

unwiderrufliche Darlehenszusagen aus dem Baufinanzierungsbereich, die innerhalb der nächsten 12 Monate ausgezahlt werden: 100

Forderungen mit einer Restlaufzeit von 2 Monaten: 20

1. Ermitteln Sie die Liquiditätskennziffer sowie die Beobachtungskennziffern!
2. Kommentieren Sie das Ergebnis!

Zinsswap

Die Brandenburgbank eG hat eine Festzinsanleihe zu 5,5% emittiert und möchte diese in eine variable Zinsverpflichtung tauschen. Sie könnte eine Anleihe zum Euribor am Kapitalmarkt platzieren.

Die Dreh GmbH möchte ihre variable Zinsverpflichtung aus einer emittierten Anleihe Basis Euribor +1 in eine feste Zinsverpflichtung tauschen. Das Unternehmen könnte eine Anleihe zu 7% fest am Markt platzieren.

Die Brandenburgbank eG und die Dreh GmbH vereinbaren den Abschluss eines Zinsswap. Ein möglicher Vorteil soll im Verhältnis 50/50 aufgeteilt werden.

1. Berechnen Sie den gemeinsamen Zinsvorteil, und stellen Sie die Zahlungsströme dar, wenn der Zinsvorteil wie gewünscht aufgeteilt wird!

2. Erläutern Sie, welches Zinsänderungsrisiko die Brandenburgbank eG mit diesem Zinsswap begrenzen kann!

3. Welche Möglichkeiten hätte die Brandenburgbank eG noch, um dieses Zinsänderungsrisiko zu begrenzen. Nennen Sie eine weitere Möglichkeit!

Eigenmittel

Die Preußenbank AG weist als Handelsbuchinstitut folgende Eigenmittelbestandteile auf:

Kernkapital	270 Mio. EUR
Längerfristige nachrangige Verbindlichkeiten	140 Mio. EUR
Nicht realisierte Reserven im Immobilienbestand (ungewichtet)	40 Mio. EUR
Kurzfristige nachrangige Verbindlichkeiten	70 Mio. EUR
Ungebundene Vorsorgereserven nach § 340f HGB	5 Mio. EUR
Genussrechte	115 Mio. EUR

Die risikogewichteten KSA-Positionswerte betragen 5.200 Mio. EUR. Die Marktrisikopositionen müssen in Höhe von 105 Mio. EUR mit Eigenmitteln unterlegt werden.

1. Berechnen Sie die anrechenbaren Eigenmittel und bestimmen Sie, ob die Vorgaben der SolvV eingehalten worden sind.

Behandlung innovativer außerbilanzieller Geschäfte

DIE PREUßENBANK EG HAT ALS NICHTHANDELSBUCHINSTITUT FOLGENDES GESCHÄFT ABGESCHLOSSEN:

Kauf von 10 Forward-Kontrakten über eine Bundesanleihe im Nominalwert von je 100.000,00 EUR von einem Industrieunternehmen mit folgenden Parametern:

- Terminkurs 104 EUR
- Ursprungslaufzeit der Kontrakte 10 Monate
- Restlaufzeit der Kontrakte 4 Monate
- Ursprungslaufzeit der Anleihen: 20 Jahre
- Restlaufzeit der Anleihen: 11 Jahre
- derzeitiger Terminkurs: 105,60 EUR
- derzeitiger Kassakurs: 103,50 EUR

1. Ermitteln Sie nach der Laufzeitmethode und nach der Marktbewertungsmethode den risikogewichteten KSA-Positionswert!

2. Wie würde sich die Anrechnung verändern, wenn dieses Geschäft an der Eurex abgeschlossen wurde?

JAHRESABSCHLUSS DER KREDITINSTITUTE

7 Rahmenbedingungen

Lernziele
Sie werden die unterschiedlichen Bestandteile des Rechnungswesens einer Bank kennen lernen. Ihnen werden die Aufgaben des externen Rechnungswesens dargestellt. Sie können anschließend die rechtlichen Grundlagen der externen Rechnungslegung erläutern.

7.1 Einführung in das betriebliche Rechnungswesen

Das betriebliche Rechnungswesen soll Vergangenheit, Gegenwart und Zukunft des Betriebes zahlenmäßig darstellen.

Das betriebliche Rechnungswesen besteht aus dem internen und externen Rechnungswesen, die sich gegenseitig ergänzen und miteinander zusammenhängen, da sie auf einer gleichen Datenbasis, der Finanzbuchführung, aufbauen:

externes Rechnungswesen	*internes Rechnungswesen*
Finanzbuchführung (Buchführung) Jahresabschluss	Bankkostenrechnung Statistik Planung

Die Finanzbuchführung soll Bestände und Erfolge erfassen. Es handelt sich um eine Zeitraumrechnung.

Die Aufgabe der Finanzbuchführung besteht darin, alle Geschäftsvorfälle einer Periode in ihrer zeitlichen Folge und in einer Ordnung zu erfassen.

Somit bildet die Finanzbuchführung nicht nur die Grundlage für die Erstellung des Jahresabschlusses, sondern auch für das interne Rechnungswesen, da dort auf die Daten der Finanzbuchführung zurückgegriffen wird. Formell wird die Finanzbuchführung, wegen ihrem engen Zusammenhang zum Jahresabschluss - und somit zur Außenwirkung - dem externen Rechnungswesen zugeordnet.

Der Jahresabschluss ist dagegen eine Zeitpunktrechnung und wird aus der Finanzbuchführung abgeleitet.

Seine Aufgabe besteht darin, zum Ende eines Geschäftsjahres eine Übersicht über

- **die Vermögens- und Kapitalbestände und**
- **die Aufwendungen und Erträge zu geben.**

Der Ausweis der Vermögens- und Kapitalbestände erfolgt in der Bilanz. Die Aufwendungen und Erträge werden in der Gewinn- und Verlustrechnung ausgewiesen.

Der Jahresabschluss von Kreditinstituten im Sinne des HGB besteht aus

- Bilanz,
- Gewinn- und Verlustrechnung und
- Anhang.

Er wird durch den Lagebericht ergänzt.

Das externe Rechnungswesen, also die Finanzbuchführung und der Jahresabschluss, erfüllt folgende Aufgaben:

- Dokumentationsfunktion,
- Informationsfunktion,
- Rechenschaftsfunktion und
- Gewinnermittlungs- und Ausschüttungsbemessungsfunktion.

Grundlage für das externe Rechnungswesen ist ein in sich geschlossenes System von Konten.

Diese Systematik wird durch einen Kontenplan sichergestellt.

Im Folgenden wird grundsätzlich der handelsrechtliche Jahresabschluss betrachtet. Steuerliche Aspekte werden nur am Rande dargestellt. Von Ausführungen zur laufenden Finanzbuchführung - insbesondere der Zugangsbewertung von Vermögensgegenständen - wird abgesehen.

7.2 Rechtsgrundlagen

Die wesentlichsten Rechtsgrundlagen, die ein Kreditinstitut bei der Erstellung des Jahresabschlusses und der laufenden Finanzbuchführung beachten muss, lassen sich wie folgt darstellen:

Handelsrecht		**Steuerrecht**
allgemein gültige Vorschriften	**besondere Vorschriften für Kreditinstitute**	
3. Buch HGB; Abschnitte 1-3; § 238 ff. (diese Vorschriften werden teilweise durch Spezialvorschriften ersetzt)	3. Buch HGB; Abschnitt 4; §§ 340 – 340o RechKredV §§ 26 – 30 KWG	AO EStG KStG BewG

Ergänzt durch die Grundsätze ordnungsgemäßer Buchführung (GOB)!

Ebenfalls sind die Richtlinien für die Erstellung internationaler Konzernabschlüsse (IAS/IFRS und US-GAAP) zu beachten.

Bitte beachten Sie:

In der Zwischen- und Abschlussprüfung können Fragen nach Inhalten spezieller §§ vorkommen. Deshalb sehen Sie sich insbesondere das HGB intensiv an.

Die speziellen Vorschriften für Kreditinstitute sind in den § 340 ff HGB geregelt. Ergänzt werden diese Vorschriften durch die ***RechKredV,*** welche hauptsächlich festlegt, in welcher Form, also nach welchen Gliederungsvorschriften der Jahresabschluss erstellt werden muss. Sie erläutert ferner die Inhalte der einzelnen Bilanzpositionen und konkretisiert spezielle Anforderungen an den Anhang und Lagebericht.

§ 340a HGB schreibt vor, dass Kreditinstitute die Vorschriften für große Kapitalgesellschaften erfüllen müssen; und zwar ohne Berücksichtigung ihrer Größenverhältnisse und Rechtsform.

§ 340a HGB schreibt ferner vor, dass gewisse §§ des HGB für Kreditinstitute nicht gelten, sondern durch andere Vorschriften ggf. ersetzt werden bzw. ganz entfallen.

Somit wird hier eine Verbindung zwischen dem HGB und der RechKredV geschaffen.

Folgende §§ des HGB gelten nicht für Kreditinstitute:

265 Abs. 6 und 7, 267, 268 Abs. 4 Satz 1 und Absatz 5 Satz 1 und 2, 276, 277 Abs. 1, 2, 3 Satz 1, 279 Abs. 1 Satz 2, 284 Abs. 2 Nr. 4, 285 Nr. 8 und 12, 288.

An Stelle der folgenden §§ im HGB sind die durch Rechtsverordnung erlassenen Formblätter und Vorschriften anzuwenden:

247 Abs. 1, 251, 266, 268 Abs. 2 und 7, 275, 285 Nr. 1, 2, 4 und 9 Buchstabe C.

Insbesondere der Wegfall des § 279 Abs.1 Satz 2 ist von Bedeutung. Dieser § wird teilweise durch § 340e ersetzt. Ansonsten handelt es sich bei den o.g. §§ um Gliederungsvorschriften und Inhaltsvorschriften, die durch die RechKredV weitestgehend ersetzt werden.

NEBEN DEN OBIGEN VORSCHRIFTEN SIND NOCH RECHTSFORMSPEZIFISCHE RECHTSVORSCHRIFTEN ZU BEACHTEN:

- GmbHG,
- AktG und
- GenG.

7.3 Prüfungspflichten und Publizität

KREDITINSTITUTE HABEN FOLGENDE VORSCHRIFTEN ZU BEACHTEN:

§ 26 KWG:
Einreichung des aufgestellten und später nochmals des festgestellten Jahresabschlusses zzgl. Lagebericht bei der Bundesanstalt für Finanzdienstleistungsaufsicht und bei der Deutschen Bundesbank. Ferner hat der Abschlussprüfer den Prüfungsbericht unverzüglich nach Beendigung der Prüfung bei den o.g. Institutionen einzureichen

§ 340k HGB i.V.m. §§ 28, 29 und 30 KWG:
Prüfung des Jahresabschlusses zzgl. Lagebericht durch Abschlussprüfer; rechtsformunabhängige Vorschrift. Die Prüfung muss innerhalb der ersten 5 Monate nach dem Abschlussstichtag erfolgen und auch abgeschlossen werden. Der Prüfer wird von der Hauptversammlung gewählt und ist der Bundesanstalt für Finanzdienstleistungsaufsicht sowie der Deutschen Bundesbank anzuzeigen. Die BaFin kann innerhalb von einem Monat nach erfolgter Anzeige der Bestellung des Prüfers widersprechen und einen anderen Prüfer verlangen. Nach Prüfung ist der Jahresabschluss unverzüglich festzustellen.

Ausnahme:
Kreditgenossenschaften und Sparkassen, bei denen die Prüfung immer durch die jeweiligen Verbände erfolgt.

Wesentliche Schwerpunkte bei den Prüfungen sind:

- Feststellungen zum Anzeigenwesen,
- Feststellung, ob § 18 KWG erfüllt wurde,
- Prüfung der wirtschaftlichen Verhältnisse,
- Geldwäscherechtliche Normen,
- Depotgeschäft und
- Einhaltung der Eigenmittel- und Großkreditvorschriften.

Der Prüfungsbericht besteht aus einem allgemeinen und besonderen Teil.

§ 340l HGB:
Offenlegung durch Veröffentlichung (i.V.m. §§ 325, 328 und 329 Abs. 1 HGB) des Jahresabschlusses mit Bestätigungsvermerk und Ergebnisverwendungsbericht, Bericht des Aufsichtsrates, des Lageberichts, des Konzernabschlusses und des Konzernlageberichts im Bundesanzeiger und Einreichung beim Handels- oder Genossenschaftsregister. Die Offenlegung muss spätestens 12 Monate nach dem Abschlussstichtag erfolgen.

Ausnahme:

Kreditinstitute mit einer Bilanzsumme unter 200 Mio. EUR. In diesem Fall ist der Jahresabschluss lediglich beim Register einzureichen und ein entsprechender Hinweis im Bundesanzeiger zu geben.

Merke:

Der Jahresabschluss ist innerhalb von 3 Monaten nach Ablauf des Geschäftsjahres aufzustellen (§ 264 HGB i.V.m. § 26 KWG) und unverzüglich prüfen zu lassen. Die Prüfung des Jahresabschlusses zzgl. Lagebericht soll spätestens bis zum Ende des 5. Monates nach Ablauf des vorhergehenden Geschäftsjahres erfolgen (§ 340k HGB). Danach ist der Jahresabschluss unverzüglich festzustellen. Die Offenlegung des Jahresabschlusses incl. weiterer Angaben/Unterlagen muss spätestens innerhalb von 12 Monaten nach Abschlussstichtag erfolgen.

8 Die Bilanz der Kreditinstitute

Lernziele
Sie werden den formellen Aufbau einer Bankbilanz erläutern können. Ihnen werden die Gliederungskriterien einer Bankbilanz dargestellt. Sie werden wesentliche Positionen einer Bankbilanz und deren Inhalte erläutern können. Sie werden die wesentlichen Rechtsvorschriften der RechKredV zu den einzelnen Bilanzpositionen kennen lernen.

8.1 Inhalte und Gliederungen in der Bankbilanz

In der Bilanz werden die Bestände an Vermögen und Kapital erfasst. Es interessiert uns bei der Bilanzierung demzufolge

- welche Vermögensgegenstände/Kapitalbestände werden erfasst und
- mit welchem Wert werden sie angesetzt?

Sehen Sie sich zuerst den Jahresabschluss der Creditbank von 1875 AG für das Jahr 2000 an und verschaffen sich einen ersten Überblick über den Aufbau und die Gliederung. Diesen können Sie von der Internetseite zum Buch herunterladen.

BEI DER BILANZGLIEDERUNG FÜR KREDITINSTITUTE TRETEN FOLGENDE BEGRIFFE AUF:

Bilanzpositionen: ⇨ Mit Zahlenangaben versehene Posten in den Hauptspalten der Bilanz.

Untergliederungen: ⇨ Sie ergeben zusammengefasst die Summe einer Bilanzposition.

Ausgliederungen: ⇨ Mit dem Vermerk – darunter – versehene Positionen; sie kennzeichnen Teilinhalte einzelner Bilanzpositionen.

FÜR DIE BANKBILANZ GELTEN FOLGENDE GLIEDERUNGSKRITERIEN:

Liquiditätsprinzip:	Aktivseite:	Gliederung nach sinkender Liquidität
	Passivseite:	Gliederung nach zunehmender Fälligkeit
Risikoverhältnisse:	Unter- und Ausgliederungen einzelner Bilanzpositionen; Kennzeichnung besonders sicherer Positionen; z.B. grundpfandrechtlich gesicherte Kredite.	
Rechtsverhältnisse:	Besonderer Ausweis der geschäftlichen Verbindungen zu verbundenen Unternehmen.	

Zu dem Liquiditätsprinzip sind einschränkend noch folgende Bemerkungen zu machen:

- geringe Aussage durch Stichtagsbezug,
- Window-Dressing ist möglich und
- künftige Liquiditätsbelastung ist nur eingeschränkt erkennbar, da z.B.
  - Kreditzusagen nicht enthalten sind, und der Abrufzeitraum nicht ersichtlich bzw. planbar ist,
  - ein Einlagenabzug nicht prognostizierbar ist,
  - ungeplante Kreditprolongationszwänge nicht berücksichtigt werden und
  - die Bilanz keine Aussagen über eine mögliche Refinanzierung bei der Deutschen Bundesbank/EZB enthält.

Die Gliederung bestimmter Forderungen und Verbindlichkeiten ist ***im Anhang*** nach Restlaufzeiten vorzunehmen (§ 9 Abs. 1 und 2 RechKredV; i.V.m. § 340d HGB):

- bis 3 Monate,
- über 3 Monate bis 1 Jahr,
- über 1 Jahr bis 5 Jahre und
- über 5 Jahre.

8.2 Die Bankbilanz – Aktiva

Im Folgenden werden die wesentlichen Bilanzpositionen der Creditbank von 1875 AG dargestellt. Bitte beachten Sie, dass sich die lfd. Nummerierung der Positionen in dem nachfolgenden Text an den Vorgaben der RechKredV orientiert. Die Creditbank von 1875 AG weist jedoch nicht alle Positionen aus, sodass es hinsichtlich der Nummerierung zu Differenzen kommen kann. Bilanzpositionen ohne bankspezifische Besonderheiten werden nicht näher betrachtet.

Grundsätzlich ist zu beachten, dass gem. § 11 RechKredV anteilige Zinsen auf Forderungen und Verbindlichkeiten in der jeweiligen Bilanzposition (Forderungen bzw. Verbindlichkeiten) erfasst werden müssen. Nach § 8 RechKredV gelten als täglich fällige Forderungen/Verbindlichkeiten solche Positionen, über die ohne Kündigung verfügt bzw. die mit einer Kündigungsfrist von 24 Stunden/1 Geschäftstag gekündigt werden können.

A 1: Barreserve	
a) Kassenbestand	294.897,58 EUR
b) Guthaben bei Zentralnotenbanken	29.506.458,37 EUR
darunter: bei der Deutschen Bundesbank 29.506.458,37 EUR	
c) Guthaben bei Postgiroämtern	
	29.801.355,95 EUR

Hier werden erfasst:

- Bargeldbestände sämtlicher Haupt- und Nebenkassen und
- sämtliche täglich fällige Guthaben bei Zentralnotenbanken in Euro oder Fremdwährung (hier jedoch umgerechnet).
  - ✓ Nicht erfasst werden in dieser Position jedoch Edelmetalle, deren Anschaffungspreis über den Nominalwert liegt.

A 2: Schuldtitel öffentlicher Stellen und Wechsel, die zur Refinanzierung bei Zentralnotenbanken zugelassen sind

a) Schatzwechsel und unverzinsliche Schatzanweisungen sowie ähnliche Schuldtitel öffentlicher Stellen
darunter bei der Deutschen Bundesbank refinanzierbar

b) Wechsel
darunter bei der Deutschen Bundesbank refinanzierbar

Hier werden erfasst:

- Schatzwechsel und U-Schätze sowie ähnliche Schuldtitel öffentlicher Stellen, **die unter Abzug** eines Diskonts ausgegeben werden, mit ihrem nach laufzeitgerechter Zinsabgrenzung ergebenen Wert, sofern sie zur Refinanzierung bei Zentralnotenbanken zugelassen sind und
- notenbankfähige Wechsel, die nicht zum Inkasso hereingenommen und nicht rediskontiert worden sind. Rediskontierte Wechsel werden unter dem Bilanzstrich als Eventualverbindlichkeit ausgewiesen.

Von besonderer Bedeutung sind noch die eigenen Ziehungen.

EIGENE ZIEHUNGEN - BANK IST AUSSTELLER UND DER KUNDE IST BEZOGENER -, SIND WIE FOLGT ZU BILANZIEREN:

Eigene Ziehungen im Bestand, dem Kunden nicht abgerechnet:
- werden nicht bilanziert -

Eigene Ziehungen im Bestand, dem Kunden abgerechnet:
Position Aktiv 2

Eigene Ziehungen, abgerechnet und rediskontiert
Position Passiv 13

Die Creditbank von 1875 AG hat in der obigen Position keine Werte ausgewiesen.

A 3: Forderungen an Kreditinstitute	
a) täglich fällig	31.528.232,05 EUR
b) andere Forderungen	668.292.854,84 EUR
	699.821.086,89 EUR

Hier werden erfasst:

Alle nicht börsenfähigen Forderungen an Kreditinstitute. In dieser Position weisen Genossenschaftsbanken und Sparkassen ihre Guthaben bei den Zentralinstituten aus.

Im Rahmen der sich immer weiter globalisierenden Finanzmärkte stellt sich die entscheidende Frage hinsichtlich der Unterscheidung von Forderungen und Wertpapieren (hier in der Form von Schuldverschreibungen). Hauptkriterium ist gem. RechKredV die Börsenfähigkeit. Neben reinen Buchforderungen sind in der obigen Position u.a. auszuweisen:

- Namensschuldverschreibungen,
- nicht börsenfähige Inhaberschuldverschreibungen und
- Orderschuldverschreibungen, die nicht Teil einer Gesamtemission sind.

Als börsenfähig und somit als Wertpapiere gelten Schuldverschreibungen

- bei denen alle Stücke hinsichtlich Verzinsung, Laufzeitbeginn und Laufzeitende einheitlich ausgestattet sind *und somit die formelle Voraussetzung für eine Börsenzulassung erfüllen.*

Die Zuordnung einer Gläubigerposition als Forderung oder Wertpapier spielt bei der Bewertung der Position eine entscheidende Rolle. Dieser Aspekt wird jedoch später dargestellt.

Ebenfalls werden in dieser Position angekaufte Wechsel, die nicht notenbankfähig sind, ausgewiesen.

A 4: Forderungen an Kunden		1.639.521.287,91 EUR
darunter		
durch Grundpfandrechte gesichert	589.816.115,22 EUR	
Kommunalkredite	6.211.852,45 EUR	

Die schon aufgeführte Unterscheidung von Wertpapieren (hier in der Form von Schuldverschreibungen) und Forderungen gilt auch bei dieser Position.
Besonders von Bedeutung sind die getroffenen Ausgliederungen:

⇨ Durch Grundpfandrechte gesichert; d.h. hier werden die Realkredite erfasst, die den Anforderungen der §§ 14 und 16 PfandBG entsprechen, also innerhalb von 60% vom Beleihungswert liegen.

⇨ Kommunalkredite sind Kredite an Körperschaften des öffentlichen Rechtes oder durch diese Institutionen zu 100% verbürgte Kredite.

In der Position A 4 sind z.B. folgende Kreditarten auszuweisen:

- Kontokorrentkredite,
- Lombardkredite,
- Baudarlehen,
- Kommunaldarlehen und
- Ratenkredite.

Nun stellt sich die Frage, welcher Betrag in dieser Position sowie in der Position Forderungen an Kreditinstitute einzustellen ist.

Es sind immer die Kreditinanspruchnahmen laut Kundenkonten und nicht die Kreditzusagen zu erfassen. Von der Inanspruchnahmen sind u.a. zu kürzen:

- gebildete Einzelwertberichtigungen,
- (unversteuerte) Pauschalwertberichtigungen und
- versteuerte Pauschalwertberichtigungen nach § 340f HGB (auch Vorsorgereserven nach § 340f HGB genannt).

Hinweis:

Uneinbringliche Forderungen werden während des Jahres beim Eintreten der Uneinbringlichkeit direkt auf dem Kundenkonto abgeschrieben. Es handelt sich um eine Bewertungsmaßnahme, die jedoch unterjährig vorgenommen wird und die lfd. Kreditinanspruchnahme reduziert.

Ausgewiesen wird also nur der Nettobetrag, der auch tatsächlich wieder zurückgeführt werden soll.

Ebenfalls werden in dieser Position angekaufte Wechsel, die nicht notenbankfähig sind, ausgewiesen.

A 5: Schuldverschreibungen und andere festverzinsliche Wertpapiere		
a) Geldmarktpapiere		
b) Anleihen und Schuldverschreibungen		385.971.413,84 EUR
ba) von öffentlichen Emittenten	131.217.124,80 EUR	
bb) von anderen Emittenten	245.754.289,04 EUR	
darunter beleihbar bei der Deutschen Bundesbank 326.002.849,01 EUR		
c) Eigene Schuldverschreibungen		278.467,45 EUR
Nennbetrag 265.871,78 EUR		
		386.249.881,29 EUR

Hier werden alle Schuldverschreibungen und andere festverzinsliche Wertpapiere ausgewiesen, die börsenfähig sind und nicht unter der Position A 2a ausgewiesen werden.

Ebenfalls werden hier eigene Schuldverschreibungen, die wieder angekauft worden sind, ausgewiesen.

Unter Geldmarktpapieren sind z.B. zu erfassen:

- Certificates of Deposit,
- Commercial Papers und
- börsenfähige Euronotes.

Die folgenden 3 Positionen werden nun insgesamt erläutert:

A 6: Aktien und andere nicht festverzinsliche Wertpapiere		11.968.772,05 EUR
A 7: Beteiligungen		14.202,84 EUR
darunter an Kreditinstituten	12.975,74 EUR	
A 8: Anteile an verbundenen Unternehmen		13.297.188,41 EUR
darunter an Kreditinstituten	12.782.297,03 EUR	

Die obigen Positionen lassen sich zusammenfassen als Anteilsrechte an Kreditinstituten und sonstigen Unternehmen.

In der Position A 6 werden im Wesentlichen folgende Positionen erfasst:

- Aktien,
- Warrants und
- Investmentzertifikate.

Auf die Börsenfähigkeit oder Börsennotierung kommt es hier nicht an!

Ebenfalls werden hier erfasst:

- börsenfähige Genussscheine (also Genussrechte!),
- Bezugsrechte und
- Partizipationsscheine.

} *Jedoch nur unter der Voraussetzung, dass sie börsennotiert sind.*

GmbH-Anteile werden unter der Position A 7 (Beteiligung) bzw. A 8 (Anteile an verbundenen Unternehmen) oder sonst als sonstige Vermögensgegenstände bilanziert.

Wodurch unterscheiden sich Beteiligungen und Anteile an verbundenen Unternehmen?

Gem. § 271 HGB gelten als Beteiligungen Anteile (z.B. Aktien, GmbH-Anteile) an anderen Unternehmen, die dazu bestimmt sind, dem eigenen Geschäftsbetrieb durch Herstellung einer dauerhaften Geschäftsverbindung zu dienen.

Im Zweifel gelten Anteile von mehr als 20% an einer Kapitalgesellschaft als Beteiligungen im obigen Sinne.

Banken weisen jedoch unabhängig davon Anteile an anderen, branchenverwandten Unternehmen als Beteiligung aus, wenn:

- die Absicht einer dauerhaften Geschäftsverbindung und
- die Ergänzung des bankgeschäftlichen Leistungspotenzials vorliegt.

Anteile an verbundenen Unternehmen (gem. § 271 Abs. 2 HGB) sind gesondert in der Position A 7 auszuweisen.

Hierzu gehören alle Anteile an Unternehmen, die in einen Konzernabschluss mit einbezogen werden müssen. I.d.R. handelt es sich um Mehrheitsbeteiligungen. Die nachfolgende Systematik verdeutlicht noch einmal die Zusammenhänge hinsichtlich des Ausweises von Anteilsrechten **am Beispiel von Kapitalgesellschaften – hier einer Aktiengesellschaft:**

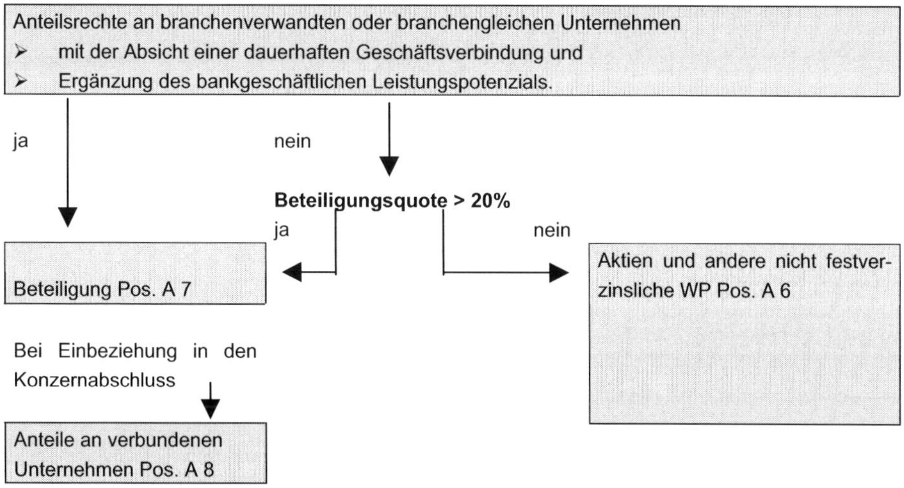

Beteiligungen und Anteile an verbundene Unternehmen werden stets als Anlagevermögen behandelt und für aufsichtsrechtliche Zwecke dem Anlagebuch zugeordnet. Die sonstigen Wertpapiere werden je nach Zuordnung als Anlage- oder Umlaufvermögen bewertet.

WIEDERHOLUNG – EINTEILUNG DER WERTPAPIERE:

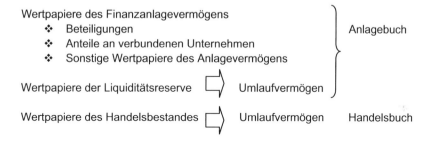

Wertpapiere des Finanzanlagevermögens ❖ Beteiligungen ❖ Anteile an verbundenen Unternehmen ❖ Sonstige Wertpapiere des Anlagevermögens		Anlagebuch
Wertpapiere der Liquiditätsreserve ⇨	Umlaufvermögen	
Wertpapiere des Handelsbestandes ⇨	Umlaufvermögen	Handelsbuch

8.3 Die Bankbilanz – Passiva

P 1: Verbindlichkeiten gegenüber Kreditinstituten	
a) täglich fällig	218.462.061,48 EUR
b) mit vereinbarter Laufzeit oder Kündigungsfrist	958.568.932,87 EUR
	1.177.030.994,35 EUR

Hier werden alle Verbindlichkeiten gegenüber Kreditinstituten erfasst, die nicht als verbriefte Verbindlichkeiten unter der Position P 3 auszuweisen sind.

Ebenfalls werden hier auch Interbankenverbindlichkeiten sowie Verbindlichkeiten aus Refinanzierungsgeschäften mit der Deutschen Bundesbank/EZB erfasst.

P 2: Verbindlichkeiten gegenüber Kunden	
a) Spareinlagen	
aa) mit vereinbarter Kündigungsfrist von 3 Monaten	1.153.646,01 EUR
ab) mit vereinbarter Kündigungsfrist von mehr als 3 Monaten	878.849,02 EUR
b) andere Verbindlichkeiten	
ba) täglich fällig	648.924.206,24 EUR
bb) mit vereinbarter Kündigungsfrist	416.524.503,66 EUR
	1.067.481.204,93 EUR

Hier werden Verbindlichkeiten gegenüber Kunden erfasst, die nicht als verbriefte Verbindlichkeiten in der Position P 3 ausgewiesen werden.

Zum Bilanzstichtag aufgelaufene, noch nicht gutgeschriebene Zinsen sind ebenfalls in der jeweiligen Verbindlichkeitenposition mit zu bilanzieren.

P 3: Verbriefte Verbindlichkeiten	
a) begebene Schuldverschreibungen	360.544.624,95 EUR
b) andere verbriefte Verbindlichkeiten	
darunter	
Geldmarktpapiere	
eigene Akzepte und Solawechsel im Umlauf	

Als verbriefte Verbindlichkeiten gelten Verbindlichkeiten, über die übertragbare Urkunden ausgestellt sind. Hier kommt es jedoch nicht auf die Börsenfähigkeit an, obwohl diese meistens vorliegen dürfte.

Eigene Akzepte werden jedoch nur bilanziert, wenn Sie im Umlauf sind, also rediskontiert wurden. Die Gegenposition auf der Aktivseite ist A 3 bzw. 4.

P 4: Treuhandverbindlichkeiten	128.727.041,16 EUR
darunter Treuhandkredite 128.727.041,16 EUR	

Gegenposition zu A 9.

P 5: Sonstige Verbindlichkeiten	3.388.833,87 EUR

Hier werden wieder die Posten erfasst, die anderen Positionen nicht zugeordnet werden konnten, z.B.:

- erhaltene Optionsprämien und
- Steuerschulden, deren Höhe bekannt ist.

P 6: Rechnungsabgrenzungsposten	22.279.257,37 EUR

Hier werden zur Abgrenzung nur transitorische Posten erfasst:

- Aufgeld bei Emission von Schuldverschreibungen,
- Zins- und Gebührenabgrenzung und
- passiviertes Disagio.

P 7: Rückstellungen	
a) Pensionsrückstellungen	2.744.776,90 EUR
b) Steuerrückstellungen	3.960.419,89 EUR
c) andere Rückstellungen	6.365.979,17 EUR
	13.071.175,96 EUR

§ 249 HGB schreibt vor, dass für ungewisse Verbindlichkeiten und für drohende Verluste aus schwebenden Geschäften Rückstellungen zu bilden sind. Diese vermindern bei ihrer Bildung den Gewinn.

Für Pensionsrückstellungen besteht seit 31.12.1986 eine Passivierungspflicht.

In die Steuerrückstellungen werden eingestellt:

- Steuerzahlungen, deren genaue Höhe nicht bekannt ist und
- passive latente Steuern.

Den anderen Rückstellungen können z.B. zugeordnet werden:

- nicht realisierte Verluste aus Termingeschäften,
- Prozessrisiken und
- Schadenersatzleistungen.

P 8: Sonderposten mit Rücklagenanteil

Keine bankspezifische Besonderheit. Die Creditbank von 1875 AG weist in dieser Position keinen Bestand aus.

P 9: Nachrangige Verbindlichkeiten 35.790.431,68 EUR

Hier werden die Ergänzungskapitalbestandteile eingestellt, bei denen die Verbindlichkeiten mit einer Nachrangabrede ausgestattet sind. Eine Verbriefung ist nicht vorgeschrieben!

P 10: Genussrechtskapital	12.782.297,03 EUR
darunter vor Ablauf von 2 Jahren fällig	

Genussrechtskapital ist gem. § 10 KWG, wenn es bestimmte Voraussetzungen erfüllt, als Ergänzungskapital anrechenbar. In der obigen Position wird jedoch unabhängig von der Anrechenbarkeit als Ergänzungskapital das gesamte Genussrechtskapital erfasst.

Anders als bei den Verbindlichkeiten werden die anteiligen Vergütungen für das Geschäftsjahr nicht bei den Genussrechten bilanziert. Ist die Vergütung ergebnisabhängig, so erfolgt die Bilanzierung unter der Position Sonstige Rückstellungen. Ist sie dagegen festverzinslich, so wird sie unter der Position Sonstige Verbindlichkeit ausgewiesen. In jedem Fall werden diese Vergütungen in der Gewinn- und Verlustrechnung als Zinsaufwand erfasst.

P 11: Fonds für allgemeine Bankrisiken	-

Vorsorgereserven, die aus dem versteuerten Gewinn offen gebildet werden können. Basis § 340g HGB.

P 12: Eigenkapital	
a) Gezeichnetes Kapital	23.008.134,65 EUR
b) Kapitalrücklagen	55.655.749,73 EUR
c) Gewinnrücklagen	
gesetzliche Rücklage	239.376,63 EUR
Rücklage für eigene Anteile	
satzungsmäßige Rücklagen	
andere Gewinnrücklagen	13.400.000,00 EUR
d) Bilanzgewinn/Bilanzverlust	21.137.845,72 EUR

Hierbei gibt es keine bankspezifischen Besonderheiten.

Nun werden die Positionen erläutert, die unter dem Bilanzstrich ausgewiesen werden.

Eventualverbindlichkeiten

a) aus weitergegebenen und abgerechneten Wechseln

b) Verbindlichkeiten aus Bürgschaften und Gewährleistungen 214.765.269,31 EUR

c) Haftung aus der Bestellung von Sicherheiten für fremde Verbindlichkeiten

Hier werden die rediskontierten Wechsel erfasst, da für die Bank im Rahmen der Rediskontierung eine Rückgriffshaftung besteht.

Ebenfalls werden die für Kunden übernommenen Bürgschaften und Garantien erfasst.

Andere Verpflichtungen

a) Rücknahmeverpflichtungen aus unechten Pensionsgeschäften

b) Platzierungs- und Übernahmeverpflichtungen

c) Unwiderrufliche Kreditzusagen 45.945.151,74 EUR

Unter a) werden die Verpflichtungen erfasst, die bei einem unechten Pensionsgeschäft entstehen können.

Bei einem unechten Pensionsgeschäft hat der Pensionsnehmer das Wahlrecht, ob er den Pensionsgegenstand an den Pensionsgeber zurücküberträgt oder nicht. Bei Abschluss des Geschäftes erfolgt ein Aktivtausch beim Pensionsgeber und beim Pensionsnehmer.

Der Pensionsgeber weist jedoch die Rücknahmeverpflichtung unter dem Bilanzstrich aus.

Bei einem echten Pensionsgeschäft sieht die Bilanzierung jedoch wie folgt aus:

Pensionsgeber	Aktiva:	+ (an Zahlungsmitteln)
	Passiva:	+ (Verb. ggü. Kreditinstituten)
Pensionsnehmer	Aktiva:	- (an Zahlungsmitteln)
		+ (Forderungen an Kreditinstitute)

Hierbei hat der Pensionsnehmer eine Verpflichtung zur Rückübertragung.

Bei b) werden u.a. die Verpflichtungen aus Nif`s und Ruf`s erfasst.

Die unwiderruflichen Kreditzusagen unter c) sind grundsätzlich unabhängig von ihrer Befristung auszuweisen.

In der Regel werden hier langfristige Darlehenszusagen ausgewiesen. Zusagen, die ohne Laufzeitbegrenzung „bis auf weiteres" bereitgestellt werden, müssen hier nicht erfasst werden, da eine jederzeitige Widerrufbarkeit unterstellt wird.

9 Die Gewinn- und Verlustrechnung

Lernziele
Ihnen wird der Aufbau der Gewinn- und Verlustrechnung bei Banken dargestellt. Sie werden das Bruttoprinzip und dessen Durchbrechungsmöglichkeiten kennen lernen. Sie werden wesentliche Positionen der Gewinn- und Verlustrechnung erläutern können.

9.1 Aufgaben der Gewinn- und Verlustrechnung

Die Gewinn- und Verlustrechnung stellt das wirtschaftliche Ergebnis des abgelaufenen Geschäftsjahres dar. Einzelne Erfolgs- und Aufwandskonten der Finanzbuchführung werden zum Jahresende über das Gewinn- und Verlustrechnungskonto abgeschlossen. Der jeweilige Saldo stellt dann den Gewinn oder Verlust dar.

Aufgabe der Gewinn- und Verlustrechnung ist die Erfassung aller Aufwendungen und Erträge.

ES SOLLEN FOLGENDE BEDINGUNGEN BEI DER ERGEBNISRECHNUNG EINGEHALTEN WERDEN:

- Erfassung aller Aufwendungen und Erträge,
- klare, sachliche Gliederung und Abgrenzung,
- Trennung nach betrieblichen und neutralen Bestandteilen und
- Trennung nach betrieblichen Organisationsgrundsätzen.

Gerade das Bruttoprinzip ist von besonderer Bedeutung. Erst durch eine getrennte Erfassung und Darstellung der Aufwendungen und Erträge ist ein Einblick in die Ertragslage möglich.

Jedoch gibt die RechKredV den Kreditinstituten einen großen Spielraum dieses Bruttoprinzip zu durchbrechen. Kompensationen gewisser Aufwendungen und Erträge sind daher möglich, bzw. teils gesetzlich zwingend vorgeschrieben.

Beim Aufstellen der Gewinn- und Verlustrechnung können die Banken zwischen der Kontoform oder Staffelform wählen.

9.2 Positionen der Gewinn- und Verlustrechnung

Sehen Sie sich nun einmal eine Gewinn- und Verlustrechnung der Creditbank von 1875 AG für das Jahr 2000 an. Sie ist in der Kontoform aufgestellt worden. (§ 2 RechKredV)

A 1:	**Zinsaufwendungen**		82.197.325,08 EUR
E 1:	**Zinserträge aus**		
	a) Kredit- und Geldmarktgeschäften	122.672.573,10 EUR	
	b) festverzinslichen Wertpapieren und Schuldbuchforderungen	16.928.166,55 EUR	139.600.739,65 EUR
E 2:	**Laufende Erträge aus**		
	a) Aktien u.a. nicht festverzinslichen Wertpapieren	54.364,07 EUR	
	b) Beteiligungen	1.488,30 EUR	
	c) Anteilen an verbundenen Unternehmen		55.852,37 EUR
E 3:	**Erträge aus Gewinngemeinschaften, Gewinnabführungs- oder Teilgewinnabführungsverträgen**		888.085,59 EUR

In den obigen Positionen werden Zinsen und Dividenden erfasst. Die Position A 1 enthält z.B.:

- Zinsaufwendungen aus dem Einlagengeschäft,
- Zinsaufwendungen für langfristige Darlehen,
- Zinsaufwand aus Geldmarktgeschäften und
- Ausschüttungen für Genussrechtskapital.

Unter E 1 werden z.B. ausgewiesen:

- vereinnahmte Zinsen aus Kreditgewährungen,
- zinsähnliche Erträge,
- Diskonterträge und
- Erträge aus Geldmarktanlagen.

Die übrigen Positionen erklären sich von selbst.

A 2: Provisionsaufwendungen	7.027.772,15 EUR
E 4: Provisionserträge	12.647.588,23 EUR

In diesen Positionen werden Provisionen u.a. aus folgenden Geschäften erfasst:

- Zahlungsverkehr; z.B. Kontoführungsgebühren,
- Inkassogeschäfte,
- Wertpapierkommissionsgeschäfte,
- Auslandsgeschäfte und
- Vermittlungsgeschäfte.

A 4: Allgemeine Verwaltungsaufwendungen	37.262.639,79 EUR
a) Personalaufwand 16.756.187,89 EUR	
(auf eine weitere Untergliederung wurde hier verzichtet)	
b) andere Verwaltungsaufwendungen 20.506.451,90 EUR	

Der Personalaufwand enthält neben den Gehältern auch folgende Positionen (Auswahl):

- Tantiemen,
- Arbeitgeberanteil zur Sozialversicherung,
- Fahrtkostenerstattungen und
- Zuführung zur Pensionsrückstellung.

In der Position andere Verwaltungsaufwendungen werden erfasst (Auswahl):

- Kfz-Aufwendungen,
- Werbekosten,
- Reisekosten und
- Beiträge zu Verbänden.

A 5: Abschreibungen und Wertberichtigungen auf immaterielle Anlagewerte und Sachanlagen	1.881.511,94 EUR

Hier werden alle planmäßigen und außerplanmäßigen Abschreibungen auf Sachanlagen und immaterielle Vermögenswerte erfasst.

Bei den nachfolgenden Positionen wird das Bruttoprinzip durchbrochen.

A 3:[1]	**Nettoaufwand aus Finanzgeschäften**	-
E 5:	**Nettoertrag aus Finanzgeschäften**	296.083,86 EUR

In den obigen Positionen werden Aufwendungen und Erträge aus Geschäften mit den Wertpapieren des Handelsbestandes festgehalten. Außerdem werden Devisen, Edelmetalle sowie weitere, bisher nicht erfasste Finanzinstrumente berücksichtigt, wenn auch dort die Absicht der Erzielung von Eigenhandelsgewinnen vorliegt.

Der Begriff Finanzinstrumente ist im HGB nicht erläutert. Im Zweifel ist hier eine weite Auslegung – quasi als Restgröße – zu Grunde zu legen.

Es handelt sich im Wesentlichen um folgende Geschäftsvorfälle, die in diesen Positionen erfasst werden:

- Abschreibungen,
- Verluste aus Verkauf,
- Erträge aus Verkauf und
- Zuschreibungen.

Gemäß § 340c Abs. 1 HGB ist eine Saldierung dieser Geschäftsvorfälle zwingend vorgeschrieben. Hier liegt also eine gesetzlich vorgeschriebene Durchbrechung des Bruttoprinzips vor.

Die Creditbank von 1875 AG hat die Position E 5 ausgewiesen.

A 8:	**Abschreibungen und Wertberichtigungen auf Beteiligungen, Anteile an verbundenen Unternehmen und wie Anlagevermögen behandelte Wertpapiere**	819.663,52 EUR
E 7:	**Erträge aus Zuschreibungen zu Beteiligungen, Anteilen an verbundenen Unternehmen und wie Anlagevermögen behandelte Wertpapiere**	-

Hier werden die Bewertungsmaßnahmen sowie realisierte Gewinne und Verluste bei Beteiligungen, Anteilen an verbundenen Unternehmen und sonstigen Wertpapieren, die dem Anlagevermögen zugerechnet werden, erfasst.

[1] Nummerierung gem. RechKredV. Wenn eine Position weg fällt, verschiebt sich in der GuV die Nummernreihenfolge.

Gemäß § 340c Abs. 2 HGB ist hier eine ***vollständige*** Verrechnung und der Ausweis in einer Position möglich.

Die Creditbank von 1875 AG hat nur die Position A 8 ausgewiesen.

A 7: Abschreibungen und Wertberichtigungen auf Forderungen und bestimmte Wertpapiere sowie Zuführungen zu Rückstellungen im Kreditgeschäft 6.273.111,40 EUR

E 6: Erträge aus der Zuschreibung zu Forderungen und bestimmte Wertpapiere sowie aus der Auflösung von Rückstellungen im Kreditgeschäft -

In diesen Positionen werden u.a. folgende Geschäftsvorfälle erfasst:

- Direktabschreibungen,
- Bildung von Einzelwertberichtigungen,
- Bildung von versteuerten Pauschalwertberichtigungen (Vorsorgereserven § 340 f HGB),
- Bildung von (unversteuerten) Pauschalwertberichtigungen sowie
- die Auflösung gebildeter Risikovorsorge.

Durch die Möglichkeit der vollständigen Verrechnung verschiedenartiger Aufwendungen und Erträgen spricht man von der Überkreuzkompensation.

Diese Überkreuzkompensation stellt eine weitere, wenn nicht die wichtigste Durchbrechung des Bruttoprinzips dar.

Wichtig:

Wenn Kompensationen vorgenommen werden, dann müssen sie vollständig vorgenommen werden.

Die übrigen Positionen werden nicht weiter dargestellt, da sie keine bankspezifischen Besonderheiten aufweisen.

10 Anhang und Lagebericht

Lernziele
Ihnen werden die Inhalte des Anhangs und des Lageberichts dargestellt.

10.1 Anhang

Der Anhang ist Bestandteil des Jahresabschlusses. Gem. § 284 ff HGB sind einzelne Positionen der Bilanz und der Gewinn- und Verlustrechnung zu erläutern.

Ausgewählte Anhangsangaben sind:

- Angabe der Bilanzierungs- und Bewertungsmethoden,
- Angabe und Begründung von Abweichungen von Bilanzierungs- und Bewertungsmethoden incl. Darstellung von Auswirkungen auf die Vermögens-, Finanz- und Ertragslage,
- Angabe der Umrechnungsmodalitäten von Fremdwährungen in Euro,
- Fristengliederung der Forderungen und Verbindlichkeiten,
- Mandate von gesetzlichen Vertretern oder anderen Mitarbeitern in Aufsichtsgremien großer Kapitalgesellschaften,
- Aufgliederung börsenfähiger Wertpapiere nach börsennotiert und nicht börsennotiert,
- Anlagespiegel,
- Unterschiedsbetrag nach § 340 e Abs. 2 HGB,
- Nachrangige Vermögensgegenstände und Schulden,
- Aufgliederung bestimmter Positionen der Gewinn- und Verlustrechnung nach geographischen Märkten,
- Termingeschäfte.

Tipp:

Lesen Sie sich bei Interesse die §§ 284 – 288, 340a, e HGB sowie die §§ 34 - 36 RechKredV durch. Dort finden Sie eine komplette Liste aller notwendigen Inhalte des Anhangs.

10.2 Lagebericht

Der Lagebericht ergänzt als zusätzliches Informationsinstrument den Jahresabschluss. Es soll die Gesamtbeurteilung des Kreditinstitutes abgerundet werden.

Der Lagebericht muss auf Geschäftsvorfälle von besonderer Bedeutung eingehen, die nach dem Geschäftsabschluss eingetreten sind. Ebenfalls soll die Entwicklung der Bank dargestellt werden. Dies hat zum einen vergangenheitsorientiert (für das zurückliegende Geschäftsjahr) wie auch zukunftsorientiert anhand des geplanten Geschäftsverlaufes sowie der Strategien zu erfolgen.

Ferner können auch allgemeine Angaben, wie z.B.

- gesamtwirtschaftliche Entwicklung,
- Marktstellung der Bank,
- Struktur und Geschäftsfelder der Bank sowie die Höhe der eingegangenen Ausfall- und Marktrisiken enthalten sein.

11 Bewertung in der Bankbilanz nach den Vorschriften des HGB

Lernziele
Sie werden die Vorschriften im HGB zum Thema Bewertung kennen lernen. Ihnen werden die unterschiedlichen Wertansätze bei der Bewertung des Anlagevermögens und des Umlaufvermögens bekannt gemacht. Sie werden die bilanzpolitische Bedeutung der versteuerten Pauschalwertberichtigungen verstehen.

11.1 Einführung und Rechtsgrundlagen des HGB

Hinsichtlich der möglichen Wertansätze im Jahresabschluss billigt das Handelsrecht den Kreditinstituten Ermessensspielräume bei bestimmten Geschäftsvorfällen zu. So kann der Bewertungsansatz häufig im Rahmen der Bilanzpolitik beeinflusst und das Ergebnis im Rahmen dieses Handlungsspielraumes entsprechend gestaltet werden. Jedoch sind hierbei auch Grenzen vorhanden, die eine ausgeprägte Gestaltung des Ergebnisses nicht zulassen.

Von besonderer Bedeutung sind die schon mehrfach angesprochenen versteuerten Pauschalwertberichtigungen (Vorsorgereserven nach § 340f HGB). Diese können nun gezielt zur Regulierung des Ergebnisses im Jahresabschluss verwendet werden.

LASSEN SIE UNS EIN BEISPIEL BILDEN:

Der Vorstand der Preußenbank AG möchte zum Zwecke der Dividendenkontinuität eine Dividende von 10,00 EUR je Aktie ausschütten. Gezeichnetes Kapital: 50.000 TEUR aufgeteilt in 1.000.000 Stückaktien. Die gesetzlichen Rücklagen sind ausreichend dotiert.
Das vorläufige, interne Jahresergebnis beträgt 10.000 TEUR (bereits alle Einzelbewertungen vorgenommen).
Es wird vereinfacht mit einer einheitlichen Steuerlast von 29,83% für Körperschaftssteuer und Gewerbesteuer gerechnet.
Der Vorstand erhielt die Information, dass insgesamt 10.000 TEUR Vorsorgereserven nach § 340f HGB vorhanden sind. Sie wurden über die letzten Jahre gebildet.

Nun wird der voraussichtlich endgültige Jahresüberschuss errechnet und festgestellt, ob das gewünschte Ergebnis erreicht wird.

1) Festlegung des benötigten Jahresüberschusses

Es wird für die Dividende (Bardividende) von 10 EUR pro Stück bei 1.000.000 Aktien ein Jahresüberschuss von 10.000 TEUR benötigt.

2) Ermittlung des Jahresüberschusses:

Vorläufiges Ergebnis	10.000	TEUR
- Steuern (29,83%)	2.983	TEUR
Zwischensumme	***7.017***	***TEUR***
+/- Auflösung der Vorsorgereserven nach § 340f HGB	2.983	TEUR
Jahresüberschuss	***10.000***	***TEUR***

Der Jahresüberschuss von 10.000 TEUR konnte nur durch die Auflösung der versteuerten Pauschalwertberichtigungen erzielt werden.

Beachten Sie bitte an dieser Stelle Folgendes:

- Werden die versteuerten Pauschalwertberichtigungen zur Sicherung der Dividendenkontinuität aufgelöst, so verringert sich in der Regel auch das haftende Eigenkapital, wenn der aufgelöste Teil als Gewinn ausgeschüttet wird. Dies könnte dazu führen, dass sich die Auslastung gem. SolvV des Kreditinstituts ungünstig verändert.
- Die Bildung der versteuerten Pauschalwertberichtigungen ist nur bis 4% des Bestandes an Forderungen und der Wertpapiere der Liquiditätsreserve möglich.
- Die Bildung und Auflösung der versteuerten Pauschalwertberichtigungen ist für externe Bilanzleser durch die Überkreuzkompensation in der Gewinn- und Verlustrechnung nicht ersichtlich.

Wie schon an vorheriger Stelle erläutert, sind das HGB und das EStG mit die entscheidendsten Rechtsvorschriften für den Jahresabschluss.

Folgende §§ des HGB sind bei der Bewertung von Kreditinstituten zwingend zu beachten:

- § 252 Allgemeine Bewertungsgrundsätze,
- § 253 Bewertung des Anlagevermögens und des Umlaufvermögens,
- § 254 Behandlung steuerlicher Sonderabschreibungen,
- § 255 Anschaffungs- und Herstellungskosten und
- § 340e Besonderheiten für Kreditinstitute.

Über die allgemeinen Bewertungsgrundsätze wird erreicht, dass Rahmenvorschriften des HGB eingehalten werden. Sie sind im § 252 HGB eindeutig festgelegt und umfassen:

- Going Concern-Prinzip,
- Grundsatz der Einzelbewertung,
- Grundsatz der Bilanzkontinuität,
- Realisationsprinzip,
- Imparitätsprinzip,
- Stetigkeit der Bewertungsmethoden und
- zeitliche Abgrenzung der Aufwendungen und Erträge.

Das Realisationsprinzip sagt aus, dass nicht realisierte Gewinne nicht ausgewiesen werden dürfen. Im Gegensatz dazu müssen nach dem Imparitätsprinzip nicht realisierte Verluste schon als Aufwand und somit gewinnmindernd erfasst werden.

Hieraus wird besonders deutlich, dass der Gläubigerschutz bei den obigen Vorschriften im Vordergrund steht.

Wichtig:

Im Folgenden wird lediglich von der Folgebewertung zum Bilanzstichtag ausgegangen. Davon zu unterscheiden ist die Zugangsbewertung, also die erstmalige Erfassung z.B. von Vermögensgegenständen in der Finanzbuchführung. Die Zugangsbewertung bildet die Basis für die Folgebewertung.

Die Vorschriften des HGB lassen sich wie folgt darstellen:

	Abnutzbares Anlagevermögen	***Nicht abnutzbares Anlagevermögen***	***Umlaufvermögen***	
Bewertungsgrundsatz	gemildertes Niederstwertprinzip		strenges Niederstwertprinzip	
Vermögenswerte	Gebäude, Betriebs- und Geschäftsausstattung	Grundstücke, Finanzanlagevermögen (z.B. Beteiligungen, Anteile an verbundenen Unternehmen, sonstige Wertpapiere des Anlagevermögens)	Wertpapiere des Handelsbestandes und der Liquiditätsreserve, Devisen, Sorten, Edelmetalle	Forderungen an Kreditinstitute und Kunden
Bewertungsansatz/ Abschreibungspflichten	AHK abzgl. planmäßige Abschreibung (§ 253 Abs.2, Satz 1 HGB) abzgl. außerplanmäßige Abschreibung bei voraussichtlich dauerhafter Wertminderung (§ 253 Abs. 2 Satz 3 HGB i.V.m. § 340e Abs. 1 Satz 3 HGB)	AK abzgl. außerplanmäßige Abschreibung bei voraussichtlich dauerhafter Wertminderung (§ 253 Abs. 2 Satz 3 HGB i.V.m. § 340e Abs. 1 Satz 3 HGB)	AK abzgl. (außerplanmäßige) Abschreibung auf den niedrigeren Börsen- bzw. Marktpreis bzw. auf den beizulegenden Wert (§ 253 Abs. 3 Sätze 1 und 2 HGB)	Beanspruchung laut Kundenkonten abzgl. EWB Pauschalierte EWB (unversteuerte) Pauschalwertberichtigungen
Abschreibungswahlrechte/ Vorsorgereserven nach § 340f HGB		abzgl. außerplanmäßige Abschreibung bei voraussichtlich nicht dauerhafter Wertminderung; ***hier nur bei Beteiligungen und Anteile an verbundenen Unternehmen*** (§ 253 Abs. 2, Satz 3 HGB i.V.m. § 340e Abs. 1, Satz 3 HGB)	abzgl. Abschreibung gem. § 340f HGB zur Legung stiller Reserven bei den ***Wertpapieren der Liquiditätsreserve und Forderungen bis max. 4% der Summe aus Forderungen und Wertpapieren der Liquiditätsreserve*** abzgl. Abschreibungen auf einen niedrigeren Wert, um zukünftige Wertschwankungen zu berücksichtigen (§ 253 Abs. 3 Satz 3 HGB)	
Wertaufholung	Zuschreibungsgebot gem. § 280 Abs.1 HGB i.V.m. § 6 Abs. 1 EStG. Beibehaltungswahlrecht für Vorsorgereserven nach § 340f HGB.			

11.2 Bewertungsvorschriften der Aktiva

1. Abnutzbares Anlagevermögen:

Das abnutzbare Anlagevermögen reduziert sich um die planmäßigen und außerplanmäßigen Abschreibungen. Es wird also der regelmäßige und außerordentliche Werteverzehr erfasst und berücksichtigt.

Bitte beachten Sie:

- Abschreibungen bedeuten immer Aufwand in der Gewinn- und Verlustrechnung und führen zu einer Gewinnreduzierung.

2. Nicht abnutzbares Anlagevermögen:

Anlagevermögen, das keiner planmäßigen Wertminderung unterliegt, kann nur durch außerordentliche Vorfälle mit einem geringeren Wert als den Anschaffungskosten angesetzt werden. Dem nicht abnutzbarem Anlagevermögen können folgende, wesentliche Positionen zugeordnet werden:

- Grundstücke
- Finanzanlagevermögen z.B.
  - Beteiligungen,
  - Anteile an verbundenen Unternehmen und
  - sonstige Wertpapiere des Anlagevermögens.

Bei Beteiligungen und Anteilen an verbundenen Unternehmen wirkt sich das gemilderte Niederstwertprinzip besonders deutlich aus (§ 253 Abs. 2 Satz 3 HGB i.V.m. § 340e Abs.1 Satz 3 HGB - § 279 Absatz 1 Satz 2 HGB gilt nicht).

NACHFOLGENDES BEISPIEL VERDEUTLICHT DIESEN ASPEKT:

Die Preußenbank AG hat für 10.000 TEUR die Grundkreditanstalt AG Thüringen erworben. Im nächsten Geschäftsjahr erzielt die Grundkreditanstalt einen großen Verlust, der dazu führt, dass die Beteiligung nur noch mit 8.000 TEUR als werthaltig angesehen werden kann.

Die Preußenbank AG hat nun folgende Möglichkeiten:

- Wenn die Wertminderung als von Dauer angesehen wird, so muss eine Abschreibung in Höhe von 2.000 TEUR gem. § 253 Abs.2 i.V.m. § 340e erfolgen.

- Wenn die Wertminderung nicht dauerhaft ist, so kann die Beteiligung wie folgt behandelt werden (§ 253 Abs. 2 i.V.m. § 340e HGB):

  1. Abschreibung in Höhe von 2.000 TEUR auf 8.000 TEUR.
  2. Beibehaltung des Wertansatzes von 10.000 TEUR und keine Abschreibung vornehmen.

Je nach Ertragslage wird die Preußenbank AG von diesen Möglichkeiten Gebrauch machen. Wenn keine Abschreibungen vorgenommen werden, entstehen stille Lasten in der Bilanz.

Im nächsten Geschäftsjahr verbessert sich die wirtschaftliche Situation der Grundkreditanstalt. Die Beteiligung hat nun wieder einen Wert von 10.000 TEUR.

- Gem. § 280 Abs. 1 HGB i.V.m. § 6 Abs. 1 EStG muss bei erfolgter Abschreibung wieder eine Zuschreibung auf 10.000 TEUR erfolgen. Dies hat zur Folge, dass sich ein steuerpflichtiger Ertrag von 2.000 TEUR ergibt.

3. Umlaufvermögen:

Anders als das Anlagevermögen wird das Umlaufvermögen gem. § 253 Abs. 3 HGB bewertet.

Die Bewertung erfolgt nach dem strengen Niederstwertprinzip. Nach diesem Prinzip ist immer auf einen niedrigeren Wert abzuschreiben.

Die wesentlichsten Positionen des Umlaufvermögens einer Bankbilanz bilden die

- Forderungen,
- Wertpapiere des Handelsbestandes und
- Wertpapiere der Liquiditätsreserve.

Bewertung von Forderungen:

Es lässt sich folgende Einteilung vornehmen:

Risikobehaftete Forderungen	**Risikofreie Forderungen**
anmerkungsbedürftig, aber intakt	*z.B. Staatsforderungen*
Vorsorgereserven nach § 340f HGB (unversteuerte) Pauschalwertberichtigungen	keine Risikovorsorge

Not leidende Forderungen

Einzelwertberichtigungen

pauschalierte Einzelwertberichtigungen

uneinbringliche Forderungen

Direktabschreibung

Während die Direktabschreibung sofort nach dem „Ausfallen" der Forderung über das Kundenkonto gebucht wird, erfolgt die Bildung einer Einzelwertberichtigung i.d.R. unterjährig in der Form einer Vormerkung. Die eigentliche Buchung erfolgt jedoch am Jahresende als Bewertungsmaßnahme über das Konto Einzelwertberichtigung (Indirekte Abschreibung). Ein Nachweis über die Bildung oder Auflösung ist für jeden einzelnen Kunden zu führen. Der gesamte Bestand an Einzelwertberichtigungen wird dann vom gesamten betroffenen Forderungsbestand abgesetzt. Dabei wird das einzelne Kundenkonto nicht angesprochen.

Not leidende Kredite weisen z.B. folgende Merkmale auf:

- Rückstand in der Kapitaldienstrate,
- Scheck- und Wechselproteste,
- negative Auskünfte (Creditreform, Schufa etc.) sowie
- lang anhaltende Überziehung von Kreditlinien.

In diesem Fall sind Einzelwertberichtigungen zu bilden, um dem zukünftigen Ausfall Rechnung zu tragen.

DABEI GILT FOLGENDE BERECHNUNG:

	Beanspruchung laut Kundenkonto
-	bewertete Sicherheiten
-	erwartete Eingänge
	Höhe der zu bildenden EWB.

Hinsichtlich der Sicherheitenbewertung und der Definierung der zu erwartenden Eingänge sind Gestaltungsspielräume möglich, die in der Bilanzpolitik in gewissem Maße genutzt werden können, um nicht dringend benötigte Einzelwertberichtigungen zu vermeiden und somit den Gewinnausweis nicht zu schmälern. Hier sind jedoch seitens der Wirtschaftsprüfer enge Grenzen gesetzt.

Für Länderrisiken international tätiger Kreditinstitute besteht die Möglichkeit der Bildung einer pauschalierten Einzelwertberichtigung.

Länderrisiken entstehen, wenn einzelne Länder keine Devisen aus dem Land herauslassen (aus wirtschaftlichen oder politischen Gründen) und somit der Kapitaldienst der einzelnen Unternehmen nicht geleistet werden kann. Ebenfalls können einzelne Länder die Zins- und Tilgungszahlungen ganz aussetzen, wenn ihnen direkt Kredite gewährt worden sind.

In diesem Fall ist das Länderrisiko mit einer pauschalierten Einzelwertberichtigung zu berücksichtigen.

Die pauschalierten Einzelwertberichtigungen werden steuerlich nur im eingeschränkten Maße anerkannt. Die Finanzverwaltungen orientieren sich hierbei anhand diverser Länderratings.

Neben den schon angesprochenen versteuerten Pauschalwertberichtigungen (Vorsorgereserven nach § 340f HGB) haben die Kreditinstitute ggf. noch (unversteuerte) Pauschalwertberichtigungen zu bilden, um das latente Kreditrisiko abzudecken. Diese Pauschalwertberichtigungen werden steuerlich in gewissem Umfang anerkannt, mindern also als Betriebsausgaben den steuerlichen Gewinn und somit die Steuerlast. Insofern spricht man im Allgemeinen auch von den unversteuerten Pauschalwertberichtigungen.

Das Bundesministerium für Finanzen hat schon 1994 Regelungen festgelegt, nach denen die steuerlich anerkannten Pauschalwertberichtigungen auf Forderungen berechnet werden. Dieser Ansatz ist grundsätzlich auch für die Handelsbilanz geeignet. Die dort ermittelten Werte stellen handelsrechtlich sicherlich eine Untergrenze dar. Im Handelsrecht können auch höhere Pauschalwertberichtigungen gebildet werden, die jedoch dann nicht mehr steuerlich anerkannt werden. Ferner können auch andere Verfahren zur Ermittlung der Pauschalwertberichtigungen angewendet werden.

Zur Ermittlung der steuerlich anerkannten (unversteuerten) Pauschalwertberichtigungen wird gem. Schreiben des BMF vom 10.01.1994 wie folgt vorgegangen:

Es sind folgende Größen zu ermitteln:

- tatsächlicher Forderungsausfall der letzten 5 Wirtschaftsjahre,
- maßgeblicher Forderungsausfall und
- durchschnittliches risikobehaftetes Kreditvolumen der letzten 5 Bilanzstichtage.

Aus diesen Größen wird mit folgender Formel der Pauschalwertberichtigungssatz errechnet:

$$\frac{\text{Maßgeblicher Forderungsausfall x 100}}{\text{Durchschnittliches risikobehaftetes Kreditvolumen}}$$

Dieser Pauschalwertberichtigungssatz wird dann auf das um einzelwertberichtigte Forderungen ermäßigte risikobehaftete Kreditvolumen an dem jeweiligen Bilanzstichtag bezogen und somit die Pauschalwertberichtigung ermittelt.

NACHFOLGENDES BEISPIEL ERLÄUTERT DIE RECHENWEGE:

Die Preußenbank eG verfügt per 31.12.2005 über folgenden Forderungsbestand:

Forderungen an Kunden (nach Direktabschreibung) laut Inventur	380.000.000 EUR
davon	
sichere Forderungen (Kredite an Kommunen etc.)	100.000.000 EUR
einzelwertberichtigte Forderungen	20.000.000 EUR
Einzelwertberichtigungen per 31.12.2005 insgesamt	10.000.000 EUR.

1. Ermittlung des tatsächlichen Forderungsausfalls (in EUR):

	2001	**2002**	**2003**	**2004**	**2005**
Verbrauch an EWB	1.100.000	1.300.000	1.000.000	900.010	1.400.000
+ Direktabschreibung	800.000	900.000	980.000	1.000.000	800.000
- Eingang aus abgeschriebenen Forderungen	100.000	200.000	150.000	110.000	120.000
Tatsächlicher Forderungsausfall	1.800.000	2.000.000	1.830.000	1.790.010	2.080.000

2. Ermittlung des maßgeblichen Forderungsausfalls:

Tatsächliche Forderungsausfälle der Jahre 2001 – 2005 im Durchschnitt:

⇨ 1.900.002,00 EUR

- Abschlag 40% 760.000,80 EUR (max. die gebildeten EWB per 2005)

maßgeblicher Forderungsausfall: 1.140.001,20 EUR

3. Ermittlung des durchschnittlichen risikobehafteten Kreditvolumens in Mio. EUR:

	31.12.00	31.12.01	31.12.02	31.12.03	31.12.04
Forderungen an Kunden	290	300	310	330	370
- Forderungen an öffentliche Hand	100	110	112	100	114
Risikobehaftetes Kreditvolumen	190	190	198	230	256

Das durchschnittlich risikobehaftete Kreditvolumen beträgt: 212,8 Mio. EUR.

4. Ermittlung des Pauschalwertberichtigungssatzes:

$$\frac{\text{1.140.001,20 EUR (Maßgeblicher Forderungsausfall) x 100}}{\text{212.800.000 EUR (Durchschnittliches risikobehaftetes Kreditvolumen)}} = 0{,}54\%\ \text{(gerundet)}$$

5. Ermittlung der steuerlich zulässigen Pauschalwertberichtigung:

Risikobehaftetes Kreditvolumen per 31.12.2005: 280 Mio. EUR
- Einzelwertberichtigte Forderungen 20 Mio. EUR

Basis für die Ermittlung der Pauschalwertberichtigungen: 260 Mio. EUR

x 0,54%

Steuerlich zulässige Pauschalwertberichtigungen: 1.404.000 EUR.

6. Ausweis des Bestandes an Forderungen an Kunden:

Forderungsbestand an Kunden: 380.000.000 EUR
- EWB: 10.000.000 EUR
- (unversteuerte) Pauschalwertberichtigungen: 1.404.000 EUR

Forderungen an Kunden: 368.596.000 EUR

Ferner besteht grundsätzlich die Möglichkeit, Abschreibungen gem. § 253 Abs. 3 Satz 3 HGB auf einen niedrigeren Wert vorzunehmen, um zukünftige Wertschwankungen und die damit einhergehende erneute Änderung des Wertansatzes zu vermeiden. **Diese Regelung findet jedoch praktisch bei Forderungen keine Anwendung.**

Bewertung von Wertpapieren des Umlaufvermögens:

DIE BEWERTUNG VON WERTPAPIEREN DES UMLAUFVERMÖGENS LÄSST SICH GUT ANHAND DES FOLGENDEN BEISPIELS ERKLÄREN:

Die Creditbank von 1875 AG erwirbt für ihren Handelsbestand 1000 Stck. Chemie-Proton AG-Aktien zum Kurs von 350,00 EUR/Stck. Zum Bilanzstichtag 2000 liegt der Börsenkurs bei 330,00 EUR/Stck.

Im Jahr 2001 setzt eine Hausse am Aktienmarkt ein. Zum Bilanzstichtag 2001 liegt der Kurs bei 550,00 EUR/Stck.

Welche Bewertungsansätze sind per Bilanzstichtag 2000 und 2001 möglich?

Die Wertpapiere des Handelsbestandes sind Wertpapiere des Umlaufvermögens und somit nach dem strengen Niederstwertprinzip zu bewerten. Bei Kurssteigerungen sind gem. § 280 Abs. 1 HGB wieder Zuschreibungen vorzunehmen.
Anhand dieser Grundsätze lassen sich folgende Wertansätze ableiten, die entsprechende Auswirkungen auf die Gewinn- und Verlustrechnung der Bank haben.

	2000	2001
Wertansatz:	330 EUR	350 EUR (max. Anschaffung)
Auswirkung:	Abschreibung von 20 EUR/ Stck.; Gewinn wird vermindert.	Zuschreibung um 20 EUR/ Stck.; Gewinn erhöht sich.

Würden die Wertpapiere der Liquiditätsreserve zugeordnet, so könnten noch versteuerte Pauschalwertberichtigungen auf den Gesamtbestand gebildet werden.

Abschließend sei noch auf eine Besonderheit hingewiesen: Kreditinstitute haben die Möglichkeit, Wertpapierbestände des Umlaufvermögens ins Anlagevermögen umzuwidmen Damit wird erreicht, dass drohende Abschreibungen auf Grund des strengen Niederstwertprinzips nicht vorgenommen werden müssen. Die Wertpapiere werden dann nach dem gemilderten Niederstwertprinzip bewertet. Somit kann der Kaufpreis als Wertansatz beibehalten werden, sofern die Wertminderung nicht von Dauer ist. Eine Angabe, dass Umwidmungen stattgefunden haben, ist im Anhang erforderlich.

Ferner besteht grundsätzlich die Möglichkeit, Abschreibungen gem. § 253 Abs. 3 Satz 3 HGB auf einen niedrigeren Wert vorzunehmen, um zukünftige Wertschwankungen und die damit einher gehende erneute Änderung des Wertansatzes zu vermeiden.

Auf die Darstellung der Bewertung von Fremdwährungspositionen wurde im Folgenden verzichtet. Wesentliche Anhaltspunkte hierfür finden Sie im § 340h HGB.

Berücksichtigung von Sicherungsgeschäften (Hedging):

Hedging ist eine Form der Risikobegrenzung, bei der zu einer vorhandenen Position temporär ein entsprechendes Engagement (Sicherungsgeschäft) in der Form eingegangen wird, dass sich Verluste und Gewinne aus beiden Geschäften bei Marktpreisänderungen kompensieren.

An Sicherungsgeschäften werden überwiegend innovative außerbilanzielle Geschäfte - auch Finanzinnovationen oder derivative Finanzinstrumente genannt – eingesetzt. Zu den gängigsten Finanzinstrumenten zählen

- Zinsswaps,
- Zinsbegrenzungsvereinbarungen,
- bedingte Termingeschäfte (Forwards und Futures) und
- unbedingte Termingeschäfte (Optionen).

Bei diesen Geschäften werden grundsätzlich nur die Zahlungsvorgänge bilanziell erfasst. Für mögliche Verluste sind ggf. Rückstellungen zu bilden.

Bei einem Micro-Hedge steht ein unmittelbarer Zusammenhang zu einem Grundgeschäft, welches gegen ungünstige Marktentwicklungen abgesichert werden soll. Eine Aktienposition kann z.B. durch den Kauf eines Puts (Kauf einer Verkaufsoption) auf den Basispreis abgesichert werden. Im Rahmen der Bewertung des Grundgeschäftes ist sein Wertansatz auf den Basispreis abgesichert.

Ein Macro-Hedge stellt die auf Gesamtbankebene ausgerichtete globale Absicherung einer Vielzahl nicht näher bestimmter, gleichartiger Geschäfte dar. Die Bildung einer direkten Bewertungseinheit mit konkreten Einzelgeschäften ist in diesem Fall häufig nicht möglich.

12 Bilanzpolitik

Lernziele

Ihnen werden die bilanzpolitischen Maßnahmen dargestellt, die zur Ergebnisregulierung eingesetzt werden. Sie werden den Begriff Window-Dressing erläutern können und kennen seine bilanzpolitische Bedeutung. Sie werden eigenständig Aufgaben zur Gewinnermittlung lösen können und sind in der Lage, entsprechende Maßnahmen vorzuschlagen, wenn das gewünschte/benötigte Ergebnis nicht erreicht wird.

12.1 Grundlagen der Bilanzpolitik

Durch Bilanzierungs- und Bewertungsmaßnahmen vor und nach dem Bilanzstichtag kann der Jahresabschluss gezielt gestaltet werden. Eine solche Gestaltung ist notwendig, um folgende, wesentliche Größen zu beeinflussen:

- optimale Bilanzstruktur,
- Liquiditätslage und
- Ergebnisausweis.

Demzufolge lässt sich Bilanzpolitik wie folgt beschreiben:

> Unter Bilanzpolitik versteht man die aktive und zielgerichtete Gestaltung des Jahresabschlusses durch Maßnahmen vor und nach dem Bilanzstichtag. Dies schließt auch den Anhang und den Lagebericht ein.

Die Bilanzpolitik ist von geschäftspolitischen Überlegungen geprägt. Insofern erfolgt eine entsprechende Berücksichtigung der Maßnahmen der Bilanzpolitik in der Bankpolitik bzw. wird seitens der Bankpolitik geprägt.

FOLGENDE ZIELGRÖßEN KÖNNEN IM RAHMEN DER BILANZPOLITIK GESTEUERT WERDEN:

- Geschäftsvolumen,
- Bilanzsumme,
- Kreditvolumen,
- Einlagenvolumen und
- Ergebnis.

Der Bilanzpolitik sind jedoch auch folgende Grenzen gesetzt:

- Gesetzliche Beschränkungen (z.B. HGB, GOB)

- Es bestehen langfristige betriebswirtschaftliche Grenzen; so ist z.B. zum Bilden von Vorsorgereserven nach § 340f HGB immer ein ausreichender Gewinn erforderlich.

Die Bilanzpolitik ist an verschiedene Adressaten gerichtet. Zwischen den einzelnen Adressaten können diverse Zielkonflikte entstehen.

ES GIBT FOLGENDE ADRESSATEN:

- Shareholder,
- Stakeholder (incl. Gläubiger),
- Staat und
- Institutionen der Bankenaufsicht (BaFin, Deutsche Bundesbank).

Im Rahmen der Bilanzpolitik, insbesondere zur Steuerung der Aktiv- und Passivseite, fällt dem Window-Dressing eine besondere Rolle zu.

Im Rahmen des Window-Dressing soll i.d.R.

- die Liquiditätssituation besonders günstig dargestellt werden. So werden beispielsweise häufig Termineinlagen hereingenommen um so den Liquiditätsbestand an Zahlungsmitteln in der Barreserve positiv aussehen zu lassen.

Es handelt sich hierbei jedoch überwiegend um eine statische Darstellung der Liquidität, die im Rahmen der Bilanzanalyse heute immer mehr an Bedeutung verliert, da die Aussagekraft, bezogen auf einen Stichtag, relativ gering ist.

Da bei den meisten Kreditinstituten der Shareholder Value Ansatz immer mehr im Vordergrund steht, kommt es im Wesentlichen auf die Darstellung einer guten Ertragslage an. Somit kann als eigentliches, herausragendes Ziel der Bilanzpolitik die Ergebnisregulierung definiert werden.

12.2 Gestaltung des Ergebnisausweises

Bei der Gestaltung des gewünschten Ergebnisses sind folgende Begriffe zu unterscheiden:

erwirtschaftetes, vorläufiges Ergebnis
+/- Korrektur (Bewertungsmaßnahmen, Steuern)

---

endgültiges Ergebnis

Aus der obigen Darstellung wird deutlich, dass durch Bewertungsmaßnahmen der Ergebnisausweis zum Teil erheblich beeinflusst und somit auch in gewissem Rahmen gesteuert werden kann. Hier werden vor allem mögliche Bewertungsspielräume genutzt, die bereits erläutert wurden.

Genau an dieser Stelle setzt auch die Gestaltung des Ergebnisausweises an.

Anhand der nachfolgenden Übersicht wird der Rechenweg zum endgültigen Ergebnis unter Berücksichtigung von Maßnahmen zur Gestaltung des Ergebnisausweises übersichtlich dargestellt.

Diese Übersicht ist auch die systematische Grundlage für die Lösung entsprechender Aufgaben.

ZUR ZIELGERICHTETEN GESTALTUNG DES ERGEBNISAUSWEISES SIND FOLGENDE SCHRITTE NÖTIG:

1. **Ermittlung des benötigten Jahresüberschusses**
   Aus diesem sind zu decken:

   - Rücklagenzuführung und
   - Dividendenausschüttung.

2. **Ermittlung des tatsächlich erwirtschafteten, vorläufigen Ergebnisses**

   Hier ist ein ständiger Überblick der Geschäftsleitung nötig, um noch rechtzeitig Maßnahmen einleiten zu können.

3. **Ermittlung des endgültigen Ergebnisses durch Berücksichtigung aller Bewertungsmaßnahmen**

	tatsächlich erwirtschaftetes/vorläufiges Ergebnis
-	Bewertungsmaßnahmen beim Anlagevermögen und Umlaufvermögen (Abschreibungen, Wertberichtigungen etc. – an dieser Stelle noch ohne Vorsorgereserven gem. § 340f HGB)
-	Steuern vom Einkommen und Ertrag
+/-	Ausgleich durch Vorsorgereserven nach § 340f HGB
	Jahresüberschuss

Die obigen Schritte 1-3 werden durch zielgerichtete Maßnahmen vor und nach dem Bilanzstichtag beeinflusst.

Dabei unterscheidet man:

Maßnahmen vor dem Bilanzstichtag, die i.d.R. ergebniserhöhend sind z.B.:

- Verkauf von Wertpapieren mit Gewinn,
- Ankauf von eigenen Schuldverschreibungen unter Pari und Vernichtung; somit erzielt man Vernichtungsgewinne,
- Verkauf von Grundstücken und Gebäuden; ggf. als „Sale and Lease back" und
- Hereinnahme von Zusatzsicherheiten zur Vermeidung von Einzelwertberichtigungen.

Maßnahmen nach dem Bilanzstichtag zeichnen sich dadurch aus, dass es sich um Bewertungsmaßnahmen handelt. Man unterscheidet hier:

Maßnahmen nach dem Bilanzstichtag, die sich ergebnisreduzierend auswirken, z.B.:

- Bilanzierung vieler Wertpapiere im Umlaufvermögen,
- Beteiligungen auch bei nicht dauerhafter Wertminderung abschreiben,
- Bildung von versteuerten Pauschalwertberichtigungen (Vorsorgereserven nach § 340f HGB) und
- „reichliche" Dotierung von Einzelwertberichtigungen.

Maßnahmen nach dem Bilanzstichtag, die sich ergebniserhöhend bzw. ergebnisstabilisierend auswirken, z.B.:

- Umwidmung von Wertpapieren vom Umlaufvermögen ins Anlagevermögen um Abschreibungen zu vermeiden,
- Auflösung von versteuerten Pauschalwertberichtigungen (Vorsorgereserven nach § 340f HGB) und
- Nutzung von Bilanzierungshilfen (z.B. Aufwendungen für Ingangsetzung).

13 Konzernabschluss

Lernziele
Ihnen werden die Regelungen im HGB zum Konzernabschluss dargestellt. Sie werden die internationalen Vorschriften zur Rechnungslegung von denen des HGB unterscheiden können.

13.1 Konzernabschluss nach dem HGB

Die Vorschriften für Kreditinstitute hinsichtlich der Verpflichtung zur Erstellung von Konzernabschlüssen sind in den §§ 340i und j sowie im § 290 ff HGB verankert.

Da der Konzernabschluss von Kreditinstituten sich im Wesentlichen nicht von den Industrieunternehmen unterscheidet, wird an dieser Stelle auf die Allgemeine Betriebswirtschaft verwiesen. Im Nachfolgenden erfolgt lediglich ein kurzer Überblick.

Der Konzernabschluss nach dem HGB besteht für Kreditinstitute aus:

- Konzernbilanz,
- Konzern Gewinn- und Verlustrechnung und
- Konzernanhang (Erweiterung um Kapitalflussrechnung und Eigenkapitalspiegel ggf. zusätzlich noch Segmentberichterstattung).

- Lagebericht als Ergänzung zum Konzernjahresabschluss.

Das HGB definiert folgende relevante Begriffe:

Mutter- und Tochterunternehmen

alleinige einheitliche Leitung bzw. Control-Konzept

hier ist eine Vollkonsolidierung vorgesehen (§ 300 ff HGB)

Gemeinschaftsunternehmen

gemeinsame Führung mit einem konzernfremden Partner

hier ist eine Quotenkonsolidierung vorgesehen (§ 310 Abs. 2 HGB)

Assoziierte Unternehmen

maßgeblicher Einfluss auf die Geschäftspolitik; Vermutung ab einer Beteiligungsquote von 20%

hier ist die Equity-Bewertung vorgesehen (§ 311 HGB)

Bloße Beteiligung

allgemeiner Einfluss

hier erfolgt die Bewertung zu Anschaffungskosten

Beim Vorgehen der Vollkonsolidierung sowie der Quotenkonsolidierung sind folgende Stufen vorgesehen:

- Kapitalkonsolidierung nach § 301 HGB (Verfahren: Buchwertmethode oder Neubewertungsmethode),
- Schuldenkonsolidierung nach § 303 HGB,
- Zwischengewinnkonsolidierung nach § 304 HGB und
- Aufwands- und Ertragskonsolidierung nach § 305 HGB.

Ziel ist es, dass alle finanziellen Beziehungen untereinander eliminiert werden.

Ferner sind Konsolidierungswahlrechte zu beachten (§ 296 HGB).

13.2 Konzernabschluss nach den IAS/IFRS

Kapitalmarktorientierte Kreditinstitute müssen gem. § 315a HGB ihren Konzernabschluss nach internationalen Rechnungslegungsstandards aufstellen. Dabei dürfen grundsätzlich nur die IAS (International Accounting Standards)/IFRS (International Financial Reporting Standards) genutzt werden.

Andere Kreditinstitute haben dagegen ein Wahlrecht, ob sie den Abschluss im Konzern nach den Vorschriften des HGB aufstellen oder sich an den internationalen IAS/IFRS orientieren. Im letzten Fall müssen sie dann aber die Standards und Vorschriften der IAS/IFRS vollständig befolgen.

Die Vorteile der IAS/IFRS:

- Voraussetzung für eine internationale Vergleichbarkeit,
- Ratings können besser verglichen und exakter erstellt werden und
- die Ertragslage kann nicht mehr so leicht verschleiert werden.

Nach den IAS/IFRS besteht der Jahresabschluss im Konzern aus:

- Bilanz,
- Gewinn- und Verlustrechnung,
- Kapitalflussrechnung,
- Eigenkapitalveränderungsrechnung und
- Erläuterungen (Notes); insbesondere Segmentberichterstattung nach Geschäftssparten und Regionen, Ausweis der derivativen Geschäfte.

Gründe für die Umstellung auf IAS/IFRS:

- Durch die Schaffung einheitlicher Voraussetzungen hinsichtlich der Erstellung der Jahresabschlüsse steigt die Vergleichbarkeit der ermittelten Ratings der Ratingagenturen.
- Es soll ein möglichst klarer Ergebnisausweis erfolgen, der sich an der tatsächlichen Ertragslage des Unternehmens orientiert – verbunden mit dem Gedanken des Shareholder Value.
- Schaffung zusätzlichen Kernkapitals durch Offenlegung stiller Reserven.

Die Grundsätze der IAS/IFRS lauten:

- Verständlichkeit,
- Zuverlässigkeit,
- Wesentlichkeit und
- Vergleichbarkeit.

Die Fristengliederung erfolgt nach Restlaufzeiten in den Notes.

Bei erstmaliger Erstellung des Konzernabschlusses nach IAS/IFRS findet eine entsprechende Anpassung der Bilanzierungsmaßnahmen nach HGB statt.

Somit werden beispielsweise

- Korrekturen vorgenommen und
- stille Reserven sowie stille Lasten aufgedeckt.

Diese Ergebnisse führen zu einer Veränderung des Eigenkapitals.

Die nachfolgende Übersicht stellt die wesentlichsten Unterschiede der Rechnungslegung nach HGB und IAS/IFRS anhand der Betrachtung der Forderungen und der Wertpapierbestände dar.

ERLÄUTERUNG DES BEGRIFFS FAIR VALUE:

Er stellt den Marktwert dar, der dem finanziellen Vermögenswert zugemessen werden kann. Bei an Börsen notierten Werten handelt es sich i.d.R. um den Börsenkurs bzw. Börsenwert. Beim Ersterwerb orientiert man sich i.d.R. am Kaufpreis. Im Rahmen der Folgebewertung kann es hinsichtlich der Bestimmung des Marktwertes zu Einschränkungen und Problemen kommen, wenn der Markt für die betreffenden Finanzinstrumente nicht aktiv ist; also z.B. Marktverzerrungen vorliegen und ein marktüblicher Preis nicht definiert bzw. festgestellt werden kann. In diesem Fall müssen anhand alternativer Bewertungsverfahren (z.B. Ertragswertmethode bei Aktien), entsprechende Marktwerte ermittelt werden.

Dieser Aspekt - also die richtige Bestimmung des Marktwertes bei nicht funktionierenden Märkten - erlangt im Rahmen der Finanzmarktkrise besondere Bedeutung, da Abschläge von den Anschaffungskosten Gewinnminderungen bzw. Eigenkapitalminderungen bewirken oder im Extremfall auch zum Ausweis von hohen Verlusten führen, die die Solvenz des Kreditinstitutes gefährden kann.

<table>
<tr><th></th><th>HGB</th><th>IAS/IFRS</th></tr>
<tr><td>Forderungen an Kunden und Kreditinstitute</td><td>➢ Möglichkeit der Überkreuzkompensation von Aufwendungen und Erträgen von Forderungen mit denen der Wertpapiere der Liquiditätsreserve; so werden stille Reserven gelegt und der Gewinn gestaltet.
➢ Verdeckte Absetzung der Risikovorsorge vom Forderungsbestand.
➢ Grundsätzlich Zuschreibungsgebot nach § 280 Abs. 1 HGB.</td><td>➢ Offene Absetzung der Risikovorsorge vom originären Forderungsbestand.
➢ Keine Bildung stiller Reserven erlaubt.
➢ Detaillierte Aufstellung der Risikovorsorge (Entwicklung) in den Notes; sortiert nach Bonitäts-, Länder- und latenten Ausfallrisiken.
➢ Forderungen werden anhand ihrer Darstellung in der Bilanz wie folgt eingeteilt:
➢ Forderungen an Kreditinstitute bzw. Kunden:
❖ Originäre Forderungen Wertansatz zu den fortgeführten Anschaffungskosten.
➢ Finanzanlagen:
❖ Angekaufte Forderungen (Held to Maturity) Wertansatz zu den fortgeführten Anschaffungskosten.
❖ Angekaufte Forderungen (Available for Sale) Wertansatz nach dem Fair Value.
➢ Handelsaktiva:
❖ Angekaufte Forderungen (Held for Trading) Wertansatz nach dem Fair Value.</td></tr>
<tr><td>Wertpapiere</td><td>➢ Möglichkeit der Überkreuzkompensation von Aufwendungen und Erträgen von Forderungen mit denen der Wertpapiere der Liquiditätsreserve; so werden stille Reserven gelegt und der Gewinn gestaltet.
➢ Einteilung der Wertpapiere in Liquiditätsreserve, Handelsbestand und Finanzanlagevermögen.
➢ Es gilt das gemilderte bzw. das strenge Niederstwertprinzip.
➢ Grundsätzlich Zuschreibungsgebot nach § 280 Abs. 1 HGB.</td><td>➢ Der Wertpapierbestand wird anhand seiner Darstellung in der Bilanz wie folgt eingeteilt:
➢ Handelsaktiva:
❖ Wertpapiere Held for Trading Wertansatz nach dem Fair Value.
➢ Finanzanlagen:
❖ Wertpapiere Held to Maturity Wertansatz zu den fortgeführten Anschaffungskosten.
❖ Wertpapiere Available for Sale Wertansatz nach dem Fair Value.</td></tr>
<tr><td></td><td colspan="2">Besonderheiten bei der Bewertung des Forderungsbestandes sowie des Wertpapierbestandes nach den Vorschriften der IAS/IFRS:

Bei den Positionen Available for Sale sind Wertveränderungen grundsätzlich erfolgsneutral über die Fair Value-Rücklage zu verbuchen. Erst bei (Teil-)Auflösung dieser Positionen erfolgt eine Realisierung als Aufwand bzw. Ertrag. Dies geschieht, z.B. durch Verkauf oder durch Eintreten einer dauerhaften Wertminderung (Impairment). Bis dahin wird lediglich das Eigenkapital positiv oder negativ beeinflusst. Unter bestimmten Umständen kann jedoch auch eine erfolgswirksame Erfassung der Wertveränderungen erfolgen (Fair Value-Option).

Eine Abschreibung bei dauerhafter Wertminderung ist bei den Positionen Available for Sale und Held to Maturity sowie beim originären Forderungsbestand Pflicht. Ferner gilt für diese Positionen ein Zuschreibungsgebot. Bei den Positionen Available for Sale sind die Zuschreibungen grundsätzlich erfolgsneutral in der Fair Value-Rücklage zu erfassen. Lediglich bei Anleihen erfolgt bis zu den AK eine erfolgswirksame Erfassung der Zuschreibung. Darüber hinaus sind die Wertzuwächse ebenfalls erfolgsneutral zu erfassen.

Bei Positionen Held for Trading sind alle Bewertungsmaßnahmen erfolgswirksam zu verbuchen. Ein Impairment ist hier also nicht möglich.</td></tr>
</table>

EINE BILANZ NACH DEN VORSCHRIFTEN DER IAS/IFRS KÖNNTE WIE FOLGT AUSSEHEN:

Aktiva	**Passiva**
Barreserve	Verbindlichkeiten gegenüber Kreditinstituten
Forderungen an Kreditinstitute	Verbindlichkeiten gegenüber Kunden
Forderungen an Kunden	Verbriefte Verbindlichkeiten
Risikovorsorge	Handelspassiva
Handelsaktiva	Hedging Derivate
Hedging Derivate	Rückstellungen
Finanzanlagen	Sonstige Passiva
Sonstige Aktiva	Hybridkapital
davon latente Steuerforderung	Anteile im Fremdbesitz
	Eigenkapital
	Gezeichnetes Kapital
	Kapitalrücklage
	Gewinnrücklage
	Konzerngewinn
Summe Aktiva	**Summe Passiva**

Die obigen Bilanzpositionen werden in den Notes näher erläutert. Dies sieht am Beispiel der Finanzanlagen und seiner Bewertungskategorien gem. IAS 39 wie folgt aus:

Finanzanlagen:
Schuldverschreibungen und andere festverzinsliche Wertpapiere ❖ Held to Maturity ❖ Available for Sale
Aktien und andere nicht festverzinsliche Wertpapiere ❖ Available for Sale
Beteiligungen (Available for Sale)
Anteile an nicht konsolidierten Tochterunternehmen (Available for Sale)

14 Aufgaben und Fälle

14.1 Erstellung des Jahresabschlusses

Der Jahresabschluss der Creditbank von 1875 AG soll für das Geschäftsjahr 2008 erstellt werden.

Als Mitarbeiter des Zentralbereiches Rechnungswesen werden Sie mit einigen Teilaufgaben beauftragt.

1. Erläutern Sie einem Auszubildenden, welche rechtlichen Rahmenbedingungen bei der Erstellung des Jahresabschlusses und der laufenden Finanzbuchführung berücksichtigt werden müssen!

2. Sie werden mit der Bewertung folgender Bilanzpositionen betraut:

Forderungen an Kunden laut Inventur (Direktabschreibungen schon berücksichtigt)

Folgende Positionen sind enthalten	
Konsumentenkredite	10.500 TEUR
Baudarlehen	20.750 TEUR
davon grundpfandrechtlich gesichert (14.340 TEUR)	
Betriebsmittelkredite	23.850 TEUR

Beachten Sie noch folgende Informationen:

Allzweckbau GmbH, Engagement 100 TEUR, Insolvenzantrag am 20.06.2006 angemeldet; Verfahren aktuell abgeschlossen mit der Auflösung der Gesellschaft, Quote 40%; keine weiteren Sicherheiten, gebildete Einzelwertberichtigung 50 TEUR (per 31.12.2007).

Allmo AG, Engagement 450 TEUR, Rücklastschriften sind häufig aufgetreten, Sicherheitenposition 350 TEUR.

Die bestehenden EWB per 31.12.2007 betragen 8.000 TEUR

An zusätzlichen Wertberichtigungen sind für das Jahr 2008 noch 5.000 TEUR zu bilden.

An unversteuerten Pauschalwertberichtigungen sind insgesamt 3.500 TEUR zu berücksichtigen.

Der Vorstand beschließt 2.000 TEUR den Vorsorgereserven nach § 340f HGB zuzuführen.

a) Errechnen Sie den Bilanzausweis für die Position Forderungen an Kunden!

b) Erläutern Sie die Auswirkungen der einzelnen Bewertungsmaßnahmen auf die Gewinn- und Verlustrechnung!

14.2 Bewertung in der Bankbilanz

Die Preußenbank AG erstellt für das Jahr 2008 ihren Jahresabschluss. Der Vorstand hat beschlossen, eine Bardividende von 3 EUR je Aktie auszuschütten. Mit 2 Mio. EUR sollen die Rücklagen aufgefüllt werden. Das vorläufige Ergebnis vor Steuern und Bewertungsmaßnahmen beträgt 12 Mio. EUR. Es sind 1,5 Mio. Stückaktien im Umlauf. Ferner sind 4 Mio. EUR an Vorsorgereserven nach § 340f HGB vorhanden.

NUN STEHEN NOCH FOLGENDE POSITIONEN ZUR BEWERTUNG AN:

Forderungen an Kunden

Müller GmbH	3 Mio. EUR Barkredit; Sicherheiten 2 Mio. EUR; es sind in 2008 erhebliche Zahlungsprobleme und Kontoüberziehungen aufgetreten.
Pleite AG	1,5 Mio. EUR Darlehen; Sicherheiten 1,2 Mio. EUR; Insolvenzantrag am 22.12.2008 gestellt; Darlehen wurde vorher gekündigt.

Weitere Einzelwertberichtigungen sind in Höhe von 4 Mio. EUR zu berücksichtigen.

Wertpapiere

Art:	**Stück:**	**Kaufkurs:**	**Kaufjahr:**	**Kurs am Bilanzstichtag:**
Zetti AG	10.000	23 EUR	2008	30 EUR
Platte AG	23.500	70 EUR	2008	65 EUR
Lorenz AG	45.000	34 EUR	2008	30 EUR

Die Aktien der Zetti AG und der Platte AG dienen der Liquiditätsreserve. Die Aktien der Lorenz AG sind dem Handelsbestand zugeordnet.

1. Ermitteln Sie unter Berücksichtigung der o.g. Zielsetzung den Jahresüberschuss! Gehen Sie hierbei von einem einheitlichen Steuersatz von 29,83% aus. Wenn das gewünschte Ergebnis nicht erreicht worden ist, nennen Sie bitte 2 Maßnahmen nach dem Bilanzstichtag, um eine Ergebnisverbesserung zu erreichen.

2. Beschreiben Sie, wie sich die Bildung und Auflösung der Vorsorgereserven nach § 340f HGB auf die Gewinn- und Verlustrechnung und auf das haftende Eigenkapital auswirkt!

14.3 Kurzaufgaben

1. Was versteht man unter dem Bruttoprinzip? In welchen Fällen kann/muss es durchbrochen werden?

2. Erläutern Sie die Gliederungskriterien einer Bankbilanz!

3. Welche Rechtsgrundlagen müssen Kreditinstitute bei der Erstellung des Jahresabschlusses und der Finanzbuchführung beachten?

4. Zeigen Sie an einem praktischen Beispiel aus dem Wertpapierbestand die unterschiedliche Bewertung gem. dem strengen und gemilderten Niederstwertprinzip auf!

5. Stille Reserven nach § 340f HGB, auch Vorsorgereserven genannt, stellen ein wichtiges Ergebnisregulierungsinstrument dar. Erläutern Sie, warum gerade Kreditinstitute diese Möglichkeit zur Steuerung ihres Gewinnausweises haben!

6. Bis zu welcher Höhe dürfen Vorsorgereserven nach § 340f HGB gebildet werden? Welche Positionen sind in der Gewinn- und Verlustrechnung betroffen?

7. Beschreiben Sie den Begriff „Window-Dressing" und gehen auf seine Bedeutung in der Bilanzpolitik ein!

8. Unterscheiden Sie die Vorsorgereserven nach § 340f HGB von dem Sonderposten für allgemeine Bankrisiken nach § 340g HGB!

9. Warum werden die Vorsorgereserven nach § 340f HGB auch stille Reserven oder versteuerte Pauschalwertberichtigungen genannt?

10. Beschreiben Sie, wie der Wertpapierbestand und der Forderungsbestand nach den IAS/IFRS bewertet werden!

11. Nennen Sie 4 Maßnahmen nach dem Bilanzstichtag zur Ergebniserhöhung und zur Ergebnisreduzierung sowie 4 Maßnahmen vor dem Bilanzstichtag zur Ergebniserhöhung!

14.4 Wiederholungsaufgaben

Vorsorgereserven nach § 340f HGB

Unterscheiden Sie die Vorsorgereserven nach § 340f HGB und den Sonderposten für allgemeine Bankrisiken nach § 340g HGB anhand folgender Kriterien:

- Ausweis in der Bilanz,
- Charakter bei den Eigenmitteln,
- Höhe der Bildung und
- steuerliche Anerkennung.

Bewertung von Wertpapieren

Zum Bilanzstichtag 2008 befinden sich folgende Wertpapiere im Bestand der Preußenbank AG:

	Stück/Nom.	Kaufkurs	Kurs am Bilanzstichtag 2008	letzter Bilanzansatz
Z Aktie	40.000	24 EUR	32 EUR	22 EUR
A-Anleihe	45 Mio. EUR	99%	97%	99%
B-Anleihe	30 Mio. EUR	100%	98%	100%

Die Wertpapiere wurden den folgenden Kategorien zugeordnet:

Z Aktie: Handelsbestand
A-Anleihe: Liquiditätsreserve
B-Anleihe: Anlagevermögen

Die Preußenbank AG strebt einen möglichst hohen Gewinnausweis an. Bestimmen Sie unter diesem Gesichtspunkt die möglichen Wertansätze in der Bankbilanz!

Gewinn- und Verlustrechnung

DIE PREUßENBANK AG ERSTELLT FÜR DAS JAHR 2008 IHREN JAHRESABSCHLUSS NACH DEM HGB. AUS DEN LAUFENDEN AUFZEICHNUNGEN SIND FOLGENDE WERTE ZU BERÜCKSICHTIGEN:

Abschreibungen auf Wertpapiere des Handelsbestandes	2.500 TEUR
Realisierte Kursverluste bei Wertpapieren der Liquiditätsreserve	3.800 TEUR
Auflösung von Vorsorgereserven nach § 340f HGB bei Wertpapieren der Liquiditätsreserve	5.000 TEUR
Realisierte Kursgewinne im Handelsbestand	4.600 TEUR
Realisierte Kursgewinne bei Wertpapieren der Liquiditätsreserve	3.600 TEUR
Abschreibungen auf Forderungen	13.500 TEUR
Erträge aus der Auflösung von Wertberichtigungen auf Forderungen	6.300 TEUR

1. Ermitteln Sie, mit welchen Beträgen der Ausweis in der Gewinn- und Verlustrechnung der Bank erfolgt bzw. erfolgen kann, und begründen Sie Ihre Vorgehensweise!

2. Beschreiben Sie drei Unterschiede im Ausweis in der Gewinn- und Verlustrechnung, wenn die Bank ihren Jahresabschluss nicht nach dem HGB sondern nach den IAS/IFRS erstellen würde!

Bewertung nach den IAS/IFRS

Die Preußenbank AG hat im Jahr 2008 folgende Aktien erworben:

	Stück	Kaufkurs	Kurs am Bilanzstichtag 2008
Japan AG	40.000	24 EUR	32 EUR
Pleite AG	100.000	30 EUR	29 EUR
Hoffnung AG	340.000	35 EUR	30 EUR

Die Wertpapiere werden folgenden Kategorien zugeordnet:

Japan AG	Held for Trading
Pleite AG	Available for Sale
Hoffnung AG	Available for Sale

Die Preußenbank AG erstellt ihren Konzernabschluss nach den IAS/IFRS.

1. Erläutern Sie, wie die obigen Aktien nach den IAS/IFRS zu bewerten sind, und skizzieren Sie die Auswirkung der vorgenommenen Bewertungsmaßnahmen auf die Gewinn- und Verlustrechnung! Gehen Sie noch auf die Unterschiede zur Bewertung nach den Regeln des HGB ein!

2. Die Kurse der Pleite AG und Hoffnung AG sind im nächsten Jahr rapide gefallen. Beschreiben Sie, wie mit diesem Bestand nun zu verfahren ist!

Bankkostenrechnung als zentrales Element des Bankcontrollings

15 Rahmenbedingungen

Lernziele
Sie werden erläutern können, warum das Bankcontrolling eine entscheidende Rolle in der Bankpolitik spielt. Sie werden die Instrumente im Bankcontrolling kennen lernen und können deren Zusammenwirken darstellen. Ihnen ist die besondere Bedeutung des internen Rechnungswesens bekannt. Sie werden die Bedeutung der Bankkostenrechnung und wesentliche Begriffe erläutern können. Ihnen werden die verschiedenen Rechenstufen und Rechenarten der Bankkostenrechnung dargestellt.

15.1 Einführung in das Bankcontrolling

Für den Begriff Controlling gibt es in der Betriebswirtschaftslehre keine einheitliche Definition. Fest steht jedoch, dass Controlling nicht einfach mit „Kontrolle" gleichgesetzt werden darf, sondern eher mit „Steuerung".

Somit kann man laut Prof. Schierenbeck dem Steuerungsaspekt eine formelle und eine materielle Komponente zuordnen.

Materiell
Steht gleich bedeutend für eine Managementkonzeption, welche die betonte Ertragsorientierung zum tragenden Fundament erhebt.

Die Gesamtbank wie auch einzelne Geschäftseinheiten und Geschäfte sollen ertragsorientiert gesteuert werden.

Philosophie:

1. Ertragsorientierte Wachstumspolitik
2. Ertragsorientierte Risikopolitik

Primat der Rentabilität

Formell
Das Bankcontrolling stellt ein Informationszentrum dar, in dem systematische Planungsaktivitäten und Erfolgskontrollen die Rationalität der bankgeschäftlichen Entscheidungen sicherstellen sollen.

Informationen zu einzelnen Geschäften sollen erhoben, aufbereitet und analysiert werden, um so dem Management zu ermöglichen, die Gesamtbankziele und Geschäftseinheiten zu koordinieren und abzustimmen.

Das Management wird also im Planungs- und Koordinationsprozess unterstützt.

Das Wachstum des Geschäftsvolumens soll demzufolge grundsätzlich nicht zum Selbstzweck angestrebt werden, sondern der Rentabilitätssicherung und Rentabilitätserhöhung dienen. Aus dem Wachstum ergibt sich ein wachstumsbedingter Rentabilitätsbedarf und zugleich ein geplanter wachstumsbedingter Rentabilitätszuwachs.

Ferner müssen sich mögliche, aus dem Wachstum, ergebende Risiken an dem Risikotragfähigkeitspotenzial der Bank orientieren. Die Übernahme zusätzlicher wachstumsbedingter Risiken muss sich dabei stets an den Ertragsaussichten messen lassen.

Nach dem Primat der Rentabilität sind also alle Geschäfte unter den Gesichtspunkten

- Ertrag (in der Form von Ergebnisbeiträgen) und
- Risiko

zu betrachten.

Daraus abgeleitet lassen sich die Tätigkeiten

- Risikomanagement und
- Rentabilitätsmanagement

als praktische Bereiche der Bankpolitik bilden. Diese Aspekte werden im Teil Bankpolitik näher betrachtet.

Dem Primat der Rentabilität folgt die Zielstellung der Erwirtschaftung eines „angemessenen/maximalen“ Gewinnes. Dieses Primärziel ist eingebettet in finanzielle und nicht finanzielle Sicherungsziele sowie einige Nebenbedingungen, die jedoch später im Teil Bankpolitik intensiver erläutert werden.

Die Erzielung eines „angemessenen“ Gewinnes ist für das Kreditinstitut von entscheidender Bedeutung, da aus dem Reingewinn (vor Steuern vom Einkommen und Ertrag) u.a.

- Rücklagenzuführung,
- Dividendenzahlungen und
- Steuerzahlungen

bedient werden müssen.

Zur effizienten Steuerung und vor allem zur Planung des Gewinnausweises wird im Rahmen des Bankcontrollings das betriebliche Rechnungswesen eingesetzt. Leider reichen die Daten der Finanzbuchführung des externen Rechnungswesens an dieser Stelle nicht aus, die Anforderungen der formellen Komponente des Bankcontrollings vollständig zu erfüllen.

Aus diesem Grunde wird aus dem Zahlenwerk des externen Rechnungswesen, insbesondere aus der Finanzbuchführung, das interne Rechnungswesen abgeleitet. Nur mit den Daten und Ergebnissen des internen Rechnungswesens kann das Ergebnis zielgerichtet analysiert und gesteuert werden.

Das interne Rechnungswesen besteht aus folgenden, sich gegenseitig stark ergänzenden, Teilbereichen:

- Bankkostenrechnung (auch Bankkalkulation oder Kosten- und Erlösrechnung genannt),
- Statistik und
- Planung.

Der Bankkostenrechnung fällt im Rahmen des Bankcontrollings eine bedeutende Rolle zu, sodass in den folgenden Kapiteln schwerpunktmäßig die Bankkostenrechnung behandelt wird. Dabei darf nicht unterschätzt werden, dass die Statistik und die Planung eng mit der Bankkostenrechnung zusammen hängen – sich sogar gegenseitig ergänzen (Siehe hierzu Seite 201).

Die Daten und Ergebnisse der Bankkostenrechnung werden im Anschluss durch eine Überleitungsrechnung wieder zur entscheidenden Größe des externen Rechnungswesens, dem Jahresüberschuss bzw. Reingewinn (ggf. nach Steuern EE) aggregiert. Diese Größe wird im Rentabilitätsmanagement geplant und gesteuert (Siehe Seiten 235 ff.).

Somit kann zusammenfassend festgehalten werden:

- Das Bankcontrolling orientiert sich strikt an dem Grundsatz der Rentabilität; liefert also die Grundlage für eine ertragsorientierte Banksteuerung.
- Im Bankcontrolling werden Informationen über einzelne Geschäfte und Geschäftseinheiten erfasst, zusammengestellt und analysiert, um die Grundlage für ertragsorientierte Entscheidungen der Geschäftsleitung zu bilden; Hauptinstrument hierfür ist das interne Rechnungswesen.
- Das Bankcontrolling erfüllt somit eine wichtige Steuerungsfunktion zur Zielerreichung.

15.2 Grundlagen der Bankkostenrechnung

EINE LESENSWERTE DEFINITION KOMMT VON PROF. DR. HAGENMÜLLER:

Unter Bankkalkulation ist das Aufbereiten und In-Beziehung-Setzen von leistungsbedingtem Werteverzehr (Kosten), Leistungsmengen und leistungsbedingtem Wertezuwachs (Erlöse) zum Zwecke der

- Wirtschaftlichkeitskontrolle,
- Selbstkostenermittlung und
- Erfolgskontrolle

im Bankbetrieb zu verstehen.

Der Bankbetrieb stellt sich im Gegensatz zu einem Industriebetrieb komplexer dar.

Man spricht hierbei vom **Dualismus im Bankbetrieb**, der sich in einem Betriebsbereich und einem Wertbereich darstellt.

Aus dem Leistungsprozess entstehen Kosten, Leistungen sowie Erlöse.

Nachfolgende Übersicht verdeutlicht die Zusammenhänge.

Betriebsbereich (technisch organisatorischer Bereich)	Betriebskosten	Betriebsleistungen bzw. Stückleistungen	Betriebserlöse
	Sachkosten Personalkosten Abschreibungen	Zahlungsverkehrsleistungen Beratungsleistungen	Depotgebühren Kontoführungsgebühren Provisionserlöse
Wertbereich (finanzieller Bereich)	Wertkosten	Wertleistungen	Werterlöse
	Zinskosten Risikokosten	Kredite Einlagen	Zinserlöse

Bei den obigen Beispielen zu Kosten, Leistungen und Erlösen handelt es sich um ausgewählte Komponenten, die noch weiter ergänzt werden können. So gibt es z.B. Betriebsleistungen, aus denen keine direkten Betriebserlöse resultieren. Das Mitwirken des Betriebsbereiches bei der Abwicklung eines Kredites führt zwar zur Marktleistung Kredit, jedoch resultieren aus der abgesetzten Marktleistung lediglich Zinserlöse - also Werterlöse.

Wie schon angesprochen, entsteht durch das Zusammenwirken von Betriebsbereich und Wertbereich bei bilanziellen Geschäften eine Marktleistung – oder auch Bankleistung genannt.

AM BEISPIEL EINER KREDITGEWÄHRUNG SOLL DIESER PROZESS ERLÄUTERT WERDEN:

Betriebsbereich	Bearbeitung	➢ Kundengespräch führen ➢ Bonitätsprüfung ➢ Sicherheitenprüfung ➢ Kreditvorlage schreiben ➢ Kreditverträge erstellen	**Betriebsleistung bzw. Stückleistung**
Wertbereich	Valutierung		**Wertleistung** mit dieser Wertleistung entsteht die Marktleistung

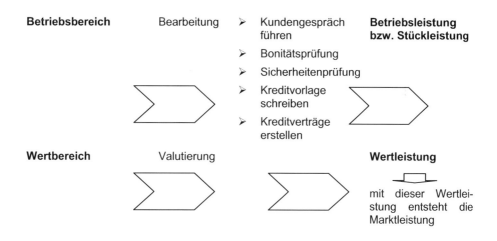

Es ist ersichtlich, dass eine Kreditgewährung, und somit die Zinserlöse, nicht ohne den Betriebsbereich darstellbar ist.

Die Wertleistungen und Betriebsleistungen/Stückleistungen ergeben zusammen die Marktleistung, die der Kunde nachfragt und als Ganzes wahrnimmt.

Das Verständnis des Dualismus ist wichtig, um die nachfolgenden Instrumente der Bankkostenrechnung richtig zuzuordnen. Sehen Sie sich daher noch einmal die Ausführungen auf den Seiten 8 – 10 zum Leistungsprozess an.

Die einzelnen Aufgaben der Bankkostenrechnung lassen sich wie folgt charakterisieren und den einzelnen Instrumenten der Bankkostenrechnung zuordnen:

WIRTSCHAFTLICHKEITSKONTROLLE:

Unter Wirtschaftlichkeitskontrolle ist das In-Beziehung-Setzen von Kosten und Stellenleistungen (Leistungen einzelner Kostenstellen) und das Vergleichen der Ergebnisse in zeitlicher und/oder zwischenbetrieblicher Hinsicht zu verstehen.

Aufgabe der Wirtschaftlichkeitskontrolle ist neben der Überwachung der Leistungserstellung die Feststellung, ob der Betrieb optimal organisiert ist.

Es werden hier also Kosten zu Stellenleistungen ins Verhältnis gesetzt.

Instrument: *Kostenstellenrechnung*

SELBSTKOSTENERMITTLUNG:

Der Selbstkostenermittlung dienen diejenigen Rechenverfahren, die Kosten zu Marktleistungen in Beziehung setzen.

Es soll die Basis für die Ermittlung einer Preisuntergrenze/Preisobergrenze geschaffen werden.

Instrumente: *Stückkostenrechnung im Betriebsbereich* } *als Elemente der*
Teilzinsspannenrechnung im Wertbereich } *Marktleistung*

ERFOLGSKONTROLLE:

Die Erfolgskontrolle erstreckt sich darauf, Beziehungen zwischen Kosten und Erlösen herzustellen.

Während bei der Selbstkostenermittlung die Basis für die Preisuntergrenze/Preisobergrenze für jede einzelne Einheit ermittelt wird, soll hier die Entstehung, Zusammensetzung und Veränderung des Gesamtbetriebsergebnisses analysiert und kontrolliert werden.

Instrumente: *Geschäftsartenrechnung*
Geschäftsstellenrechnung
Kundenkalkulation

15.3 Grundbegriffe der Bankkostenrechnung

1. Kosten und Erlöse, Aufwendungen und Erträge

Während in der Finanzbuchführung Aufwendungen und Erträge einer Abrechnungsperiode erfasst werden, stellt die Kostenrechnung Kosten und Leistungen sowie die daraus resultierenden Erlöse in den Mittelpunkt der Betrachtung. Nachfolgende Übersicht verdeutlicht den Zusammenhang am Beispiel der Aufwendungen und Kosten:

<table>
<tr><td colspan="3">Gesamtaufwand der Periode</td><td colspan="2"></td></tr>
<tr><td>Zweckfremder Aufwand</td><td colspan="2">Betrieblicher Zweckaufwand der Periode</td><td colspan="2">Kalkulatorische Kosten</td></tr>
<tr><td></td><td>a.o. Zweckaufwand</td><td>Ordentlicher Zweckaufwand
=
Grundkosten</td><td>Anderskosten</td><td>Zusatzkosten</td></tr>
<tr><td colspan="2">Neutraler Aufwand</td><td colspan="3">Gesamtkosten der Periode</td></tr>
</table>

BEISPIELE FÜR DIE OBIGEN BEGRIFFE:

Aufwand:	Gesamter Werteverzehr an Gütern und Dienstleistungen einer Periode
Kosten:	Betriebsbedingter Werteverzehr an Gütern und Dienstleistungen einer Periode
Zweckfremder Aufwand:	Spenden
Außergewöhnlicher Aufwand:	Schadensfälle
Periodenfremder Aufwand:	Steuernachzahlungen
Anderskosten:	Kosten, denen ein Aufwand in anderer Höhe gegenüber steht:

- Kalkulatorische Wagnisse und
- Kalkulatorische Abschreibungen.

Zusatzkosten: Kosten, denen kein Aufwand gegenübersteht, z.B.

- Kalkulatorische Miete,
- Kalkulatorischer Unternehmerlohn und
- (Kalkulatorische) Eigenkapitalverzinsung.

Die oben angesprochenen kalkulatorischen Kosten lassen sich wie folgt beschreiben:

Kalk. Miete: Ansatz für eigengenutzte Immobilien; ortsüblicher fiktiver Mietansatz, mit dem die kalk. Abschreibungen für die Gebäude und die Kapitalbindung für den Erwerb berücksichtigt werden.

Kalk. Wagnisse: Im Kreditgeschäft werden die Risikokosten als so genannte Standard-Risikokosten formuliert. Dabei wird das gesamte Kreditvolumen in Ratingstufen eingeteilt und mit der Ausfallwahrscheinlichkeit unter Berücksichtigung von Sicherheiten und Ausfallquote bewertet; Ausschaltung von Sonderfaktoren. Parallel hierzu können kalkulatorische Wagnisse auch anhand der durchschnittlichen, tatsächlichen Kreditausfälle ermittelt werden. Auch können für Risiken des Wertpapierbereiches entsprechende kalkulatorische Wagnisse berücksichtigt werden.

Kalk. Abschreibungen: Steuerlich und handelsrechtlich werden die Abschreibungen nach der betriebsgewöhnlichen Nutzungsdauer und den AHK der Betriebs- und Geschäftsausstattung ermittelt. Bei den kalkulatorischen Abschreibungen wird dagegen immer von den Wiederbeschaffungskosten ausgegangen. So wird sichergestellt, dass die Kosten für einen neuen Gegenstand der Betriebs- und Geschäftsausstattung wieder über die Abschreibung finanziert werden können.

Kalk. Unternehmerlohn: Fiktiver Lohn der Geschäftsleitung bei Einzelunternehmungen und Personenhandelsgesellschaften. Es erfolgt ein Vergleich mit dem Gehalt eines "eingekauften" Geschäftsführers.

(Kalk.) Eigenkapitalverzinsung:

Sie stellt die Verzinsungsansprüche der Anteilseigner (Shareholder) dar und drückt den Gewinn aus, der für Dividendenzahlung und Rücklagenzuführung erwirtschaftet werden muss. Es kann ein konkreter Betrag ermittelt werden. Ferner ist auch die Angabe der daraus abgeleiteten Eigenkapitalrendite möglich. Bezugsbasis können folgende Eigenkapitalgrößen sein:

- bilanzielles Eigenkapital bestehend aus dem gezeichneten Kapital zzgl. offener Rücklagen,
- aufsichtsrechtliches Eigenkapital,
- ökonomische Kapital oder
- Marktwert des Eigenkapitals.

Im Rahmen der Bankkostenrechnung wird hauptsächlich mit den Grundkosten gerechnet. Die kalkulatorischen Kosten werden lediglich in der ersten Rechenstufe – je nach Bedarf - mit berücksichtigt. Nur die kalkulatorischen Wagnisse und die (kalk.) Eigenkapitalverzinsung werden auch in weiteren Rechenstufen verwendet.

2. Kostenarten, Kostenstellen, Kostenträger

Die in der Industrie übliche Unterscheidung nach Kostenarten, Kostenstellen und Kostenträgern wird im Wesentlichen auch in der Bankkostenrechnung verwendet.

In der **Kostenartenrechnung** werden die Gesamtkosten nach der Art ihrer Entstehung gegliedert.

(Welche Kosten fallen an?)

Betrachtet man **Kostenstellen**, so werden die Gesamtkosten nach dem Ort der Kostenverursachung differenziert und den Stellenleistungen gegenübergestellt.

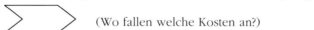

(Wo fallen welche Kosten an?)

Die **Kostenträgerrechnung** beantwortet die Frage, für welche Bankleistungen welche Kosten angefallen sind.

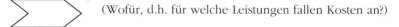

(Wofür, d.h. für welche Leistungen fallen Kosten an?)

Im Bankbetrieb ist nicht nur das einzelne "Produkt" das betrachtete Kalkulationsobjekt, sondern es kommen hierfür folgende Gruppen in Frage:

- Geschäftsarten (die einzelnen Kreditarten, Einlagenarten, das einzelne Dienstleistungsprodukt),
- Geschäftsstellen (räumliche Zuordnung, Niederlassungen, in denen Bankgeschäfte betrieben werden, z.B. Filiale, Zweigstelle),
- Geschäftssparten (Zusammenfassung einzelner Produktarten bzw. Produktgruppen zu Sparten) und
- Konten und Kunden.

Je nachdem, welcher Zweck mit der jeweiligen Kalkulation verfolgt wird, kann durch diese Gliederung der Erfolg der einzelnen Teilbereiche des Bankgeschäftes ermittelt bzw. der Gesamterfolg des Institutes auf die einzelnen Bereiche bzw. Kalkulationsobjekte verteilt werden.

3. Einzel- und Gemeinkosten, variable und fixe Kosten

Die Unterscheidung zwischen Einzel- und Gemeinkosten erfolgt anhand ihrer Zurechenbarkeit auf die einzelnen Kalkulationsobjekte.

Direkt zurechenbare Kosten sind stets Einzelkosten, während Gemeinkosten lediglich indirekt durch Verwendung bestimmter Schlüsselgrößen verteilt werden können.

Wie erkennbar, hängt die Zuordnung der Kosten in Einzel- und Gemeinkosten von der Wahl des Kalkulationsobjektes ab. Kosten, die einer Geschäftsstelle direkt zugeordnet werden können, sind Einzelkosten; die gleichen Kosten können aber Gemeinkosten in Bezug auf einzelne Bankleistungen sein, die in dieser Geschäftsstelle "produziert" werden.

BEISPIEL:

Die Personalkosten für einen dispositiven Filialleiter sind in Bezug auf die Filiale Einzelkosten – bezogen auf ein einzelnes Produkt, welches in der Filiale verkauft wird, jedoch Gemeinkosten, da hier eine direkte Zurechnung nicht möglich ist.

Die Unterscheidung von variablen und fixen Kosten liegt dem gegenüber auf einer anderen Ebene.

Gefragt ist danach, ob und wie sich die Kosten in Abhängigkeit bestimmter Kosteneinflussgrößen verändern. Im Regelfall wird hierbei die Beschäftigung als Haupteinflussgröße verwendet (die allerdings bei Kreditinstituten nicht ohne Schwierigkeiten zu messen ist). Entsprechend sind variable Kosten beschäftigungsabhängige Kosten, die sich verändern, wenn die Beschäftigung (z.B. gemessen an der Auslastung einer Kostenstelle) steigt oder sinkt.

Fixe Kosten sind dagegen beschäftigungsunabhängige Kosten und damit im Regelfall allein von der Zeit abhängig. In Kreditinstituten sind sie in jeder Hinsicht dominant; variable Kosten haben ein relativ geringes Gewicht.

Deshalb orientiert man sich in der Bankkostenrechnung meistens nur an den Einzelkosten und den Gemeinkosten.

4. Dimensionierung der Kosten und Erlöse

In der Bankkostenrechnung werden Kosten und Erlöse als Perioden- und Stückgrößen definiert. Diese können absolut in Geldeinheiten oder als Prozentsatz ausgedrückt werden, wodurch sich grundsätzlich folgende Aufteilung ergibt:

	absolut - in Geldeinheiten	**relativ – in % des (Geschäfts-) Volumens**
Periodenrechnung	Periodenkosten Periodenerlöse	Periodenmarge oder auch Spanne genannt, z.B. Bruttozinsspanne, Bedarfsspanne
Stückrechnung	Stückkosten oder Stückerlöse	Stückmarge

Das Geschäftsvolumen eines Kreditinstitutes ist grundsätzlich eine zeitraumbezogene Stromgröße, die sich täglich ändert.

Üblich ist die Verwendung der Bilanzsumme zzgl. der zinstragenden Eventualverbindlichkeiten für die Bestimmung des Geschäftsvolumens. Jedoch gibt es hier keine einheitliche Definition, ob auch die anderen Komponenten, die unterhalb des Bilanzstriches ausgewiesen werden, mit berücksichtigt werden sollen.

Bei der Ableitung und Ermittlung des Geschäftsvolumens arbeitet man in der Regel mit der durchschnittlichen Bilanzsumme.

Die durchschnittliche Bilanzsumme kann im Übrigen auf der Basis einer kompensierten oder besser einer unkompensierten Bilanz ermittelt werden.

Unter einer unkompensierten Bilanz versteht man eine Rohbilanz, die sich unmittelbar aus den Konten der Buchführung ergibt und in der noch keine bilanzpolitischen Bewertungsmaßnahmen oder Saldierungen vorgenommen oder diese wieder rückgängig gemacht worden sind.

5. Ist-, Normal- und Plankosten

Hinsichtlich ihres Zeitbezugs können die Kosten wie folgt eingeteilt werden:

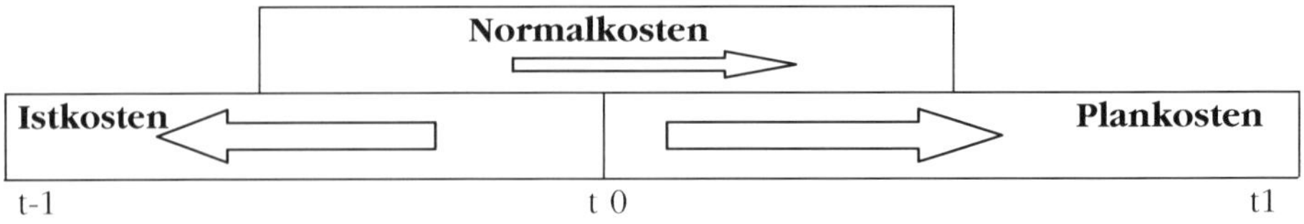

Die Istkosten sind vergangenheitsbezogene Kosten einer abgelaufenen Rechnungslegungsperiode.

Normalkosten sind Kosten, die aus den durchschnittlichen Istkosten der Vergangenheit ermittelt werden. Somit sollen Zufälligkeiten und Unregelmäßigkeiten ausgeschalten werden. Insofern stellen sie eine wesentliche Basis für die Ermittlung der Plankosten dar, da sie so bereits einen Zukunftsaspekt berücksichtigen.

Plankosten werden zu Planungszwecken ermittelt. Dabei werden die Daten aus der Vergangenheit analysiert und versucht, ihre zukünftige Entwicklung abzuschätzen. Sie stellen dann Standardkosten bzw. Prognosekosten dar.

Je nach Analysezweck bzw. Steuerungsansatz werden die obigen Kostenkategorien in den Rechenarten:

- Istkostenrechnung,
- Normalkostenrechnung und
- Plankostenrechnung eingesetzt.

6. Der Aufbau der Bankkostenrechnung

Im Rahmen der Bankkostenrechnung werden verschiedene Kostenrechnungsinstrumente eingesetzt. Dabei können unterschiedliche Intensitätsstufen gebildet werden, die sich in verschiedenen Rechenstufen niederschlagen.

Nachfolgende Abbildung verdeutlicht die verschiedenen Rechenstufen und gibt jederzeit Aufschluss darüber, welches Kostenrechnungsinstrument in welcher Stufe greift.

Anhand der Pfeillinien kann man erkennen, dass die Wertkosten und Werterlöse bzw. die Betriebskosten und Betriebserlöse in unterschiedlichen Kostenrechnungsinstrumenten weiter verarbeitet werden, bis zum Schluss im integrierten Kostenrechnungssystem wieder eine Zusammenfassung erfolgt. Die Beschreibung der einzelnen Instrumente folgt nun auf den nachfolgenden Seiten.

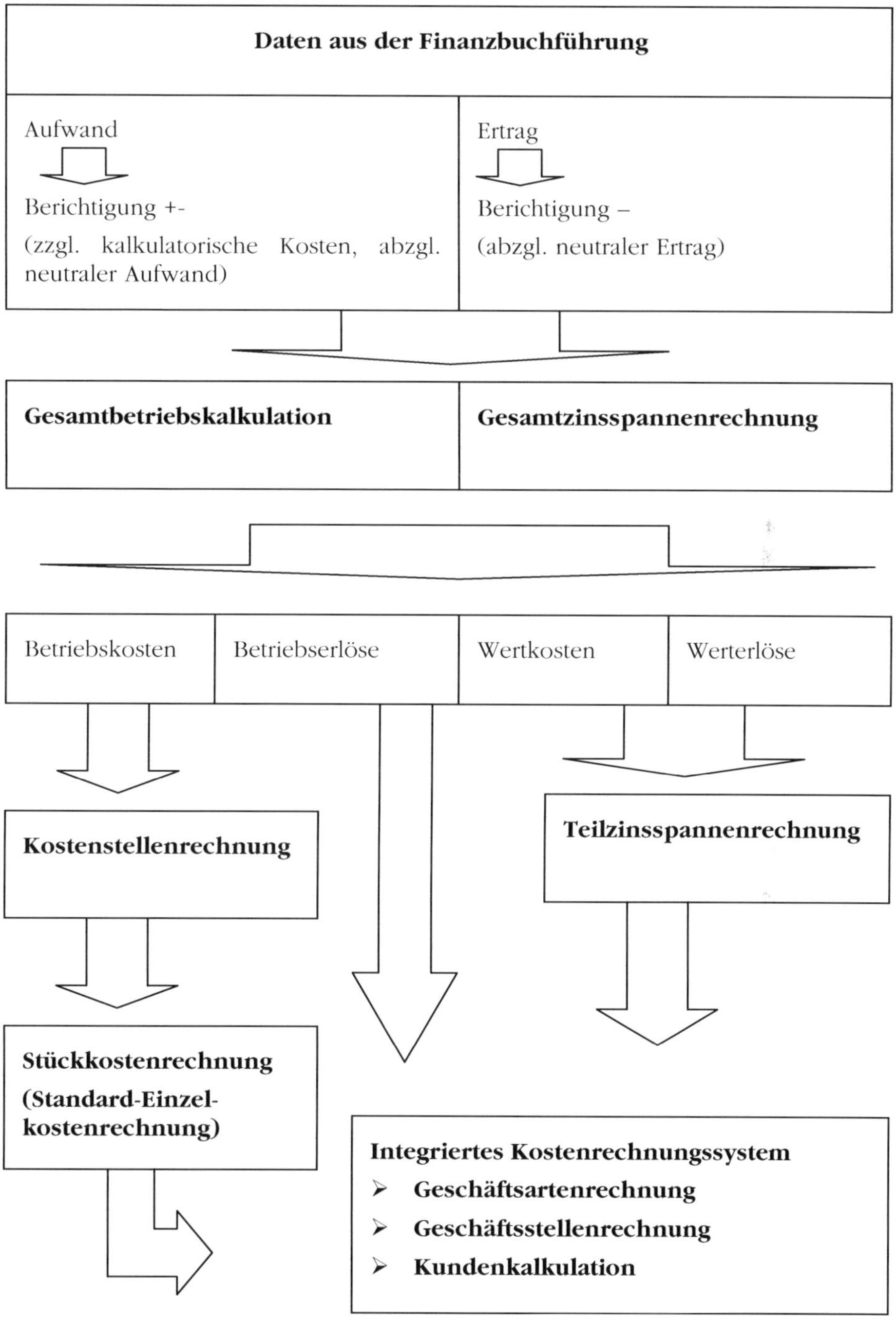
Daten aus der Finanzbuchführung
Aufwand
Berichtigung +-
(zzgl. kalkulatorische Kosten, abzgl. neutraler Aufwand)
Ertrag
Berichtigung –
(abzgl. neutraler Ertrag)
Gesamtbetriebskalkulation
Gesamtzinsspannenrechnung
Betriebskosten
Betriebserlöse
Wertkosten
Werterlöse
Kostenstellenrechnung
Teilzinsspannenrechnung
Stückkostenrechnung
(Standard-Einzelkostenrechnung)
Integriertes Kostenrechnungssystem
Geschäftsartenrechnung
Geschäftsstellenrechnung
Kundenkalkulation

Wie später noch dargestellt wird, erfolgt anhand des integrierten Kostenrechnungssystems anschließend eine Überleitungsrechnung zum extern auszuweisenden Reingewinn (ggf. vor Steuern vom Einkommen und Ertrag).

Zusammenfassend kann an dieser Stelle festgehalten werden, dass die einzelnen Aufgaben der Bankkostenrechnung mit den verschiedenen Kostenrechnungsinstrumenten erfüllt werden. Anhand des mehrstufigen Rechensystems gelingt es, den betrieblichen Leistungsprozess so übersichtlich darzustellen, dass die Entstehung und Zusammensetzung des Jahresüberschusses analysiert werden kann. Ebenfalls wird so die Basis für eine ertragsorientierte Steuerung der Bankenrentabilität gelegt.

16 Die erste Rechenstufe

Lernziele
Sie werden den Aufbau der Gesamtbetriebskalkulation und der Gesamtzinsspannenrechnung erläutern können. Ihnen sind die Zusammenhänge zwischen den beiden Instrumenten bekannt. Sie werden die Aussagemöglichkeit dieser Recheninstrumente einschätzen können.

16.1 Gesamtbetriebskalkulation

In der ersten Rechenstufe der Bankkostenrechnung sollen zunächst die Kosten und Erlöse einer Periode systematisch erfasst und gegliedert werden. Basis bilden die Daten aus dem externen Rechnungswesen. In der Regel wird die vergangenheitsorientierte Gewinn- und Verlustrechnung verwendet.

Das Ergebnis drückt den Gesamterfolg pro Abrechnungszeitraum aus:

- absolut bei der Gesamtbetriebskalkulation oder
- relativ in % zum Geschäftsvolumen bei der Gesamtzinsspannenrechnung.

Beide Rechnungsarten gelten als Grundlage für Betriebs-, Zeit- und/oder Soll-Ist-Vergleiche auf Gesamtbankebene. Weiter gehende Analysen kann man an dieser Stelle jedoch nicht anstellen. Daher bilden diese beiden Rechenarten die Vorstufe für hierauf aufbauende Kalkulationsverfahren, mit denen dann eine differenziertere Darstellung der Ergebniszusammensetzung vorgenommen werden kann.

Gesamtbetriebskalkulation

Die Gesamtbetriebskalkulation stellt unter Eliminierung neutraler Aufwendungen und Erträge sowie unter Berücksichtigung von kalkulatorischen Kosten die der jeweiligen Periode zuzurechnenden Kosten und Erlöse gegenüber. Sie erhält als Resultat das kalkulatorische Betriebsergebnis vor Steuern vom Einkommen und Ertrag.

Die Gesamtbetriebskalkulation als kalkulatorische Rechnung wird entweder in Staffelform oder in Kontenform aufgebaut und unterscheidet üblicherweise in der gängigen Literatur vier Ebenen. Bei der nachfolgenden Darstellung ist in Klammern die jeweilige Größe in der Gesamtzinsspannenrechnung angegeben.

1. Kalkulatorischer Zinsüberschuss (Bruttozinsspanne)

Zu Beginn wird anhand der Zinserlöse und -kosten der kalkulatorische Zinsüberschuss ermittelt. Je nach Rechnungszweck kann hier die (kalkulatorische) Eigenkapitalverzinsung in die Zinskosten mit einbezogen werden. Will man allerdings auf Basis der Gesamtbetriebskalkulation Eigenkapitalrentabilitäten errechnen, so empfiehlt sich die Berücksichtigung der (kalkulatorischen) Eigenkapitalverzinsung hingegen nicht.

2. Kalkulatorischer Überschuss des Wertbereiches (korrigierte Bruttozinsspanne)

Den kalkulatorischen Überschuss im zinsabhängigen Geschäft (Wertbereich) erhält man durch Einbeziehung von ordentlichen Kursgewinnen und durchschnittlichen Risikokosten, also den kalkulatorischen Wagnissen (Standard-Risikokosten).

Kursgewinne entstehen überwiegend im Wertpapiereigenhandel des Handelsbestandes, sowie auch im Wertpapierbestand der Liquiditätsreserve und des Anlagevermögens.

Soweit die Gewinne kalkulierbar sind, werden sie in der Gesamtbetriebskalkulation mit berücksichtigt.

In der Literatur gibt es keine einheitliche Darstellung, ob Gewinne aus dem Wertpapierbereich kalkulierbar – also planbar sind oder nicht. In der Regel ist dies zu verneinen. Aus diesem Grunde empfiehlt es sich, die Kursgewinne aus diesem Bereich als neutrale Komponente zu betrachten und somit abzugrenzen.

Wichtig:
Lesen Sie die Aufgaben zu dieser Thematik besonders genau durch. Manchmal gibt die Aufgabe vor, dass Kursgewinne aus dem Wertpapierbereich als ordentlich angesehen werden sollen. Dann ist dieser Aspekt natürlich entsprechend zu berücksichtigen.

Die anzusetzenden Risikokosten ergeben sich aus den kalkulierten Kreditausfällen sowie Kursverlusten im Auslands- und Wertpapiergeschäft.

3. Kalkulatorischer Rohgewinn aus dem Zins- und Provisionsgeschäft (Bruttoertragsspanne)

Werden nun noch Erlöse und Kosten der nicht zinsabhängigen Geschäfte berücksichtigt, erhält man den kalkulatorischen Rohgewinn aus Zins- und Provisionsgeschäften. Die zu berücksichtigenden Provisionskosten entstehen insbesondere dann, wenn anderen Banken ein Teil der erhaltenen Provisionen weitergegeben werden muss, da diese an gemeinsam erstellten Leistungen beteiligt waren (z.B. bei Konsortialkrediten oder im Wertpapiergeschäft). Außerdem sind Provisionszahlungen an Vermittler zu erfassen.

4. Kalkulatorisches Betriebsergebnis (Nettozinsspanne)

Unter Berücksichtigung der ordentlichen Kosten des Betriebsbereiches sowie der weiteren kalkulatorischen Kosten, sofern sie relevant sind, wird dann das kalkulatorische Betriebsergebnis ermittelt. Insbesondere werden noch berücksichtigt:

- Personalkosten (ggf. incl. kalkulatorischem Unternehmerlohn),
- Sachkosten (andere Verwaltungsaufwendungen, ggf. incl. kalkulatorischer Miete) ,
- Kalkulatorische Abschreibungen auf Sachanlagen,
- Kostensteuern – Wichtig: Ertragssteuern werden nicht mit berücksichtigt und
- Sonstige Kosten des Betriebsbereiches (s.b. Aufwendungen abzgl. s.b. Erträge)

Die nachfolgende Übersicht stellt die Berechnung der jeweiligen Ebenen dar:

	Zinserlöse aus dem Kreditgeschäft
+	Laufende Erlöse aus dem Wertpapiergeschäft (z.B. Zinsen, Dividenden)
-	Zinskosten
1	**Kalkulatorischer Zinsüberschuss (Bruttozinsspanne)**
+	Ordentliche Kursgewinne u.a. aus dem Wertpapiergeschäft (Einbeziehung diskussionsfähig!)
-	Durchschnittliche Risikokosten (kalkulatorische Wagnisse u.a. aus dem Kreditgeschäft und Wertpapiergeschäft)
2	**Kalkulatorischer Überschuss aus dem Wertbereich (korrigierte Bruttozinsspanne)**
+	Provisionserlöse
-	Provisionskosten (Kosten für Fremdleistungen im nicht zinsabhängigen Geschäft)
3	**Kalkulatorischer Rohgewinn aus Zins- und Provisionsgeschäft (Bruttoertragsspanne)**
-	Personalkosten (incl. kalkulatorischem Unternehmerlohn)
-	Sachkosten (incl. kalkulatorische Miete)
-	Kalkulatorische Abschreibungen auf Sachanlagen
-	Kostensteuern
-	Sonstige Kosten des Betriebsbereiches
4	**Kalkulatorisches Betriebsergebnis (vor Steuern vom Einkommen und Ertrag) = Nettozinsspanne**

Nun gibt es jedoch für das Lösen von Aufgabenstellungen zu diesem Thema auch einen einfachen Lösungsansatz. Basis in Aufgaben und Fällen ist i.d.R. immer eine Gewinn- und Verlustrechnung. Anhand dieser kann dann ermittelt werden, welche Komponenten in die Gesamtbetriebskalkulation

- unverändert zu übernehmen sind,
- korrigiert zu übernehmen sind,
- nicht mit zu übernehmen sind.

Ferner sind bestimmte Größen (z.B. kalkulatorischer Unternehmerlohn) zu berechnen und zusätzlich zu berücksichtigen.

Die nachfolgende Tabelle verdeutlicht noch einmal, wie welche Positionen der Gewinn- und Verlustrechnung zu behandeln sind:

Positionen der GuV	***Behandlung in der Gesamtbetriebskalkulation***
Zinsaufwand und Zinsertrag	keine Änderung
Provisionsaufwand und Provisionsertrag	keine Änderung
Personalaufwand	ggf. erweitert um kalkulatorischen Unternehmerlohn
Andere Verwaltungsaufwendungen	ggf. erweitert um kalkulatorische Miete
Steuern	lediglich Betriebssteuern sind zu übernehmen
Abschreibungen auf Sachanlagen	ersetzt durch kalkulatorische Abschreibungen
Abschreibungen auf Forderungen und Wertpapiere der Liquiditätsreserve bzw. der dazugehörigen Ertragsposition	kein Ansatz - ersetzt durch kalkulatorische Wagnisse
Abschreibungen auf Wertpapiere des Anlagevermögens bzw. der dazugehörigen Ertragsposition	kein Ansatz – ggf. ersetzt durch kalkulatorische Wagnisse
sonstige betriebliche Aufwendungen und Erträge	ergeben in der Differenz die sonstigen Kosten des Betriebsbereichs
Nettoaufwand/Nettoertrag aus Finanzgeschäften (überwiegend aus Wertpapieren des Handelsbestandes)	kein Ansatz – ggf. ersetzt kalkulatorische Wagnisse

Der Einfachheit halber wurden einige Positionen der Gewinn- und Verlustrechnung in der Ausformulierung verkürzt dargestellt. Sie sehen an dieser Stelle, dass es relativ leicht ist, sich zu orientieren. Die Wertpapiergewinne wurden hier ebenfalls komplett herausgelassen.

16.2 Gesamtzinsspannenrechnung

Während die Gesamtbetriebskalkulation mit absoluten Zahlen arbeitet, werden in der Gesamtzinsspannenrechnung die Zinskosten und -erlöse sowie der Zinsüberschuss in % zum Geschäftsvolumen ausgedrückt. Basis für diese Überlegungen ist eine Zinsertragsbilanz als unkompensierte Bilanz.

Man unterscheidet folgende Zinsertragsbilanzen:

- Stichtagszinsertragsbilanz und
- Durchschnittszinsertragsbilanz.

Diese beiden Arten lassen sich wie folgt beschreiben und kritisieren:

Stichtagszinsertragsbilanz:

- Es werden die Bestände per einem Stichtag angesetzt.
- Es erfolgt die Ermittlung von Durchschnittszinssätzen per einem Stichtag.
- Die Ergebnisse sind somit zufallsorientiert.

Durchschnittszinsertragsbilanz:

- Es werden durchschnittliche Bestände angesetzt.
- Es handelt sich um eine zeitraumbezogene Rechnung.
- Die tatsächlichen Zinskosten und Zinserlöse werden den durchschnittlichen Beständen gegenübergestellt.
- Als Hilfsmittel dienen hierfür: Tagesbilanzen; mtl. Bilanzstatistik.
- Bestände sind jedoch schwierig zu ermitteln.

In der Praxis werden beide Rechenverfahren angewendet, um einen Vergleich darzustellen und die Vorteile beider Varianten zu nutzen sowie die Nachteile zu eliminieren.

Im Folgenden wird grundsätzlich immer mit einer unkompensierten Durchschnittszinsertragsbilanz gearbeitet.

Anhand der Zinskosten und Zinserlöse kann die Bruttozinsspanne errechnet werden, indem man den Zinsüberschuss ins Verhältnis zum Geschäftsvolumen setzt.

EINFACHE DURCHSCHNITTSZINSERTRAGSBILANZ:

Aktiva			**Passiva**		
Volumen	*Zinserlöse*	*Aktivzins*	*Volumen*	*Zinskosten*	*Passivzins*
330 Mio. EUR	19,8Mio. EUR	6%	330 Mio. EUR	13,2 Mio. EUR	4%

Zinserlöse: 19,8 Mio. EUR
Zinskosten 13,2 Mio. EUR

Zinsüberschuss **6,6 Mio. EUR** → **Bruttozinsspanne: 2% des Geschäftsvolumens**

Die Gesamtbetriebskalkulation bildet ferner eine wichtige Datenbasis, die weiter gehende Berechnungen in der Gesamtzinsspannenrechnung zulässt.

So kann aus der Bruttozinsspanne die Nettozinsspanne errechnet werden. Ferner können alle Zwischenergebnisse der 4 Ebenen in % zum Geschäftsvolumen dargestellt werden (Siehe Seite 162 und 163).

Kalkulatorische Kosten können, müssen aber nicht berücksichtigt werden (Beachten Sie hierzu bitte immer die Angaben in der Aufgabenstellung!!).

Somit wird die Zusammengehörigkeit beider Rechenarten deutlich.

17 Die Teilzinsspannenrechnung

Lernziele

Sie werden die verschiedenen Verfahren der Teilzinsspannenrechnung beschreiben können. Ihnen werden die Nachteile der Schichtenbilanzmethode bekannt gemacht. Sie werden die Vorteile der Marktzinsmethode darstellen können. Sie können die Mindestreserve bei der Marktzinsmethode mit berücksichtigen. Ihnen wird die Barwertmethode als besondere Methode der Marktzinsmethode dargestellt. Sie werden anhand von Zinselastizitäten einen entsprechenden Kundenzins ermitteln können.

17.1 Übersicht über die verschiedenen Methoden

Als Nächstes gilt es den ermittelten Gesamterfolg aus dem Wertbereich (Bruttozinsspanne) in Teilergebnisse aufzuspalten. Hier setzt die Teilzinsspannenrechnung an. Somit gewinnt man einen Überblick über die Entstehung und Zusammensetzung der Bruttozinsspanne bzw. des Zinsüberschusses.

Es wird der Erfolg einer jeden Schicht oder eines einzelnen Geschäftes ermittelt. Die Bankkostenrechnung ist hierbei in den letzten Jahren ziemlich weit vorangeschritten. Man unterscheidet:

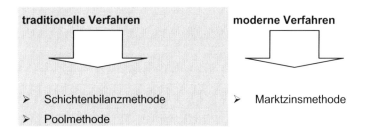

traditionelle Verfahren

- Schichtenbilanzmethode
- Poolmethode

moderne Verfahren

- Marktzinsmethode

Mangels aktueller Bedeutung wird auf die Poolmethode nicht weiter eingegangen.

Wichtig ist, dass mit einer Aggregation aller Erfolgsbeiträge einzelner Schichten/Geschäfte immer wieder die Bruttozinsspanne dargestellt wird.

Es liegt somit ein geschlossenes System vor.

Ebenfalls wird bei der Teilzinsspannenrechnung die Basis für die Findung von Preisuntergrenzen bzw. Preisobergrenzen geschaffen. Es soll also ermittelt werden, welcher Zinssatz im Aktiv- und Passivgeschäft angesetzt werden muss, um zumindestens im Wertbereich kostendeckend arbeiten zu können. Diese Erkenntnisse werden später mit weiteren Kalkulationsbausteinen ergänzt.

17.2 Schichtenbilanzmethode

Die Durchschnittszinsertragsbilanz wird nun in verschiedene Schichten nach verschiedenen Kriterien gegliedert und für jede Schicht eine Teilzinsspanne ermittelt. Die Zinskosten (in %) werden dazu von den Zinserlösen (in %) abgezogen. Eine Gliederung der Schichtenbilanz kann nach folgenden Kriterien erfolgen:

Liquiditätsprinzip	Gegenüberstellung der Aktiva und Passiva nach Liquiditätsgesichtspunkten ➢ kurzfristig, ➢ mittelfristig und ➢ langfristig.
Rentabilitätsprinzip	Gegenüberstellung der Aktiva und Passiva nach Rentabilitätsgesichtspunkten ➢ Die teuerste Aktiva wird der teuersten Passiva gegenübergestellt und umgekehrt.
Finalprinzip	Aktiva und Passiva werden nach direkter Zusammengehörigkeit gegliedert, z.B. ➢ Weiterleitungskredite der KfW

Je nachdem mit welcher Position (Aktiv oder Passiv) begonnen wird, entstehen unterschiedlich hohe Überhänge je Schicht, die in die nächste Schicht übertragen werden. Nachfolgendes vereinfachtes Beispiel soll den Zusammenhang verdeutlichen.

BILDUNG DER SCHICHTEN NACH DEM RENTABILITÄTSPRINZIP. ES WIRD VON DER PASSIVSEITE BEGONNEN – BASIS BILDET EINE VEREINFACHTE DURCHSCHNITTSZINSERTRAGSBILANZ – OHNE BERÜCKSICHITGUNG DER MINDESTRESERVE:

Aktiva	Zins	Volumen in Mio. EUR	Passiva	Zins	Volumen in Mio. EUR
Barreserve	0,0%	100	Sichteinlagen	0,5%	200
Forderungen an Kunden	7,0%	600	Termineinlagen	2,0%	400
Wertpapiere	6,0%	300	Spareinlagen	1,5%	400
Bilanzsumme		**1.000**	**Bilanzsumme**		**1.000**

Schicht I

Forderungen an Kunden	7,0%	600	Termineinlagen	2,0%	400
Durchschnittszins	*7,0%*	*600*	*Durchschnittszins*	*2,0%*	*400*
Überschuss	**7,0%**	**200**	**Teilzinsspanne**	**7,0% - 2,0%**	**5,0%**

↓

Schicht II

Überschuss Schicht I	7,0%	200	Spareinlagen	1,5%	400
Wertpapiere	6,0%	300			
Durchschnittszins	*6,4%*	*500*	*Durchschnittszins*	*1,5%*	*400*
Überschuss	**6,4%**	**100**	**Teilzinsspanne**	**6,4% - 1,5%**	**4,9%**

↓

Schicht III

Überschuss Schicht II	6,4%	100	Sichteinlagen	0,5%	200
Barreserve	0,0%	100			
Durchschnittszins	*3,2%*	*200*	*Durchschnittszins*	*0,5%*	*200*
			Teilzinsspanne	**3,2 % - 0,5%**	**2,70%**

Auf Basis des obigen Beispiels kann man erkennen, dass die einzelnen Teilzinsspannen für jede Schicht ermittelt werden. Überschüsse werden mit dem Durchschnittszins in die nächste Schicht übertragen. Die Bildung eines Durchschnittszinses ist immer dann erforderlich, wenn je Schicht mehrere Aktiv- bzw. Passivpositionen vorhanden sind.

Anhand der einzelnen Teilzinsspannen kann dann wieder die Bruttozinsspanne ermittelt werden. Hierzu ist die Gewichtung der Teilzinsspannen anhand der Volumina vorzunehmen:

Schicht I	0,4 x 5,00%	2,00%
Schicht II	0,4 x 4,90%	1,96%
Schicht II	0,2 x 2,70%	0,54%
Summe:		**4,50% = Bruttozinsspanne**

Die jeweiligen Teilzinsspannen (gewichtet) bilden nun die Basis für die Kalkulation der Preisuntergrenzen bzw. der Preisobergrenzen im Wertbereich.

Kritik:

Anhand der Schichtenbilanzmethode wird ein zum Teil willkürlicher Zusammenhang einzelner Passiva und Aktiva vorgenommen. Je nach Schichtungsprinzip kommt es zu unterschiedlichen Ergebnissen. **Die Schichtenbilanzmethode ist somit aus moderner Sicht nur eingeschränkt zur Ertragssteuerung zu verwenden.**

17.3 Das Grundkonzept der Marktzinsmethode

Im Gegensatz zu der Schichtenbilanzmethode kalkuliert und bewertet die Marktzinsmethode jedes einzelne Geschäft des Wertbereiches unabhängig davon, ob es sich um ein Aktiv- oder Passivgeschäft handelt. Es soll so festgestellt werden, welchen Beitrag jedes einzelne Geschäft zum Gesamtergebnis der Bank leistet. Willkürliche Beziehungen wie bei der Schichtenbilanzmethode werden nicht hergestellt.

Der Erfolgsbeitrag eines jeden Geschäftes setzt sich wie folgt zusammen:

ERLÄUTERUNG: GK-ZINS = ZINSSATZ AM GELD- UND KAPITALMARKT FÜR DAS LAUFZEIT- BZW. ZINSBINDUNGSÄQUIVALENTE ALTERNATIVGESCHÄFT BZW. FÜR EIN GEGENGESCHÄFT:

Zinskonditionenbeitrag (ZKB)

➢ **aktiv (für Aktivgeschäfte)**

Formel zur Berechnung:

(Positionszins – GK-Zins) x Volumen

➢ **passiv (für Passivgeschäfte)**

Formel zur Berechnung:

(GK-Zins – Positionszins) x Volumen

Wird der Zinskonditionenbeitrag in % zum Volumen ausgedrückt, dann spricht man von der Zinskonditionen**marge.**

Strukturbeitrag (Fristentransformationsbeitrag)

Der Strukturbeitrag stellt eine Art Laufzeitprämie dar, die den Verzicht auf sofortige Verfügbarkeit vergütet, wenn Gelder langfristig angelegt werden.

Entscheidend ist, dass eine Bank dann Fristentransformation betreibt, also kurzfristige Gelder langfristig herauslegt.

➢ **aktiv (für Aktivgeschäfte)**

Formel zur Berechnung:

(GK-Zins – Tagesgeldzins) x Volumen

➢ **passiv (für Passivgeschäfte)**

(Tagesgeldzins – GK-Zins) x Volumen

Wird der Strukturbeitrag in % zum Volumen angegeben, dann spricht man von der Struktur**marge.**

Besondere Bedeutung erlangt die Marktzinsmethode bei der Betrachtung und Bewertung von Kundengeschäften, da bei Eigengeschäften am Geld- und Kapitalmarkt der Zinskonditionenbeitrag bzw. die Zinskonditionenmarge grundsätzlich 0 beträgt. Kernstück der Marktzinsmethode zur Feststellung des Zinskonditionenbeitrages bzw. der Zinskonditionenmarge bilden zwei Verfahren:

- **Opportunitätsprinzip:**

Dabei wird jedes Kundengeschäft mit einem alternativen, laufzeit- bzw. zinsbindungsäquivalenten Geschäft am Geld- und Kapitalmarkt verglichen und somit der Vorteil des Kundengeschäftes herausgestellt.

- **Gegenseitigkeitskonzept:**

Dabei wird unterstellt, dass der Zinskonditionenbeitrag nur nachhaltig realisiert werden kann, wenn ein laufzeit- bzw. zinsbindungsäquivalentes Gegengeschäft am Geld- und Kapitalmarkt auf der anderen Bilanzseite abgeschlossen wird. Also eine Kreditgewährung fristengleich refinanziert wird bzw. eine Einlage fristengleich angelegt wird.

DURCH DAS ZERLEGEN IN DIE EINZELNEN ERFOLGSBAUSTEINE WIRD DIE ZUSAMMENSETZUNG DER BRUTTOZINSSPANNE ANALYSIERT:

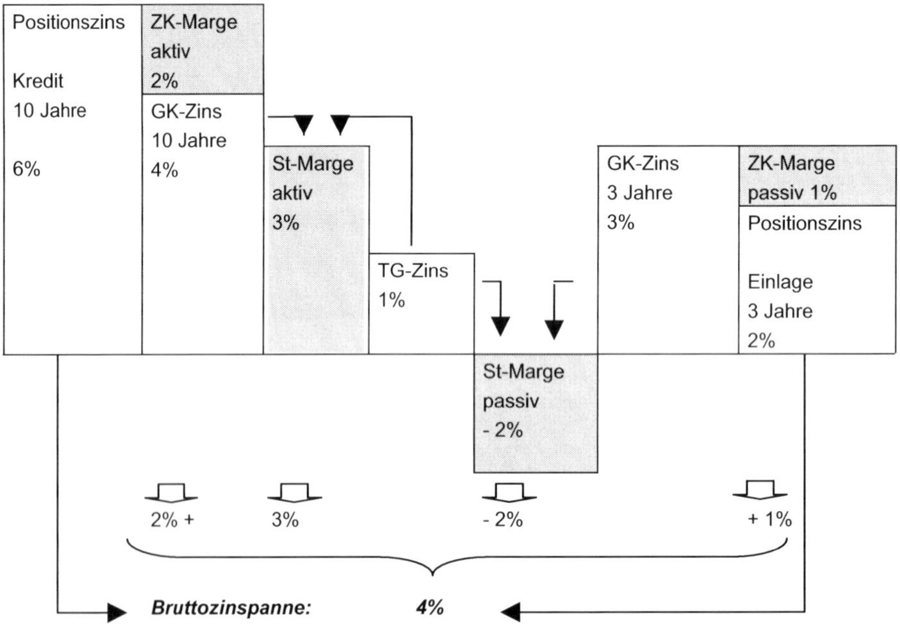

ZK-Marge= Zinskonditionenmarge
ST-Marge= Strukturmarge TG-Zins= Tagesgeldzins

BEISPIEL MARKTZINSMETHODE - BASIS: EINFACHE DURCHSCHNITTSZINSERTRAGSBILANZ - DURCHSCHNITTLICHES VOLUMEN UND DURCHSCHNITTLICHER GK-ZINS UND POSITIONSZINS P.A.:

Aktivseite	Volumen in Mio. EUR	Positionszins	Zinserlöse in Mio. EUR	GK-Zins	ZKB in Mio. EUR	Tagesgeldzins	Strukturbeitrag in Mio. EUR
Forderungen an Kunden	100	6%	6,00	4%	2,00	3,5%	0,50
Interbankenforderungen	50	5%	2,50	5%	-	3,5%	0,75
Wertpapiere	50	7%	3,50	7%	-	3,5%	1,75
Summe:	**200**		**12,00**		**2,00**		**3,00**

Passivseite	Volumen in Mio. EUR	Positionszins	Zinskosten in Mio. EUR	GK-Zins	ZKB in Mio. EUR	Tagesgeldzins	Strukturbeitrag in Mio. EUR
Spareinlage	150	2,5%	3,75	3%	0,75	3,5%	0,75
Eigenkapital	50	-	-	7%	3,50	3,5%	-1,75
Summe:	**200**		**3,75**		**4,25**		**-1,00**

Analyse:

Volumen aktiv	200 Mio. EUR	Zinserlöse:	12,00 Mio. EUR
Volumen passiv	200 Mio. EUR	Zinskosten:	3,75 Mio. EUR
Zinsüberschuss:			**8,25 Mio. EUR**
Bruttozinsspanne:			**4,125%**

Der Zinsüberschuss setzt sich wie folgt zusammen:

ZKB Aktiv	2,00	Mio. EUR (davon dezentral zu verantworten 2 Mio. EUR)
ZKB Passiv	4,25	Mio. EUR (davon dezentral zu verantworten 0,75 Mio. EUR)
Strukturbeitrag aktiv:	3,00	Mio. EUR (zentral zu verantworten)
Strukturbeitrag passiv:	-1,00	Mio. EUR (zentral zu verantworten)
Summe:	**8,25**	**Mio. EUR**
Zinsüberschuss:	**8,25**	**Mio. EUR**

Mit der Marktzinsmethode kann unterschieden und analysiert werden, welche Bereiche (dezentrale Bereiche - also die Filialen - oder Zentralbereiche) welche Erfolgsbeiträge realisiert haben.

Es wird also versucht, den Erfolgsbeitrag der Kundengeschäfte (hier Spareinlagen und Forderungen an Kunden) zu ermitteln. Die Wertpapiereigengeschäfte und Interbankenforderungen weisen als Eigengeschäfte im Grundkonzept einen ZKB von 0 aus, da es sich hierbei um Geschäfte am Geld- und Kapitalmarkt handelt, deren Positionszins dem GK-Zins entspricht.

Ebenfalls sind zinslose Aktiva und Passiva (Eigenkapital, Sachanlagen etc.) mit einem alternativen GK-Zins zu belegen, da auch hier entsprechende Vorteile bzw. Nachteile im Vergleich zu Alternativen bzw. Gegengeschäften vorhanden sind.

Diese Geschäfte werden dann zusammen mit den Eigengeschäften dem Nichtkundengeschäft zugerechnet.

Wichtig:

Im hier vorgestellten Grundkonzept der Marktzinsmethode wird davon ausgegangen, dass die Zinssätze am Geld- und Kapitalmarkt nicht durch Geld- oder Briefspannen bei gleicher Laufzeit voneinander abweichen (Gespaltene Zinssätze). Insofern führen beide Verfahren zum gleichen Ergebnis.

17.4 Besonderheiten der Marktzinsmethode

Im Folgenden sollen weitere wichtige Aspekte der Marktzinsmethode vorgestellt werden. Es handelt sich hierbei um folgende Fragestellungen bzw. Aspekte:

1. Nach welchen Kriterien wird das richtige Alternativ- bzw. Gegengeschäft und somit sein GK-Zins gefunden?
2. Wie wird die Mindestreserve bei Einlagen berücksichtigt?
3. Wie funktioniert die Barwertmethode und welche Aussagemöglichkeiten liefert sie?

Bestimmung der alternativen Geschäfte bzw. Gegengeschäfte am Geld- und Kapitalmarkt sowie Festlegung des GK-Zinssatzes

In Abhängigkeit von den Zuordnungskriterien

- Zinsbindungen bzw. Laufzeit oder
- Zinselastizitäten lassen sich Alternativ- bzw. Gegengeschäfte am Geld- und Kapitalmarkt finden.

Die Zinssätze dieser Geschäfte stellen dann den GK-Zins als Vergleichsmaßstab im Rahmen der Marktzinsmethode dar.

- Vergleichbare Laufzeit bzw. Zinsanpassungszeitraum → Zinsbindungen bzw. Laufzeit
- Anpassungsregeln bei schwankenden Marktzinssätzen (ggf. Konstruktion einzelner Alternativ- bzw. Gegengeschäfte aus festen und variablen Bestandteilen) → Zinselastizitäten

BEISPIELE ZUR ZUORDNUNG VON ALTERNATIV- BZW. GEGENGESCHÄFTE UND FESTLEGUNG DES GK-ZINSSATZES:

Kundengeschäft	Alternatives Geschäft bzw. Gegengeschäft am Geld- und Kapitalmarkt (Beispiele)	Zuordnungskriterium
Realkredit 10 Jahre fest	Festverzinsliches Wertpapier Laufzeit 10 Jahre	Zinsbindung
Baudarlehen variabel verzinslich; Laufzeit 5 Jahre	Tagesgeld und festverzinsliches Wertpapier Laufzeit 5 Jahre als Mischrechnung	Zinselastizität
Termingeld 3 Monate	3-Monatsgeld Basis Euribor	Zinsbindung bzw. Laufzeit
Spareinlage mit Kündigungsfrist 3 Monate	Tagesgeld und 1 – 4 Jahresgelder als Mischrechnung	Zinselastizität

Zinselastizität:

Bezeichnet die Relation zwischen Veränderung des Positionszinses und des Marktzinses innerhalb eines Zeitraums und ist bei variabel verzinslichen Produkten die entscheidende Basis für die Bestimmung des Kundenzinses und des anzusetzenden GK-Zinses für das Alternativ- bzw. Gegengeschäft.

Die Findung entsprechender GK-Zinssätze für die ggf. konstruierten Alternativ- bzw. Gegengeschäfte bei variablen Kundengeschäften wird im Folgenden beschrieben. Außerdem wird dargestellt, wie sich der Kundenzins bei Marktzinsänderungen verändert.

BEISPIEL: VARIABEL VERZINSLICHES BAUDARLEHEN

Das variable Baudarlehen ist endfällig und soll in 5 Jahren komplett zurückgeführt werden. Der Zinssatz ist variabel. Die von der Bank festgelegte Zinselastizität beträgt 0,5. Wenn sich der variable Anteil im GK-Zins des konstruierten Alternativ- bzw. Gegengeschäft um 1%-Punkt verändert, so ändert sich der Kundenzins 0,5%-Punkte.

Es sind folgende Parameter gegeben:

Tagesgeldzinssatz per 02.10.2007:	3,50% p.a.
Tagesgeldzinssatz per 30.10.2007:	5,00% p.a.
Zinssatz für Obligation 5 Jahre per 02.10.2007:	8,00% p.a.
Zinskonditionenmarge gewünscht:	1,50% p.a.

Per 02.10.2007 wird der GK-Zins für das Alternativ- bzw. Gegengeschäft wie folgt ermittelt:

Tagesgeldzins:	3,50% p.a. x 0,5 =	1,75% p.a.
Zinssatz für Obligation:	8,00% p.a. x 0,5 =	4,00% p.a.
GK-Zinssatz für das konstruierte Alternativ- bzw. Gegengeschäft:		5,75% p.a.
Zinskonditionenmarge:		1,50% p.a.
Kundenzins:		**7,25% p.a.**

Per 30.10.2007 sieht die Kalkulation etwas anders aus:

Tagesgeldzins:	5,00% p.a. x 0,5 =	2,50% p.a.
Zinssatz für Obligation:	8,00% p.a. x 0,5 =	4,00% p.a.
GK-Zinssatz für das konstruierte Alternativ- bzw. Gegengeschäft:		6,50% p.a.
Zinskonditionenmarge:		1,50% p.a.
Kundenzins:		**8,00% p.a.**

Fazit:

Der Kundenzins ist 0,75%-Punkte gestiegen. Anhand der obigen Darstellung ist ersichtlich, wie sich die Kondition zusammensetzt.

Einfacher kann man den Aspekt auch darstellen, wenn man die Zinserhöhung von 1,50%-Punkte mit der Elastizität von 0,5 multipliziert und diese Zinserhöhung = 0,75%-Punkte zum alten Zinssatz hinzurechnet. Die kalkulierte Zinskonditionenmarge bleibt gleich, da sich der GK-Zinssatz für das konstruierte Alternativ- bzw. Gegengeschäft und der Kundenzins entsprechend der Elastizität angepasst haben.

Dieses Verfahren setzt jedoch empirische Daten zur Konstruktion solcher Alternativ- bzw. Gegengeschäfte voraus, die kompliziert und aufwändig zu ermitteln sind. Alternativ hierzu kann auch ein komplett variabler GK-Zinssatz festgelegt werden; z.B. 3 Monatsgeld Basis Euribor. Bei dessen Änderung um 1%-Punkt würde sich der Kundenzins um die Elastizität mit der Folge anpassen, dass sich die Zinskonditionenmarge verändert.

Beide Verfahren führen jedoch durch Berücksichtigung des Fristentransformationbeitrages, der sich unterschiedlich je nach Methode verändert, zu einer identischen Änderung der Bruttozinsspanne.

BEISPIEL: SPAREINLAGE 3 MONATIGE KÜNDIGUNGSFRIST

Bei Spareinlagen liegt anders als bei einem Baudarlehen eine unbekannte Kapitalbindung vor. Die Spareinlage kann vom Kunden im Rahmen der Kündigungsfrist jederzeit abgerufen werden. Dies erschwert die Konstruktion der Alternativ- bzw. Gegengeschäfte und somit die Findung des GK-Zinssatzes.

Die Preußenbank eG hat festgestellt, dass bei Spareinlagen mit vereinbarter Kündigungsfrist von 3 Monaten die Kunden wie folgt verfügen:

30%	tägliche Verfügbarkeit – Liquiditätsdisposition
20%	Abruf nach 1 Jahr
10%	Abruf nach 2 Jahren
10%	Abruf nach 3 Jahren
30%	Abruf nach 4 Jahren.

Entsprechend dieser Abrufwahrscheinlichkeiten werden Bausteine für den GK-Zinssatz p.a. des zu konstruierenden Alternativ- bzw. Gegengeschäftes herausgearbeitet:

30%	Liquiditätsdisposition	Tagesgeldzins	3,5%
20%	Abruf nach 1 Jahr	1 Jahresgeld	4,0%
10%	Abruf nach 2 Jahren	2 Jahresgeld	4,3%
10%	Abruf nach 3 Jahren	3 Jahresgeld	4,8%
30%	Abruf nach 4Jahren	4 Jahresgeld	5,0%

Daraus lässt sich ein gewichteter GK-Zinssatz von 4,26% p.a. ermitteln. Die Elastizität ergibt sich aus dem Anteil des Tagesgeldzinses. Sie beträgt demzufolge 0,3 (30%).

Unter Berücksichtigung der Zinskonditionenmarge ergibt sich ein Kundenzins von 2,76% p.a.

Nun hat sich der Tagesgeldzins geändert. Er ist auf 4% p.a. gestiegen. Der gewichtete GK-Zinssatz p.a. ändert sich wie folgt:

Tagesgeldzins	4,0%	(30%)
1 Jahresgeld	4,0%	(20%)
2 Jahresgeld	4,3%	(10%)
3 Jahresgeld	4,8%	(10%)
4 Jahresgeld	5,0%	(30%)

gewichteter GK-Zinssatz:	4,41% p.a.
abzgl. Zinskonditionenmarge:	1,50% p.a.
Kundenzins:	**2,91 % p.a. - Veränderung um 0,15%-Punkte.**

Fazit:

Der Tagesgeldzins ist um 0,5%-Punkte gestiegen. Die Kundenkondition hat sich um 0,15%-Punkte erhöht; also um 30% der Tagesgeldzinserhöhung.

Da sich der Kundenzins und der gewichtete GK-Zinssatz des konstruierten Alternativ- bzw. Gegengeschäftes entsprechend der Elastizität verändert haben, bleibt auch in diesem Fall die Zinskonditionenmarge gleich.

Die Ausführungen beim variablen Baudarlehen zur Wahl eines vollkommen variablen GK-Zinssatzes für das Alternativgeschäft- bzw. Gegengeschäft greifen auch hier.

Hinweis:

Durch die unterschiedlichen Elastizitäten der Aktiv- und Passivseite entsteht das variable Zinsänderungsrisiko. Auf der Internetseite zum Buch finden Sie zu diesem Thema noch eine umfassende Darstellung.

Die Marktzinsmethode stellt in ihrem Grundprinzip auf die Effektivzinsen ab. Es werden sowohl für die Kundengeschäfte die effektiven Kosten und Erlöse ermittelt, wie auch für die Alternativ- bzw. Gegengeschäfte.

Dies ist bei endfälligen Geschäften mit nachschüssiger Zinszahlung nicht das Problem, jedoch bei unterjähriger Zinszahlung bzw. bei regelmäßigen Tilgungen. Hierzu muss gerade im Aktivgeschäft ein betriebswirtschaftliches Verfahren zur Effektivzinsermittlung konstruiert werden, welches die genauen Zahlungsströme in der Gewinn- und Verlustrechnung widerspiegelt.

Berücksichtigung der Mindestreserve

Als Besonderheit ist bei der Marktzinsmethode noch die Mindestreserve zu berücksichtigen. Hierbei wird der GK-Zins für das Alternativ- bzw. Gegengeschäft um die Mindestreserve korrigiert.

Dies ist jedoch nur nötig, wenn sich die Zinssätze am Geld- und Kapitalmarkt deutlich von dem Hauptrefinanzierungssatz der Deutschen Bundesbank/EZB unterscheiden. Ansonsten legt das Kreditinstitut die Mindestreserve bei der Deutschen Bundesbank/EZB zu etwa gleichen Konditionen wie auf dem Geld- und Kapitalmarkt an.

BEISPIEL:

Die Preußenbank eG nimmt ein Termingeld von 120.000,00 EUR für 3 Monate zu 3 % p.a. entgegen. Der Mindestreservesatz beträgt 2% p.a. Die Mindestreserve wird mit dem durchschnittlichen Hauptrefinanzierungssatz von 3% p.a. verzinst. Der GK-Zinssatz für das Alternativ- bzw. Gegengeschäft beträgt 4,5% p.a.

Von den 120.000,00 EUR kann die Preußenbank eG nur 117.600,00 EUR im Kreditgeschäft oder für eine andere Anlage verwenden. Demzufolge müsste sie auch nur 117.600,00 EUR zu dem alternativen Marktzinssatz kalkulatorisch aufnehmen. Deshalb muss dieser Faktor wie folgt mit berücksichtigt werden:

Die Formel für dem angepassten GK-Zins lautet wie folgt:

GK-Zins -	MR-Satz (geteilt durch 100)	x (GK-Zins – MR-Zins)
4,5 -	0,02	x (4,5 – 3)

angepasster GK-Zins 4,47% p.a.

Der Zinskonditionenbeitrag beträgt bei einer Zinskonditionenmarge von 1,47% p.a.

441,00 EUR (120.000,00 EUR x 1,47% / 4)

Hinweis:
Wenn Sie in möglichen Aufgabenstellungen keinen entsprechenden Hinweis auf die Mindestreserve finden, gehen Sie immer davon aus, dass die Mindestreserve im GK-Zins schon berücksichtigt ist.

Die Barwertmethode

Das Grundkonzept der Marktzinsmethode weist folgende Nachteile auf:

- Es erfolgt keine automatische Koordination der Aktiv- und Passivpositionen im Sinne eines Bilanzstrukturmanagements, d.h. jedes Geschäft mit einem positiven Zinskonditionenbeitrag sollte realisiert werden, unabhängig von der Eigenkapitalbindung.
- Die Unvollkommenheit des Geld- und Kapitalmarktes wird unzureichend berücksichtigt. Es wird davon ausgegangen, dass jedes Alternativgeschäft bzw. Gegengeschäft in beliebiger Höhe rasch realisiert werden kann.
- Gerade im variablen Bereich ist es problematisch, einen entsprechenden Vergleichszinssatz zu finden.
- Jedes Geschäft mit einem positiven ZKB wird realisiert und dem Profitcenter – Verantwortlichen gutgeschrieben, unabhängig von der Gesamtlaufzeit; d.h. ein Termingeld 1 Jahr mit einer Zinskonditionenmarge von 0,5% wird genauso gewichtet wie ein Hypothekendarlehen mit der gleichen Marge, aber einer Zinsbindung von 10 Jahren.

Gerade aus dem letzten Grund wurde das Barwertkonzept entwickelt, welches

- den Erfolg des Geschäftes über seine ganze Laufzeit anhand der einzelnen Zahlungsströme auf den Zeitpunkt des Vertragsabschlusses abzinst (abdiskontiert) und somit einen fiktiven Zahlungsmittelüberschuss oder -fehlbetrag bei Geschäftsabschluss ermittelt, der den Erfolg des einzelnen Geschäftes darstellt,
- als Vergleichsmaßstab für verschiedene Geschäfte dient und
- die Fristentransformation außen vor lässt.

DIE FORMEL ZUR ERMITTLUNG DES ABGEZINSTEN ZAHLUNGSBETRAGES LAUTET:

$$K0 = Kn \times q^{-n}$$

Dabei bedeuten	K0	= Gegenwartskapital
	Kn	= Endwert
	q^{-n}	= Abzinsungsfaktor wobei q = 1 + i
	i	= Zins

NUN SOLL FOLGENDES BEISPIEL MIT DER BARWERTMETHODE GERECHNET WERDEN. ES WIRD DAS GÄNGIGSTE VERFAHREN VERWENDET:

Dieses Verfahren weist folgende Merkmale auf:

- Jeder Zahlungsstrom des Kundengeschäftes wird mit einem Geschäft am Geld- und Kapitalmarkt belegt und somit ein ausgeglichener Zahlungsstrom je Jahr erreicht.
- Es werden hierfür entgegengesetzte Vorzeichen verwendet.
- Es wird mit dem längsten Zahlungsstrom begonnen.

Für folgendes Darlehen soll der Barwert berechnet werden:

100.000,00 EUR , endfällig, Laufzeit und Zinsbindung 4 Jahre, Zins 7,5% p.a., jährlich nachträgliche Zinszahlung.

Die Zinssätze p.a. am Geld- und Kapitalmarkt betragen:

1 Jahr: 6,18% 3 Jahre: 6,46%
2 Jahre: 6,35% 4 Jahre: 6,53%

t0	t1	t2	t3	t4	Abzinsungs-faktor
- 100.000,00	+ 7.500,00	+ 7.500,00	+ 7.500,00	+ 107.500,00	$1{,}0653^{-1}$
+100.910,54	- 6.589,46	- 6.589,46	- 6.589,46	- 107.500,00	
			+ 910,54	0	$1{,}0646^{-1}$
+ 855,29	- 55,25	- 55,25	- 910,54		
		+ 855,29	0		$1{,}0635^{-1}$
+ 804,22	- 51,07	- 855,29			
	+ 804,22	0			
+ 757,41	- 804,22				$1{,}0618^{-1}$
	0				

+ 3.327,46 Konditionsbarwert

Erläuterung:

Das Darlehen über 100.000,00 EUR wird im Jahr t0 ausgezahlt. In den Jahren t1 – t4 fließen jeweils 7.500,00 EUR Zinszahlungen an das Kreditinstitut. Im Jahr t4 wird das Darlehen komplett zurückgezahlt.

In den jeweiligen Jahren entstehen Einzahlungsüberschüsse. Diese müssen nach dem Grundgedanken der Barwertmethode „geschlossen" werden. Dies geschieht durch die Aufnahme des abgezinsten Betrages am Geld- und Kapitalmarkt (bei einer Einlage wird das Geld angelegt). Im Jahr t4 wird eine Auszahlung von 107.500,00 EUR benötigt. Dies geschieht durch die Aufnahme von 100.910,54 EUR im Jahr t0 (107.500,00 EUR x $1{,}0653^{-1}$). Im Jahr t3 liegt ein Zahlungsmittelüberschuss von 910,54 EUR vor. Dieser wird wieder durch eine Geldaufnahme in t0 von 855,29 EUR geschlossen. Die Geldaufnahmen stellen Einzahlungen dar. So kann der Barwert in Form von Einzahlungsüberschüssen im Jahr t0 ermittelt werden. Da die Zinszahlungen auf konstanter Kapitalbasis jährlich nachträglich verrechnet werden, beträgt die Jahresangabe im Abzinsungsfaktor immer 1.

Zusammenfassend kann man festhalten, dass die Barwertmethode eine Ergänzung zum Grundkonzept der Marktzinsmethode ist.

Es können komplexe Geschäfte miteinander verglichen werden und festgestellt werden, welches den höheren Zahlungsmittelüberschuss hat und somit das günstigere Geschäft ist.

Auch im Passivgeschäft kann die Barwertmethode angewendet werden. Hierbei ist jedoch zu beachten, dass eine mögliche Mindestreserveverpflichtung auch hierbei zu einer Korrektur des Marktzinssatzes führt.

BERECHNEN SIE NUN FÜR FOLGENDES PASSIVGESCHÄFT DEN KONDITIONSBARWERT:

Festgeld
Volumen: 100.000,00 EUR, Laufzeit: 2 Jahre, Zinssatz: 2,5% p.a.

Zinssätze am GK-Markt: 1 Jahr: 2,9% p.a.
2 Jahre: 3,5% p.a.

Durchschnittlicher Zinssatz für Hauptrefinanzierungsgeschäfte der EZB: 2,0% p.a.

t0	t1	t2	Abzinsungs-faktoren
+100.000,00 EUR	-2.500,00 EUR	-102.500,00 EUR	

18 Die Kalkulation im Betriebsbereich

Lernziele
Sie werden den Aufbau der Kostenstellenrechnung erläutern können. Ihnen ist der Betriebsabrechnungsbogen einer Bank bekannt. Sie werden die verschiedenen Verfahren der Stückkostenrechnung darstellen können. Ihnen ist die Standard-Einzelkostenrechnung bekannt.

18.1 Kostenstellenrechnung

Im Rahmen der Kostenstellenrechnung findet die Wirtschaftlichkeitskontrolle statt.

Anders als bei Industrieunternehmen werden hier die Einzelkosten und die Gemeinkosten auf die Kostenstellen verteilt und somit die Kosten je Stellenleistung erfasst. Kosten je Stellenleistung heißt hier: Die Kosten, die eine Kostenstelle für die Leistungserstellung verursacht hat. Die Stückleistung/Betriebsleistung des Betriebsbereiches kann sich aus mehreren Stellenleistungen zusammensetzen (z.B. Leistungen des Kreditbereiches, der Expedition, der EDV).

Grundlage der Kostenstellenrechnung ist der Betriebsabrechnungsbogen. Er ist wie folgt aufgebaut:

	Allgemeine Kostenstellen	Hauptkostenstellen (Marktbezogen)	Hilfskostenstellen
Einzelkosten			
Gemeinkosten			

Bei der Bildung von Kostenstellen sind u.a. folgende Aspekte zu beachten:

- Es sollen nicht zu viele Kostenstellen gebildet werden.
- Die Leistungen innerhalb einer Kostenstelle sollen gleichartig sein.
- Eine Kostenstelle soll einem Verantwortungsbereich zugeordnet sein.

Die Einzelkosten und die Gemeinkosten werden auf die 3 Bereiche verteilt. Anschließend werden die Kosten der Allgemeinen Kostenstellen und der Hilfskostenstellen auf die Hauptkostenstellen umgelegt und somit die Kosten je Hauptkostenstelle ermittelt.

Anschließend können folgende Vergleiche vorgenommen werden:

- Soll-Ist-Vergleiche, um Kostenüberschreitungen zu ermitteln,
- Betriebsvergleiche und
- Zeitvergleiche.

Die Kostenstellenrechnung weist folgende Probleme auf:

- Eine entsprechende Schlüsselung der Gemeinkosten ist schwierig, zum Teil willkürlich und Genauigkeit geht somit verloren.

Die Ergebnisse der Kostenstellenrechnung werden in der Stückkostenrechnung entsprechend weiter verarbeitet.

18.2 Stückkostenrechnung

Im Rahmen der Stückkostenrechnung sollen die Kosten je Stückleistung (Stückkosten) ermittelt werden.

Die Stückleistung stellt den Betriebsbereich der Marktleistung dar. Sie wird anhand der Stellenleistungen der jeweiligen Hauptkostenstellen unter Berücksichtigung der Stellenleistungen der allgemeinen Kostenstellen und Hilfskostenstellen ermittelt. Zu diesem Zweck sind die Kosten der Hilfskostenstellen und allgemeinen Kostenstellen auf die Hauptkostenstellen umgelegt worden.

In der Literatur kommt es häufig vor, dass der Begriff Stückleistung und Marktleistung in diesem Sinne gleich bedeutend verwendet wird, da es sich hierbei um bereits abgesetzte Bankleistungen handelt, an deren Realisierung der Betriebsbereich beteiligt war.

Im Rahmen der traditionellen Stückkostenrechnung unterscheidet man zwei gängige Verfahren:

- Divisionsverfahren
- Äquivalenzziffernverfahren

Beim Divisionsverfahren ermittelt man die Stückkosten, indem man die Anzahl der Gesamtkosten je Hauptkostenstelle durch die Geschäftsvorfälle dividiert.

Beim Äquivalenzziffernverfahren wird der Faktor „Arbeitsaufwand“ mit berücksichtigt. Dies geschieht durch die Bildung von Äquivalenzziffern.

KOSTENSTELLE: REISEDEVISEN, SORTEN UND GOLD; GESAMTKOSTEN 500.000,00 EUR

Geschäfts-vorfälle	Anzahl Geschäfts-vorfälle	Äquiva-lenzziffer	Leistungs-einheiten	Kostenanteil	Stückkosten
Kundenkäufe und Verkäufe in Sorten	90.000	1,0	90.000	182.260,02 EUR	2,03 EUR
Kundenkäufe und Verkäufe in Gold	10.000	2,0	20.000	40.502,23 EUR	4,05 EUR
Kundenkäufe in Reisedevisen	35.000	3,5	122.500	248.076,14 EUR	7,09 EUR
Kundenver-käufe in Reise-devisen	8.000	1,8	14.400	29.161,60 EUR	3,65 EUR
Summe:			**246.900**	**500.000,00 EUR**	**2,03 EUR**

Durch die Äquivalenzziffer sind Leistungseinheiten ermittelt worden. Diese Leistungseinheiten wurden ins Verhältnis zu den Gesamtkosten gesetzt und der Kostenanteil ermittelt. Die Kosten dividiert durch die Geschäftsvorfälle ergeben die Stückkosten für die einzelnen Stückleistungen. Die oben aufgeführten Stückleistungen ergeben jeweils eigenständige Marktleistungen.

Da beide oben genannten Verfahren ihre Nachteile hinsichtlich der genauen Kostenzuordnung haben, wurde die Standard-Einzelkostenrechnung entwickelt.

Die Standard-Einzelkostenrechnung verteilt nur die Einzelkosten, also die direkt zurechenbaren Betriebskosten, auf die Kostenstellen und verzichtet auf eine Umlage der Gemeinkosten.

Dieser Schritt in die Teilkostenrechnung vereinfacht die Kalkulation erheblich, da nun die „richtigen“ Kosten zugeordnet werden können und die Gemeinkosten aus dem gesamten Deckungsbeitrag getragen werden müssen.

DIE STANDARD-EINZELKOSTENRECHNUNG ERFOLGT IN FOLGENDEN SCHRITTEN:

1. Schritt
   - Zuordnung der Einzelkosten auf die Kostenstellen.
   - Ermittlung der Einzelkosten je Kostenstelle.
   - Ermittlung der monatlichen Kapazität in Sekunden pro Kostenstelle (z.B. gesamte Arbeitszeit aller Mitarbeiter in der Kostenstelle in Sekunden pro Monat).
   - Ermittlung der Einzelkosten je Sekunde pro Kostenstelle.

2. Schritt ➢ Ermittlung der Standardbearbeitungszeiten in Sekunden.

3. Schritt ➢ Ermittlung der Einzelkosten je Leistungseinheit pro Kostenstelle, die an der Leistungserstellung beteiligt ist.

Einzelkosten je Sekunde x Bearbeitungszeit in Sekunden

4. Schritt ➢ Einhaltung der Standardbearbeitungszeiten – Überprüfung der Auslastung.

5. Schritt ➢ Ermittlung der Einzelkosten je Stückleistung/Betriebsleistung durch Addition der Einzelkosten je Leistungseinheit aller beteiligten Kostenstellen.

19 Das integrierte Kostenrechnungs-system

Lernziele
Sie werden die wesentlichen Elemente des internen Kostenrechnungssystems erläutern können und darstellen, welche Auswertungsdimensionen es gibt. Ihnen wird bekannt, wie sich die verschiedenen Kalkulationsmethoden ergänzen und in diesem System zusammengeführt werden, um die Zusammensetzung des Reingewinnes zu ermitteln. Sie werden die Geschäftsartenrechnung, Konten- und Kundenkalkulation sowie die Geschäftsstellenrechnung durchführen können.

19.1 Einleitung

Die in der Gesamtbetriebskalkulation ermittelten Kosten und Erlöse werden in der Teilzinsspannenrechnung für den Wertbereich und in der Stückkostenrechnung für den Betriebsbereich in Komponenten zerlegt, die eine unter kostenrechnerischen Gesichtspunkten sinnvolle Kalkulation ermöglicht. Diese Ergebnisse finden ihren Niederschlag in den Auswertungsdimensionen:

- Geschäftsartenrechnung,
- Kundenkalkulation und
- Geschäftsstellenrechnung.

Durch diese drei Rechenarten ist es möglich, eine zielgerichtete Steuerung der Ergebnisbeiträge einzelner Kalkulationsobjekte vorzunehmen.

Voraussetzung für die Arbeit im integrierten Kostenrechnungssystem sind einheitliche Kalkulationsmethoden, die den Wertbereich und den Betriebsbereich umfassen:

Wertbereich	Betriebsbereich
➢ Marktzinsmethode ➢ Standard-Risikokostenrechnung - kalkulatorische Wagnisse im Kreditgeschäft **Basis:** Durchschnittszinsertragsbilanz	➢ Standard-Einzelkostenrechnung

Sehen Sie sich an dieser Stelle bitte nochmals die Übersicht auf Seite 159 an und versuchen, die eben dargestellten Ausführungen nachzuvollziehen.

In dieser Rechnung wird immer mit Deckungsbeiträgen gerechnet.

Je Kalkulationsobjekt werden den Erlösen die direkt zurechenbaren Kosten (Einzelkosten) gegenübergestellt. Anders als in der Industrie verzichtet man hier auf die Zurechnung der variablen Kosten, da der überwiegende Anteil der Kosten im Bankbetrieb Fixkosten sind und somit ein aussagefähiges Ergebnis nicht erreicht werden kann.

In der Praxis gibt es kein einheitliches System der Deckungsbeitragsrechnung. Jedes Institut entwickelt entsprechend des Bedarfs und der Größe eigene Rechenstufen und Rechentiefen. Der Grundaufbau ist jedoch weitgehend identisch.

Man beginnt mit der kleinsten Einheit, also dem kleinsten Kalkulationsobjekt. Es handelt sich hierbei um den einzelnen Geschäftsabschluss bzw. um das abgesetzte Produkt.

Wichtig:

Auch bei Passivprodukten entstehen im Sinne dieser Kalkulation Erlöse in Form des Zinskonditionenbeitrages, der gemäß der Marktzinsmethode ermittelt wurde.

Mit der nachfolgenden Systematik kann man den kleinsten gemeinsamen Nenner für jede Auswertungsdimension anhand eines Geschäftsabschlusses ermitteln.

	Zinskonditionenbeitrag (aktiv oder passiv)
-	Standard-Risikokosten (bei Aktivgeschäften)
-	Standard-Betriebskosten (Basis: verrechnete Standard-Einzelkosten, ggf. unterteilt in Vertrieb und Zentrale)
+	Provisionsergebnis
=	**Marktergebnis oder Deckungsbeitrag oder auch Ergebnisbeitrag genannt**

In dieser Rechnung sind alle auf ein Produkt direkt zurechenbaren Erlöse und Kosten enthalten.

Das Marktergebnis aller betreffenden Geschäftsabschlüsse kann nun analysiert und wieder zu aggregierten Größen in den anderen Auswertungsdimensionen zusammengefasst werden. Das Bankmanagement interessiert sich z.B. für:

I.
das Marktergebnis einer Produkt- bzw. Geschäftsart (z.B. Konsumentenkredite)

das Marktergebnis einer Produkt- bzw. Geschäftsgruppe (z.B. Standardisierte Privatkredite)

das Marktergebnis einer Produkt- bzw. Geschäftssparte (z.B. Kreditgeschäft)

II.
das Marktergebnis einer Kundenverbindung

das Marktergebnis einer Kundengruppe (z.B. Standardprivatkunden)

das Marktergebnis einer Kundensparte (z.B. Privatkunden)

III.
das Marktergebnis einer Geschäftsstelle/Filiale

das Marktergebnis eines Filialbezirks

Da es sich um die gleichen Werte handelt, ergibt sich aus der Addition aller Einzelgeschäfte einer Rubrik (I-III) immer das Marktergebnis der Gesamtbank, jedoch ohne Berücksichtigung produktübergreifender Kosten, die je nach Aggregationsstufe hinzugerechnet werden müssen, um zu erreichen, dass das Gesamtergebnis richtig dargestellt wird.

Da das einzelne Produkt bzw. der Geschäftsabschluss am Anfang der Auswertungskette steht, ist es zunächst erforderlich, dass man sich der Produktkalkulation widmet. Denn nur wenn die Produkte entsprechend kalkuliert sind, kommt man zu zufrieden stellenden Aussagen.

19.2 Geschäftsartenrechnung – Produktkalkulation

Es ist Aufgabe der Produktkalkulation, die einen wesentlichen Teil der Geschäftsartenrechnung darstellt, Preisuntergrenzen und Preisobergrenzen unter Berücksichtigung direkt zurechenbarer Kosten und Erlöse festzulegen, die grundsätzlich nicht unterschritten bzw. überschritten werden sollen.

Sie stellen dann die so genannte Standardkondition dar, die Sie sicherlich anhand von Konditionstableaus kennen. Doch welche Positionen müssen nun mit kalkuliert werden?

	Aktivgeschäft		**Passivgeschäft**
	GK-Satz		GK-Satz
+	Risikokosten (Basis: Standard-Risikokostenrechnung)	-	Bearbeitungskosten (Basis: Standard-Einzelkostenrechnung)
+	Bearbeitungskosten (Basis: Standard-Einzelkostenrechnung)	-	Mindestreservekosten (sofern nicht im GK-Satz berücksichtigt)
+	Eigenkapitalverzinsung (Verzinsungsanspruch des im Aktivgeschäft gebundenen Eigenkapitals)	-	Marge (zur Deckung der Gemeinkosten sowie als zusätzlicher Gewinnanspruch)
+	Marge (zur Deckung der Gemeinkosten sowie als Verzinsung des ökonomischen Kapitals und als zusätzlicher Gewinnanspruch)		
	Preisuntergrenze im Aktivgeschäft		**Preisobergrenze im Passivgeschäft**

Anhand dieser zuvor vorgenommenen Kalkulation kann nun für jeden Geschäftsabschluss bzw. Produktverkauf das Marktergebnis ermittelt werden.

Die obigen Bearbeitungskosten und Risikokosten sind pauschal ermittelte Größen, die z.B. nicht zwischen der Bearbeitung eines Neugeschäftes und des späteren Bestandsgeschäftes unterscheiden sowie zukünftige Bonitätsänderungen außer Acht lassen.

In Abhängigkeit vom jeweiligen Geschäft kann es deshalb zu anderen Werten in der Bewertung des Geschäftsabschlusses kommen, da die Ermittlung der Standardkondition immer nur einen pauschalen Durchschnittsansatz vorsieht.

BEISPIEL:

Es soll die Standardkondition eines Baudarlehens bis 60% vom Beleihungswert kalkuliert werden. Zinsbindung 10 Jahre.

Folgende Werte aus der internen Kalkulation liegen vor:

GK-Zins:	6,0% p.a.
Bearbeitungskosten:	0,2% p.a.
Eigenkapitalverzinsung:	0,2% p.a.
Risikokosten:	0,1% p.a.
Marge:	0,4% p.a.
Standardkondition:	*6,9% p.a. effektiv*

Nun hat der Kundenberater einen Geschäftsabschluss zu 7,2% p.a. effektiv, Volumen 100 TEUR getätigt.

Ermittlung des Marktergebnisses für dieses Geschäft p.a.:

Zinskonditionenbeitrag:

7,2% - 6% = 1,2% Zinskonditionenmarge x 100 TEUR =	1.200 EUR
- Standard-Bearbeitungskosten/Standard-Betriebskosten:	200 EUR
- Standard-Risikokosten:	100 EUR
Marktergebnis (da kein Provisionsergebnis vorhanden):	*900 EUR*

Hinweis:
Hier wurde unterstellt, dass die 100 TEUR übers Jahr konstant in den Büchern waren; dass die Standard-Bearbeitungskosten bzw. Standard-Betriebskosten und Standard-Risikokosten den kalkulierten Standardwerten gem. Produktkalkulation entsprechen.

Die jeweiligen Standard-Bearbeitungskosten/Standard-Betriebskosten sind in der EDV bei der einzelnen Geschäftsart hinterlegt, sodass hier immer ein aktueller Zugriff erfolgen kann. Diese Zugriffsmöglichkeit beinhaltet die Kosten für den jeweiligen Vertragsstatus. So sind die Standard-Bearbeitungskosten/Standard-Betriebskosten für ein Kreditengagement im zweiten Jahr nach der Valutierung geringer als bei seiner Gewährung.

Die einzelnen Geschäftsabschlüsse können nun zur Geschäftsartenrechnung zusammengefasst werden. Dabei werden, wie auf Seite 189 dargestellt, die Marktergebnisse einzelner Geschäftsabschlüsse u.a. zu Produktarten und Produktgruppen aggregiert.

Eigenkapitalverzinsung

Wie schon bei der Ermittlung der kalkulatorischen Kosten angesprochen, stellt die Eigenkapitalverzinsung eine wichtige Vergleichskomponente dar. Die Anteilseigner möchten für das zur Verfügung gestellte Risikokapital eine entsprechende „Verzinsung" erzielen.

Somit muss in die Kreditkondition dieser Aspekt schon mit eingebaut werden, da das Kreditgeschäft einen direkten Bezug zum Eigenkapital durch dessen Bindung zur Risikounterlegung herstellt. Zu unterscheiden sind hierbei grundsätzlich:

- die Verzinsung des gebundenen Eigenkapitals gem. SolvV oder
- die Verzinsung des ökonomischen Eigenkapitals.

Das ökonomische Eigenkapital beinhaltet eine weitgefasste Berücksichtigung von Eigenkapitalkomponenten, dessen Verzinsung aus dem Gesamtergebnis abgedeckt werden muss. Hiermit sollen dann u.a. außerplanmäßige Verluste, z.B. im Kreditgeschäft, gedeckt werden. In die Kalkulation geht diese Verzinsung nur durch eine entsprechend höhere Gewinnmargenanforderung ein.

An dieser Stelle sei jedoch erwähnt, dass es keine einheitliche Definition der Bestandteile des ökonomischen Kapitals gibt. Das ökonomische Kapital findet hauptsächlich Berücksichtigung im Risikomanagement.

Sollen mögliche Verzinsungsansprüche des Marktwertes des Eigenkapitals in der Kreditkondition berücksichtigt werden, so geschieht dies auch durch eine höhere Gewinnmargenanforderung.

Effektiv in der Konditionierung zu berücksichtigen ist demzufolge nur die Verzinsung des gebundenen Kapitals. Dabei wird i.d.R. vom Kernkapital ausgegangen, obgleich auch die Berücksichtigung von Ergänzungskapital möglich wäre, wie das nachstehende Beispiel zeigt. Wenn das Kernkapital nur aus dem gezeichneten Kapital und den Rücklagen besteht, so erfolgt gleichfalls die partielle Berücksichtigung der Verzinsung des bilanziellen Eigenkapitals.

BEISPIEL:

Ein Kredit, dessen risikogewichteter Positionswert 100 Geldeinheiten beträgt, bindet mind. 4 Geldeinheiten (4%) Kernkapital und max. 4 Geldeinheiten (4%) Ergänzungskapital.

Für das Kernkapital wird eine Verzinsung von 20% p.a. vor Steuer benötigt. Das Ergänzungskapital besteht überwiegend aus Genußrechten, deren Durchschnittszins 7% p.a. beträgt. Der Anlagenutzen des Eigenkapitals kann mit 5% p.a. angesetzt werden.

Somit kann für einen Kredit, in diesem Fall an ein Unternehmen der Bonitätsstufe 3 im KSA, der zu 100% als risikogewichteter Positionswert angerechnet wird, folgende Rechnung erstellt werden:

Kernkapital:	20% p.a. - Anlagenutzen =	15% p.a. Verzinsungsanspruch
Ergänzungskapital	7% p.a. - Anlagenutzen =	2% p.a. Verzinsungsanspruch

Aus den je 4 Geldeinheiten (4%) müssen nun folgende Werte erzielt werden:

4 * 15% p.a. =	0,60% p.a.
4 * 2% p.a. =	0,08% p.a.
Summe =	***0,68% p.a. sind in die Kondition mit einzuarbeiten.***

Dieser Satz ermäßigt sich bei einer Kreditanrechnung zu 50% auf 0,34% p.a., da nur die Hälfte des Eigenkapitals benötigt wird. Eine niedrigere Anrechnung ist möglich, wenn eine günstigere Bonitätsstufe (Stufe 2) erreicht werden kann.

Achten Sie bei Aufgabenstellungen bitte immer darauf, ob eine andere KK-Quote als 4% vorgegeben wird. Sollte z.B. eine KK-Quote von 6% angestrebt werden, so beträgt das zu berücksichtigende Ergänzungskapital 2%.

Standard-Risikokosten

Kreditausfälle sind wesentlicher Bestandteil des Kreditgeschäftes. Sie lassen sich nie vermeiden und müssen auf irgendeine Weise auch bei der Konditionsbestimmung mit einkalkuliert und bei der entsprechenden Auswertungsrechnung (insbesondere bei der Kundenkalkulation und Geschäftsstellenrechnung) berücksichtigt werden.

Hierfür hat sich der Begriff Standard-Risikokosten gebildet. Es soll eine differenzierte Auseinandersetzung mit den Risikokosten erfolgen. Pauschale Bewertungen sind für eine effiziente Kalkulation nicht geeignet.

Für die Ermittlung der Standard-Risikokosten sind z.B. folgende Komponenten zu berücksichtigen:

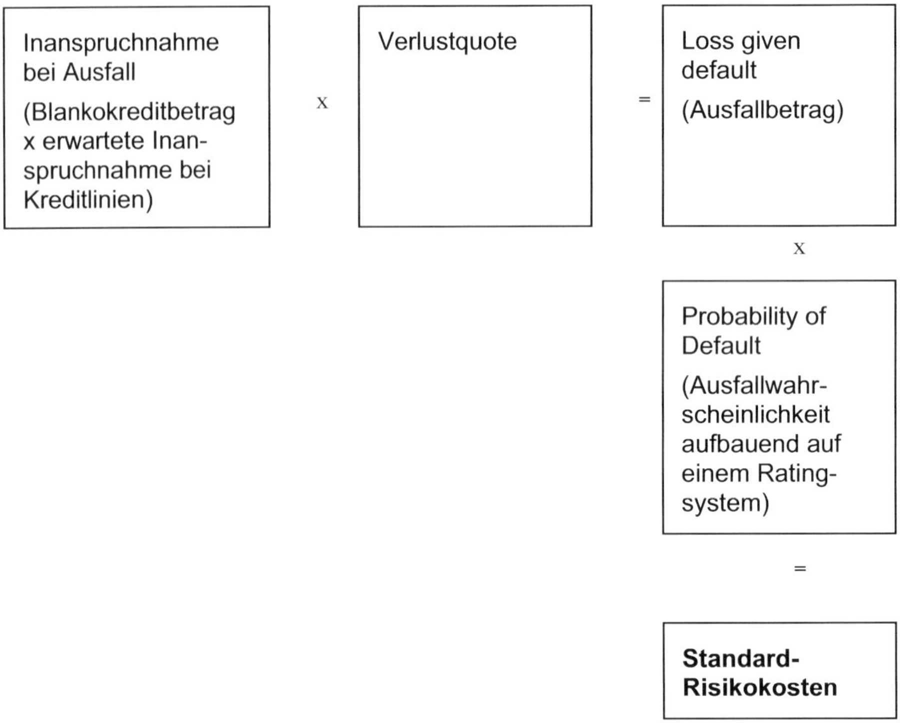

Folgende Schritte sind also anzustreben:

- Entwicklung eines Rating-/Scoringsystems auf Basis diverser Einzeldaten.
- Zuordnung der Kredite in eine Rating-/Scoringklasse.
- Ermittlung der Blankoanteile; d.h. vorher müssen die Sicherheitenwerte entsprechend konservativ angesetzt und den einzelnen Krediten zugeordnet werden.
- Ermittlung der durchschnittlichen Kreditausfallquoten in der Vergangenheit.
- Ermittlung von Ausfallwahrscheinlichkeiten in jeder Rating-Klasse.

Einen großen Teil der benötigten Information bekommt das Kreditinstitut aus der Vergangenheit, sofern es in der Lage ist, diese Daten zu rekonstruieren. Beim Ratingsystem kann man sich an den Ratingagenturen (Moody`s oder Standard & Poor`s) orientieren. So können dann für die Produktkalkulation Durchschnittswerte errechnet und in den Kreditzins mit eingearbeitet werden.

19.3 Kundenkalkulation und Geschäftsstellenrechnung

Wie schon ausgeführt, lassen sich die Marktergebnisse einzelner Geschäftsabschlüsse beliebig aggregieren.

Marktergebnisse einzelner:

Produkte → Kunden → Kundengruppen

z.B.
Darlehen
Konto

z.B.
Meyer, Alois

z.B. Standardprivatkunden

↓

Summe der Marktergebnisse aller Produkte bzw. Kunden einer Filiale

↓

Marktergebnis der Filiale

↓

Summe aller Marktergebnisse bestimmter Filialen

↓

Marktergebnis der Filialdirektion

↓

Summe aller Marktergebnisse der Filialdirektionen

↓

Marktergebnis der Gesamtbank

- Alle Marktergebnisse ohne produkt- bzw. dimensionsübergreifende Kosten -

Diese Marktergebnisse können anhand der ABC-Analyse weiter gehend analysiert werden.

Bei der ABC-Analyse soll aufgezeigt werden, welche Produkte oder Kunden (Kundengruppen) für die Bank besonders interessant sind, damit die Ressourcen entsprechend eingesetzt werden können.

Dabei geht es hauptsächlich um folgende Fragestellung:

- Welche Kunden/Kundengruppen – Produkte – Filialen/Geschäftsstellen tragen wie viel zum Ergebnis bei?

  Hier ist insbesondere der Vergleich einzelner Produkte/Kundengruppen/ Filialen für deren Steuerung von entscheidender Bedeutung!

Bezugsgrößen im Rahmen der ABC Analyse sind:

- Ertrag (hier in Form des Marktergebnisses),
- Mengen und
- Volumen.

Demzufolge können folgende Auswertungsrelationen gebildet werden:

Ergebnis/Volumen → Ergebnisbeiträge pro Geschäftsvolumeneinheit
Volumen/Menge → Volumenbeiträge pro Mengeneinheit
Ergebnis/Menge → Ergebnisbeiträge pro Mengeneinheit

Als Mengeneinheiten werden z.B. Kundenzahlen, Mitarbeiterzahlen etc. bezeichnet.

Die obigen Relationen sollen nun wie folgt anhand von Beispielen konkretisiert werden, wobei die Kategorien mit folgenden Aussagen belegt werden:

A: Überdurchschnittlich
B: Durchschnittlich
C: Unterdurchschnittlich

1) Ergebnis/Volumen

Die Preußenbank AG möchte ihr Kreditgeschäft anhand der ABC-Analyse betrachten. Es sind folgende Parameter gegeben:

Art	Anteil am Marktergebnis	Marktergebnis in Mio. EUR	Anteil am Volumen	Volumen in Mio. EUR	Relativer Anteil Marktergebnis am gesamten Volumen	Marktergebnis je Volumenseinheit
Projektkredite	50%	1,0	30%	75	0,40%	0,010
Baufinanzierungen	20%	0,4	30%	75	0,16%	0,005
Ratenkredite	30%	0,6	40%	100	0,24%	0,006
Summe	**100%**	**2,0**	**100%**	**250**	**0,80%**	

Der Aufbau der ABC-Analyse kann von Institut zu Institut unterschiedlich sein.

Im Wesentlichen geht es jedoch um die Verteilung des Marktergebnisses auf die einzelnen Produkte und deren Anteil am Volumen. Anhand dieser Übersicht kann man die Einteilung wie folgt vornehmen:

Projektkredite: A
Baufinanzierungen: C
Ratenkredite: B

Die Baufinanzierungen haben zwar bei einem Volumenanteil von 30% am gesamten Kreditvolumen einen entsprechenden Anteil, jedoch ist der Anteil am Marktergebnis wie auch je Volumeneinheit zu gering. Deshalb erfolgt hier die Einstufung nach C.

2) Volumen/Menge

Die Preußenbank AG möchte das Segment Privatkunden analysieren. Sie hat die Gewerbetreibenden dem Privatkundensegment zugeordnet.

Kunden	Durchschnittliches Volumen pro Kunden in EUR	Zahl der Kunden	Volumen in Mio. EUR absolut	Volumen zum Gesamtvolumen	Relativer Anteil der Kunden an den Gesamtkunden
Gewerbekunden	80.000	500	40,0	40,0%	10%
Standardprivatkunden	10.182	3.300	26,4	26,4%	66%
Anspruchsvolle Privatkunden	22.000	1.200	33,6	33,6%	24%
Summe		**5.000**	**100**	**100%**	**100%**

Anhand dieser Übersicht kann nachvollzogen werden, dass die Standardprivatkunden zwar den größten Anteil der Kunden stellen, jedoch den niedrigsten Volumenanteil sowohl absolut wie auch relativ am Gesamtvolumen haben.

Aus dieser Analyse kann man folgende Einteilung ableiten:

Gewerbekunden: A
Standardprivatkunden: C
Anspruchsvolle Privatkunden: B

3) Ergebnis/Mengen

Die Preußenbank AG möchte nun das Firmenkundengeschäft analysieren. Dabei hat sie folgende Einteilung vorgenommen:

Marktergebnis/Kunde	Kundenanzahl	Relativer Anteil der Kunden an Gesamtkunden	Relativer Anteil am Gesamtergebnis in %	Marktergebnis kumuliert in Mio. EUR
negativ	300	12%	-5%	- 0,125
0 – 30.000 EUR	1.400	56%	75%	1,875
mind. 30.001 EUR	800	32%	30%	0,750
Summe:	**2.500**	**100%**	**100%**	**2,500**

Bei dieser Darstellung sieht man, dass mit 56% der Kunden in der Stufe 0 – 30.000 EUR der größte Beitrag zum Marktergebnis geleistet wird. Ziel kann es z.B. sein, die Kunden mit mindestens 31.001 EUR Marktergebnis entsprechend auszubauen.

Anhand dieser einfachen Dreiteilung ist die Einteilung natürlich einfach:

negativ:	C
0-30.000 EUR	B
mindestens 30.001 EUR	A

Wenn das obige Raster noch Zwischenstufen enthalten würde, könnte eine differenziertere Einteilung in die Kategorien A-C vorgenommen werden.

Obwohl noch viele weitere Aggregations- und Analysemöglichkeiten bestehen, beschränken wir uns an dieser Stelle auf die Zusammenfassung der Marktergebnisse zur Kundenkalkulation und anschließend zur Geschäftsstellenrechnung.

Für die Ergebnisbeiträge einzelner Kunden bzw. Filialen können konkrete Personen verantwortlich gemacht werden. Bei den Kunden ist es der jeweilige Profitcenter-Verantwortliche und bei den Filialen der Filialleiter.

Je nach Aggregationsstufe kommen jedoch weitere Kostenbestandteile hinzu, die bezogen auf den einzelnen Geschäftsabschluss bzw. auf die jeweilige Vorstufe des betrachteten Kalkulationsobjektes Gemeinkosten sind, bezogen auf das jeweilige Kalkulationsobjekt jedoch Einzelkosten darstellen und somit berücksichtigt werden müssen. Diese Kosten nennt man produkt- bzw. dimensionsübergreifende Kosten.

Sie stellen i.d.R. Standard-Betriebskosten dar bzw. können auch bei bestimmten Aggregationsstufen als Ist-Betriebskosten angesetzt werden, wenn nicht die gesamte Leistungserstellung in standardisierte Prozesse untergliedert ist.

Dabei handelt es sich zum Beispiel:

Profitcenter (PC):	nicht in den Standard-Betriebskosten des Geschäftsabschlusses enthaltene Personalkosten des Beraters
Filialen:	nicht in den Standard-Betriebskosten der Profitcenter enthaltene Personalkosten des Filialleiters, Miete etc.
Filialbereiche:	Kosten des Filialdirektors und seiner Assistentin

Diese Kosten können jedoch den einzelnen Kalkulationsobjekten direkt auf der jeweiligen Ebene zugeordnet werden.

Insoweit ergeben sich in der Queraddition der Marktergebnisse natürlich Unterschiede, die erst auf der Gesamtbankebene aufgehoben werden.

BEHANDLUNG VON PRODUKT- BZW. DIMENSIONSÜBERGREIFENDEN STANDARD-BETRIEBSKOSTEN / IST-BETRIEBSKOSTEN:

Marktergebnis der Produkte Baudarlehen und Sichteinlage des Kunden Meyer

Marktergebnis des Kunden Meyer des Kundenberaters Schulze

Alle Marktergebnisse der Kunden des Kundenberaters Schulze
unter Berücksichtigung zusätzlicher Standard-Betriebskosten bzw. Ist-Betriebskosten des PC Schulze

Marktergebnis des PC Schulze in der Filiale Steglitz

Alle Marktergebnisse der Kundenberater der Filiale Steglitz
unter Berücksichtigung zusätzlicher Standard-Betriebskosten bzw. Ist-Betriebskosten der Filiale Steglitz

Marktergebnis der Filiale Steglitz – weitere Aggregation bis zum Gesamtergebnis möglich.

Je nach Stufe können ebenfalls noch die Eigenkapitalverzinsung eines Kunden, der Kundengruppe bzw. der Geschäftsstelle ermittelt werden. Dies erscheint jedoch nicht immer sachgerecht.

Zu einer effizienten Steuerung der Filialen und somit auch der Kundenbeziehungen ist es erforderlich, die bisher mit Standardkosten - sowohl Standard-Betriebskosten (Unterteilung in Kosten Filiale/Zentrale) als auch Standard-Risikokosten - belegten Kalkulationsobjekte nun vollständig mit den Istkosten zu konfrontieren, um den Abgleich zum erwirtschafteten, nach außen auszuweisenden Reingewinn vor Steuern vom Einkommen und Ertrag herzustellen.

Dies ist u.a. deshalb erforderlich, da die Standard-Betriebskosten bei einem einzelnen Geschäftsabschluss auf Basis der Standard-Einzelkostenmethode ermittelt wurden, die durch den Planungsbezug von den tatsächlich anfallenden Kosten abweichen können.

Deshalb werden die Marktergebnisse der Filialen, denn nur dort kann das Ergebnis effektiv gesteuert werden, um folgende Komponenten erweitert:

Risikoergebnis	**Produktivitätsergebnis**
Standard-Risikokosten - Ist-Risikokosten	Standard-Betriebskosten - Ist-Betriebskosten

Somit wird der Standardansatz eliminiert und komplett mit den Istkosten gearbeitet, um den tatsächlichen Erfolg einer Geschäftseinheit zum Reingewinn zu ermitteln.

Nun kommt man durch eine komplette Aggregation zum Kundengeschäftsergebnis und kann daraus unter Berücksichtigung der restlichen zentralen Komponenten dem Zentralergebnis, den Overhead-Kosten, den sonstigen betrieblichen Aufwendungen und Erträgen und dem a.o. Ergebnis den Reingewinn vor Steuern vom Einkommen und Ertrag der Gesamtbank ermitteln, der entsprechend geplant und gesteuert wird.

Wichtig:

Auf der Internetseite zu diesem Buch finden Sie noch eine detaillierte Übersicht zu dieser Thematik.

Nur mit dieser Rechensystematik ist es möglich, die einzelnen Erfolgsdimensionen zu analysieren und anschließend wieder zur globalen Zielgröße zusammenzufassen. Ohne das Instrument der Bankkostenrechnung wäre die gezielte Steuerung dieser Größe nicht möglich.

Mit diesem System können nun die Ziele einzelner Geschäftseinheiten geplant werden. Dies geschieht jährlich im Rahmen der Bottom-UP und Top-Down - Planung. Es werden u.a. Volumen, Zinskonditionenbeiträge, Standard-Betriebskosten und Standard-Risikokosten geplant, deren Einhaltung bzw. Zielerreichung regelmäßig überprüft werden muss.

Diesen Prozess nennt man operative Planung. Diese Planung ist zum einen ein Instrument der Bankpolitik, zum anderen Teil des internen Rechnungswesens. Somit wird deutlich, dass zwischen der Bankkostenrechnung und der Planung ein enger Zusammenhang besteht.

20 Aufgaben und Fälle

20.1 Standard-Einzelkostenrechnung

Die Preußenbank eG plant, die Kalkulation der Betriebskosten der von ihr angebotenen Bankleistungen in Zukunft auf der Basis einer Standard-Einzelkostenrechnung durchzuführen.

Sie werden gebeten, die Vorzüge dieser Kalkulationsmethode am Beispiel der Bankleistung **Bearbeitung eines Barschecks** zu demonstrieren.

1. Nennen Sie die wesentlichen Kritikpunkte an der traditionellen Bankkostenrechnung und erläutern Sie die Grundprinzipien der Standard-Einzelkostenrechnung!

2. Skizzieren Sie die Ablaufstufen der Standard-Einzelkostenrechnung!

3. Sie haben nun mittels intensiver Ablaufstudien und Zeitmessungen die zur Erstellung dieser Bankleistung notwendigen Arbeitsschritte mit den dazugehörigen durchschnittlichen Bearbeitungszeiten sowie den beteiligten Kostenstellen ermittelt und in der nachstehenden Abbildung zusammengestellt:

Standardbearbeitungszeiten in Sekunden

Teilleistung / Kostenstellen:	**Kasse**	**Scheckbearb.**	**Expedition**	**EDV**
Entgegennahme und formelle Prüfung des Schecks:	7			
Deckungsprüfung/Unterschriftsprüfung:	59			
Auszahlung:	18			

Teilleistung / Kostenstellen:

	Kasse	Scheckbearb.	Expedition	EDV
Sammeltransport der Schecks zur zentralen Abwicklungsstelle in Potsdam:			1.800	
Formularprüfung:		12		
Vorsortieren des Schecks:		8		
Maschinelle Erfassung und Verfilmung des Schecks:				0,12
Sammeltransport ins Archiv:			360	

Der von Mitarbeitern der Expedition durchgeführte Transport der Barschecks erfolgt gemeinsam mit Verrechnungsschecks, Überweisungen und Lastschriften.

Die in den betroffenen Kostenstellen monatlich anfallenden **Einzelkosten** sind wie folgt dargestellt:

Alle Beträge in EUR

	Kasse:	Scheckbearbeitung:	EDV:
Personalkosten:	7.500,00	18.326,00	3.812,00
Sachkosten:	2.470,00	4.350,00	80.788,00
Summe:	**9.970,00**	**22.676,00**	**84.600,00**

Die monatliche Maximalkapazität der beteiligten Kostenstellen stellt sich wie folgt dar:

Kasse:	450 Stunden
Scheckbearbeitung:	1.100 Sunden
Expedition:	960 Stunden
EDV:	210 Stunden (max. Betriebszeit)

Ermitteln Sie auf Basis der obigen Angaben die Standard-Einzelkosten der Betriebsleistung Bearbeitung eines Barschecks!

20.2 Standard-Risikokosten

DAS ENGAGEMENT MÜLLER GMBH

Kreditnehmer Müller GmbH verfügt über eine KK-Linie von 100 TEUR, die zurzeit mit 90 TEUR in Anspruch genommen ist. Die Preußenbank eG rechnet grundsätzlich immer mit der vollen Linienbeanspruchung, da Überziehungen nicht zugelassen werden. Die Müller GmbH wurde mit einem Rating von 3 eingewertet. Dies führt zu einer Ausfallwahrscheinlichkeit von 0,12%. Erfahrungen haben gezeigt, dass 85% der Blankoanteile uneinbringlich sind, wenn der Kreditausfall eintritt. Sicherheiten wurden keine gestellt.

Errechnen Sie anhand der Übersicht die Standard-Risikokosten für dieses Engagement.

Inanspruchnahme bei Ausfall (Blankokreditbetrag x erwartete Inanspruchnahme bei Kreditlinien)	x	Verlustquote	=	Loss given default = Ausfallbetrag
				x
				Probability of Default =Ausfallwahrscheinlichkeit aufbauend auf einem Ratingsystem
				=
				Standard-Risikokosten

20.3 Kundenkalkulation

Es liegen Ihnen aus der Produktkalkulation der Grundkreditbank von Preußen AG folgende Standardkonditionen vor:

Baudarlehen bis 80% vom Beleihungswert 7,6% p.a. eff. 10 Jahre fest	Gebührenfreies Girokonto Habenzins 0,5% p.a.
Basis GK-Zins: 6,3% p.a.	Basis GK-Zins: 3,5% p.a.

In dieser Konditionsgestaltung wurde Folgendes berücksichtigt:

Standard-Risikokosten: Eigenkapitalverzinsung:	0,20% 0,28%	Standard-Bearbeitungskosten: 0,2% MR wurde durch Anpassung des GK-Zinses berücksichtigt
Standard-Bearbeitungskosten: (gem. Standard-Einzelkosten-rechnung)	0,30%	

Der Kunde Fritz Müller hat in der Filiale Tempelhof ein Baudarlehen über 300 TEUR mit einem Beleihungsauslauf von 75% und einer Zinsbindung von 10 Jahren aufgenommen.
Das Darlehen ist endfällig und wird nach 30 Jahren aus einer bestehenden Lebensversicherung zurückgeführt. Sie gehen für das Jahr 2008 von einem Durchschnittsvolumen von 300 TEUR aus.

Die direkt zurechenbaren Kosten betragen:

Standard-Bearbeitungskosten: 300,00 EUR
davon 200,00 EUR für Leistungen der Zentrale
davon 100,00 EUR für Leistungen der Filiale

Standard-Risikokosten:
Rating 3; Sicherheitenbewertung bis 60% vom Beleihungswert als nachhaltig; Ausfallwahrscheinlichkeit 0,12%; Ausfallquote des Blankoanteils 90%

Der Kunde hat ebenfalls ein Girokonto mit einem durchschnittlichen Guthaben von 30 TEUR im Jahre 2008. Hierfür fallen Standard-Bearbeitungskosten von 60,00 EUR p.a. an, die sich wie folgt aufteilen:

Filiale:	30,00 EUR
Zentrale:	30,00 EUR

Errechnen Sie für das Jahr 2008 das Marktergebnis des Darlehens, des Girokontos und des Kunden Fritz Müller.

20.4 Kurzaufgaben

1. Erläutern Sie die formellen und materiellen Dimensionen des Bankcontrollings!
2. Definieren Sie den Begriff und die Aufgaben der Bankkalkulation!
3. Beschreiben Sie den Dualismus im Bankbetrieb!
4. Welche Instrumente der Bankkostenrechnung gibt es?
5. Unterscheiden Sie die Begriffe Kosten, Aufwand, Ertrag und Erlöse!
6. Beschreiben Sie den Aufbau der Gesamtbetriebskalkulation und der Gesamtzinsspannenrechnung!
7. Welche Punkte sind an der Schichtenbilanzmethode zu kritisieren?
8. Beschreiben Sie das Grundkonzept der Marktzinsmethode. Gehen Sie hierbei auf die Begriffe Strukturbeitrag und Zinskonditionenbeitrag ein!
9. Erläutern Sie das Vorgehen bei der Barwertmethode!
10. Wie wird die Mindestreserve bei der Marktzinsmethode berücksichtigt?
11. Beschreiben Sie die Stufen der Standard-Einzelkostenrechnung!
12. Unterscheiden Sie die Begriffe Stellenleistungen und Stückleistungen!
13. Definieren Sie den Begriff Marktergebnis!
14. Erläutern Sie den Aufbau eines modernen integrierten Kostenrechnungssystems!

20.5 Wiederholungsaufgaben

Marktzinsmethode

1. Erläutern Sie zwei Vorteile des Barwertkonzepts gegenüber der Standardvariante der Marktzinsmethode.
2. Berechnen Sie den Barwert für folgendes Darlehen:

Darlehensbetrag:	100.000,00 EUR
Zinsen fest 2 Jahre:	5,50% p.a.
Gesamtlaufzeit:	2 Jahre, jährliche Tilgung 50.000,00 EUR nachschüssig
Marktzinssätze:	4,60% p.a. 1 Jahr
	4,80% p.a. 2 Jahre

Kundenkalkulation

Sie verhandeln als Kundenberater der Preußenbank eG mit der Müller GmbH über die Eröffnung einer Geschäftsbeziehung. Ihr Verhandlungspartner ist sehr konditionsbewusst. Aufgrund des Ratingergebnisses wird die Müller GmbH mit der BaFin-Bonitätsstufe 3 klassifiziert. Konkret geht es um folgende Geschäfte:

- Einräumung eines Kontokorrentkredites über 2 Mio. EUR; erwartete durchschnittliche Inanspruchnahme 1 Mio. EUR.
- Gewährung eines Festdarlehens über 3 Mio. EUR, endfällig, Zinszahlung jährlich nachträglich, Laufzeit und Zinsbindung 5 Jahre, besichert innerhalb 60% vom Beleihungswert.

Die Müller GmbH stellt folgende Kreditforderungen:

KK-Kredit:	7,50% p.a. effektiv
Darlehen:	5,80% p.a. effektiv

Der Controllingbereich gibt Ihnen folgende Werte vor:

Drei-Monats-Euribor:	3,50% p.a.
5 Jahresgeld unter Banken:	4,50% p.a.
Risikokosten:	0,25% p.a. für ungesicherte Kredite
	0,10% p.a. für gesicherte Kredite
Bearbeitungskosten:	2.000,00 EUR p.a.

Die EK-Verzinsung aus der Gesamtkundenverbindung sollte mind. 20% des gebundenen Kernkapitals betragen.

Führen Sie die Kundenkalkulation durch und entscheiden Sie, ob diese Geschäftsverbindung eingegangen werden soll.

BANKPOLITIK

21 Zielsystem im Bankgeschäft

Lernziele
Sie können das Oberziel Gewinnstreben beschreiben. Ihnen sind die weiteren finanziellen und nicht finanziellen Sicherungsziele bekannt. Ihnen werden die Begriffe Eigenkapitalrentabilität, strukturelle Gewinnbedarfsplanung und Shareholder Value dargestellt.

21.1 Einleitung

Zu Beginn ist es notwendig, dass der abstrakte Begriff Bankpolitik erläutert wird.

Unter Bankpolitik versteht man die Summe aller Maßnahmen, um unter Beachtung von internen und externen Beschränkungen die gesetzten Ziele zu erreichen.

Bankpolitik ist oberstes Element der Bankunternehmensführung. Eine reelle Unterscheidung gibt es jedoch nicht. Bankpolitik und Bankmanagement werden im Folgenden gleichgestellt, da es sich um einen prozessorientierten Ansatz der Unternehmensführung handelt.

In den nachfolgenden Ausführungen steht beim Begriff Management der funktionale und nicht der institutionelle Ansatz im Mittelpunkt.

Management ist ein Komplex von Steuerungsaufgaben, die bei der Leistungserstellung und –sicherung in einem arbeitsteiligen System erbracht werden müssen.

Die obige Definition zur Bankpolitik wirft folgende Fragestellungen auf, die im Folgenden geklärt werden:

Zieldefinition:	Welche Ziele gibt es?
Beschränkungen:	Welche internen und externen Beschränkungen gibt es?
Maßnahmen:	Wie werden die zu ergreifenden Maßnahmen geplant, organisiert und anschließend durchgeführt? Welche Instrumente stehen dem Bankmanagement zur Verfügung?

BITTE BEACHTEN SIE:

Unternehmenskultur/-leitsätze sowie Personalentwicklung sind zwar auch Bestandteile der Bankpolitik, werden im Folgenden jedoch nicht intensiver betrachtet. Es erfolgt hier die konsequente Ausrichtung und Betrachtung aller Aspekte auf den Ertrag und die ertragsorientierte Steuerung. Dabei müssen jedoch auch die jeweiligen Risiken berücksichtigt werden. In diesem Zusammenhang wird auf die materielle Komponente des Bankcontrollings zurückgegriffen (Siehe Seite 147 und 148).

Auf der Internetseite zum Buch finden Sie noch eine globale Übersicht.

DAS ZIELSYSTEM DER BANKPOLITIK KANN WIE FOLGT DARGESTELLT WERDEN:

Grundauftrag:
- Förderauftrag
- Gemeinnützigkeit
- Gewinnmaximierung

Oberziel:

Gewinnstreben – Erzielung eines angemessenen bzw. maximalen Gewinns unter Berücksichtigung von Wachstumszielen

finanzielle Sicherungsziele:		nicht finanzielle Sicherungsziele:
- Liquidität - Eigenkapitalerhaltung - Bilanzstrukturnormen	*Die Sicherungsziele sind neben dem Oberziel ebenfalls zu berücksichtigen und stellen weitere Bausteine im Zielsystem dar!*	- Image - Selbstständigkeit - Produktqualität - Kundenzufriedenheit

Folgende ausgewählte Nebenbedingungen bzw. Beschränkungen sind zu beachten:

intern:	extern:
EDV	EZB
Personal	Wirtschaftspolitik

Der Gemeinnützigkeitsauftrag der öffentlich-rechtlichen Sparkassen sowie der Förderauftrag der Genossenschaftsbanken widerspricht nicht dem abgeleiteten Oberziel „Gewinnstreben“.

Im Rahmen der immer weiter steigenden Eigenmittelanforderungen müssen auch diese Kreditinstitute einen angemessenen Gewinn erwirtschaften, um zum einen die dauerhafte Existenz zu gewährleisten und zum anderen durch Gewinnthesaurierung intern die notwendigen Voraussetzungen für Wachstum und somit auch für steigende Erträge zu legen.

21.2 Die Eigenkapitalrentabilität als Messgröße für den Gesamterfolg

Nachdem festgestellt worden ist, dass Gewinnstreben und somit die Erzielung eines angemessenen Gewinns in allen Institutsarten das Oberziel der geschäftlichen Aktivitäten ist, stellt sich die Frage, anhand welcher Kriterien die Zielerreichung gemessen und das Ergebnis (Reingewinn) gesteuert werden kann.

Hauptparameter ist die Eigenkapitalrentabilität. Sie stellt die Verzinsung des von den Eigenkapitalgebern (Shareholder) zur Verfügung gestellten Eigenkapitals dar. Sie wird wie folgt ermittelt:

$$\frac{\text{Reingewinn} \quad \text{x} \quad 100}{\text{Eigenkapital}} = \text{Eigenkapitalrentabilität}$$

Die Eigenkapitalrentabilität kann vor Steuern vom Einkommen und Ertrag oder als Nachsteuergröße errechnet werden.

Nun ergeben sich jedoch aus dieser Formel einige unterschiedliche Definitionsansätze. Das Eigenkapital kann anhand von folgenden Werten bestimmt werden:

- bilanzielles Eigenkapital,
- aufsichtsrechtliches Eigenkapital,
- ökonomisches Kapital oder
- Marktwert des Eigenkapitals (Börsenwert).

Während die letzte Position unter dem Gedanken Shareholder Value eine besondere Rolle einnimmt, erscheint die Berechnung anhand des bilanziellen Eigenkapitals betriebswirtschaftlich sinnvoll zu sein. Das bilanzielle Eigenkapital besteht i.d.R. aus dem gezeichneten Kapital zzgl. offener Rücklagen.

Eine einheitliche Berechnungsgrundlage für die Eigenkapitalrendite gibt es demzufolge nicht.

Zentrales Instrument zur Steuerung dieser Größe und somit des Parameters Reingewinn, stellt das betriebliche Rechnungswesen dar. Hinsichtlich seiner Zusammensetzung verweise ich auf die Ausführungen zu den Themen „Bankkostenrechnung als zentrales Element des Bankcontrollings" und „Jahresabschluss der Kreditinstitute".

Die Ermittlung der Eigenkapitalrentabilität erfolgt nach außen hin mit den Daten und Ergebnissen des externen Rechnungswesens – der Bilanz und der Gewinn- und Verlustrechnung als Basis. Zur Steuerung dieser Größe wird jedoch auch das interne Rechnungswesen, insbesondere die Bankkostenrechnung, eingesetzt. Nur mit diesem Instrument kann eine Feinabstimmung der einzelnen, nach außen dargestellten Größen erfolgen. Banken die kein ausgebautes Bankkostenrechnungssystem einsetzen, müssen die Analyse und Steuerung anhand der Daten des externen Rechnungswesens vornehmen.

In den nachfolgenden Ausführungen soll aufgezeigt werden, wie eine erste Analyse und Planung der Eigenkapitalrentabilität anhand der Daten des externen Rechnungswesens erfolgen kann. Im Anschluss wird jedoch auch aufgezeigt, dass eine Überleitung zum internen Rechnungswesen, insbesondere zur Bankkostenrechnung, notwendig ist, um das Ergebnis laufend detailliert zu analysieren und effizient zu steuern. (Vgl. hierzu die Ausführungen auf Seite 147 - 149)

Im Vergleich zu anderen Banken und zur Beurteilung des Managements (hier im institutionellen Sinne) fällt der Eigenkapitalrentabilität als Beurteilungsmaßstab eine besondere Bedeutung zu.

Anhand des Shareholder Value Ansatzes wird in der Literatur häufig neben dem Reingewinn auch der ökonomische Gewinn verwendet. Er geht darauf ein, dass ein finanzieller Mehrwert für die Anteilseigner (Shareholder) erst entsteht, wenn der Reingewinn die geforderte Mindesteigenkapitalverzinsung übersteigt. Die Mindesteigenkapitalverzinsung orientiert sich an Renditen aus risikolosen Anleihen zzgl. Risikoaufschlag.

Es gilt folgende Rechnung:

	Reingewinn
-	Mindesteigenkapitalverzinsung (von den Shareholdern gefordert)
	Ökonomischer Gewinn bzw. Verlust

DIE EIGENKAPITALRENTABILITÄT KANN IM 3-PHASENMODELL BESTIMMT UND SOMIT DEFINIERT WERDEN:

1. Phase: Gleichgewichtsrentabilität

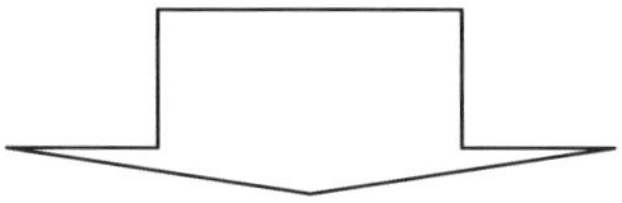

2. Phase: Erfüllung der Ansprüche der Anteilseigner vollumfänglich

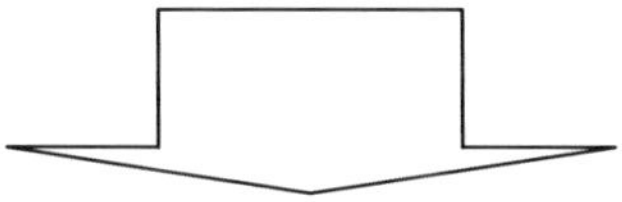

3. Phase: Orientierung an den besten Banken (Best Practice)

1. Phase: Gleichgewichtsrentabilität

Hier wird die finanzielle und wirtschaftliche Existenz des Kreditinstitutes durch die Erreichung des strukturellen Gewinnbedarfs gesichert. Es werden die Mindestansprüche z.B.

- des Staates und
- der Anteilseigner befriedigt.

Geplante geschäftspolitische und somit strategische Ausrichtungen können entsprechend realisiert werden. Als Grundlage gilt an dieser Stelle meistens der Reingewinn vor Steuern vom Einkommen und Ertrag, der auch in diesem Fall struktureller Gewinnbedarf genannt wird, sowie die daraus abgeleitete Eigenkapitalrentabilität vor Steuern vom Einkommen und Ertrag, die die Gleichgewichtsrentabilität darstellt.

Wird diese Gleichgewichtsrentabilität nicht erreicht, so sind z.B. folgende Maßnahmen einzuleiten:

- Wachstum mit aggressiver Konditionenpolitik,
- Risikobereitschaft erhöhen, jedoch mit der Folge, dass der Rentabilitätsbedarf u.a. auf Grund höherer Risikokosten steigen wird,
- Kostenreduktion oder
- sich aus ertragsschwachen und/oder risikoreichen Geschäftsfeldern zurückziehen.

Um die Gleichgewichtsrentabilität bzw. den strukturellen Gewinnbedarf zu planen und laufend zu steuern, sind folgende Aspekte zu berücksichtigen:

Gewinnbedarfsanalyse	**Rentabilitätsanalyse**
Welcher Reingewinn wird benötigt für ➢ Wachstum, ➢ Dividende, ➢ Steuern und ➢ strukturelle Vorgaben?	Wie setzt sich der Reingewinn zusammen; welche Geschäfte/ Kunden/ Filialen tragen mit welchem Ergebnisbeitrag zu meinem Reingewinn bei? ⇩ Internes Rechnungswesen, insbesondere die Bankkostenrechnung verbunden mit der Analyse des extern ausgewiesenen Ergebnisses anhand der ROI-Analyse.

ERMITTLUNG DES STRUKTURELLEN GEWINNBEDARFS – VEREINFACHTE ÜBERSICHT:

Risikostruktur

(erweitertes) Geschäftsvolumen (incl. traditionelle und innovative außerbilanzielle Geschäfte)

⇩

Bestimmen die Sicherheitsanforderungen

(SolvV – Erfüllung der Mindestanforderungen zur Unterlegung von Adressrisiken, Marktrisiken und operationelle Risiken ggf. um individuelle strukturelle Vorgaben erweitert – Ziel-Gesamtkennziffer)

⇩

Bestimmen den Eigenmittelbedarf (anrechenbare Eigenmittel)

⇩

Unter Berücksichtigung des Ergänzungskapitals, der nicht zum bilanziellen Eigenkapital gehörenden Kernkapitalbestandteile sowie der Drittrangmittel – jeweils als Bestand bzw. Neuaufnahme

⇩

Bedarf an bilanziellem Eigenkapital

- vorgesehene externe Kapitalzuführung (Kapitalerhöhung etc.)
- Bestand an bilanziellem Eigenkapital

Thesaurierungsbedarf = Rücklagendotierung

+ Ausschüttung der Bardividende
+ Steuern vom Einkommen und Ertrag

Struktureller Gewinnbedarf vor Steuern vom Einkommen und Ertrag

EINFACHES BEISPIEL ZUR PLANUNG DES STRUKTURELLEN GEWINNBEDARFS:

	Eigenkapitalbedarf (mod. verfügbares EK) insgesamt	300	Mio. EUR
-	externe Zuführung Eigenkapital	30	Mio. EUR
-	vorhandenes Eigenkapital	200	Mio. EUR
+	Ausschüttung	30	Mio. EUR
+	Steuern vom Einkommen und Ertrag	47	Mio. EUR
	Reingewinnbedarf vor Steuern EE	**147**	**Mio. EUR**

Das Kreditinstitut benötigt hinsichtlich der Risikostruktur, dem Geschäftsvolumen und den daraus abgeleiteten Sicherheitsanforderungen insgesamt 300 Mio. EUR an mod. verfügbaren Eigenkapital. 30 Mio. EUR werden extern zugeführt, z.B. durch Kapitalerhöhung oder Emission von Genußrechten. Vorhanden sind 200 Mio. EUR. An Dividende werden noch 30 Mio. EUR benötigt. Insgesamt sind also 100 Mio. EUR an Reingewinn nach Steuern EE (147 Mio. EUR vor Steuern vom Einkommen und Ertrag) notwendig um den Eigenkapitalbedarf und die Gewinnausschüttungen zu decken. Die obige Rechnung wird i.d.R. zu Planungszwecken angestellt.

Anhand des dargestellten Beispiels wird ersichtlich, dass sich aus dem Wachstum des Geschäftsvolumens ein entsprechender Rentabilitätsbedarf ergibt, der sich in einer höheren Gewinnforderung niederschlägt. Zum anderen ist u.a. das Wachstum des (ggf. erweiterten) Geschäftsvolumens jedoch die Voraussetzung für einen entsprechenden Rentabilitätszuwachs, wenn das Wachstum auch risikoorientiert und vor allem unter Ertragsgesichtspunkten betrachtet und eingegangen wird. (Siehe hierzu auch die Ausführungen auf Seite 147 - 149)

2. Phase: Erfüllung der Ansprüche der Anteilseigner vollumfänglich

Hier erfolgt die Messung und Planung der Eigenkapitalrentabilität z.B. anhand des Capital Asset Pricing Models (CAPM). Es wird der erste Mehrwert an Gewinn (ökonomischer Gewinn) für die Shareholder geschaffen. Ansatz ist an dieser Stelle i.d.R. der Reingewinn nach Steuern vom Einkommen und Ertrag. Dieser Reingewinn ist i.d.R. höher als der strukturelle Gewinnbedarf.

3. Phase: Orientierung an den besten Banken (Best Practice)

Nachdem die Phasen 1 und 2 überschritten sind, kann sich das Institut an den besten in seiner Branche messen.

21.3 Die finanziellen und nicht finanziellen Sicherungsziele

Das Oberziel Gewinnstreben ist, wie schon dargestellt, eingebettet in finanzielle und nicht finanzielle Sicherungsziele. Diese Ziele können nie losgelöst vom Oberziel betrachtet werden.

Eine maximale Gewinnerzielung ist aus diesem Grunde auch nicht möglich. Das Oberziel Gewinnerzielung steht somit immer im Spannungsfeld zu den Sicherungszielen.

Die finanziellen Sicherungsziele werden zum einen durch betriebswirtschaftliche Notwendigkeiten bestimmt, zum anderen durch gesetzliche Vorschriften, die schon behandelt worden sind:

Liquidität	§ 11 KWG i.V.m. LiqV Mindestreservevorschriften der EZB/Deutsche Bundesbank
Eigenkapitalerhaltung	§§ 10, 10a, b KWG i.V.m. SolvV – Risikotragfähigkeitspotenzial
Bilanzstrukturnormen	Obige zu den Vorschriften SolvV und LiqV §§ 13, 13a, b, c, d KWG § 12 KWG wegen Begrenzung der Nichtbankenbeteiligung

Tipp:

Sehen Sie sich die Ausführungen im Teil Bankrechtliche Rahmenbedingungen unter diesen Gesichtspunkten noch einmal an.

Auch die nicht finanziellen Sicherungsziele sind wichtig. So kann durch eine hohe Kundenzufriedenheit zusätzliches Ertragspotenzial erarbeitet und somit die Basis für den zukünftigen wirtschaftlichen Erfolg des Instituts sichergestellt werden.

Motivierte und zufriedene Mitarbeiter arbeiten weitestgehend effektiver und zuverlässiger als demotivierte Mitarbeiter. Auch der Vertriebserfolg wird bei zufriedenen Mitarbeitern höher sein.

22 Instrumente der Bankpolitik

Lernziele
Sie werden den Einsatz und das Zusammenwirken der Instrumente und Techniken im Rahmen der Bankpolitik darstellen können. Ihnen werden die einzelnen Instrumente Organisation, Planung und Marketing vorgestellt.

22.1 Einleitung

Nachdem die Ziele der Bankpolitik dargestellt worden sind, ist es wichtig zu wissen, welche Instrumente dem Management zur Verfügung stehen, um die Bankpolitik „mit Leben zu erfüllen“. Neben den üblichen Managementtechniken wie z.B.:

- Delphi-Methode,
- Simulationsmodelle,
- Risikomessungs- und Steuerungsmodelle für das Risikomanagement,

sind noch folgende Instrumente zu nennen:

- externes Rechnungswesen,
- internes Rechnungswesen,

zusammengefasst als Instrumente des Bankcontrollings zum Rentabilitätsmanagement

- Organisation,
- Planung und
- Marketing.

Diese Instrumente ergänzen sich gegenseitig und greifen ineinander über.

So ist eine operative Planung nur mit dem internen Rechnungswesen realisierbar bzw. Bestandteil des internen Rechnungswesens.

Eine Organisationsstruktur muss u.a. Gewähr leisten, dass die einzelnen Ergebnisse des internen Rechnungswesens auf einzelne Verantwortungsbereiche heruntergebrochen werden können.

Eine strategische Planung der Geschäftsfelder ist ohne den Einsatz von Marketingmaßnahmen nicht realisierbar.

Die obigen Instrumente und Techniken werden im Rahmen der praktischen Umsetzung im

- Rentabilitätsmanagement und
- Risikomanagement

verwendet, um das Oberziel Gewinnstreben und die Nebenziele zu verwirklichen.

Das Rentabilitätsmanagement und das Risikomanagement sind konkrete Handlungsweisen des Bankmanagements, um sowohl auf Gesamtbankebene wie auch auf Einzelgeschäftsebene die Zielerreichung zu Gewährleisten und bilden das zentrale Element des Bankcontrollings zur ertragsorientierten Banksteuerung.

Dabei ist es nicht verwunderlich, dass wesentliche Elemente bei der Beschreibung der Instrumente sich auch in der praktischen Umsetzung der obigen Steuerungsfunktionen wiederfinden.

22.2 Organisation

Eine funktionsfähige Organisationsstruktur ist Voraussetzung für einen reibungslosen Arbeitsablauf und somit für die Zielerreichung eines Kreditinstitutes.

Unter Organisation versteht man eine verbindliche Regelung, unter der eine Mehrzahl von Menschen und Maschinen zur Erfüllung der gesetzten Ziele (z.B. Gewinn) dauerhaft zusammenarbeiten.

DIE BANKORGANISATION TEILT SICH FORMAL IN ZWEI BEREICHE:

Aufbauorganisation: Rahmengefüge, in dem für die Erfüllung bestimmter Teilaufgaben Stellen gebildet werden, welche durch Beziehungen miteinander verbunden sind.

Die Teilaufgaben werden nach Stäben und Linien verteilt und die entsprechenden Leitungsebenen in untere, mittlere und obere Managementebenen eingeteilt.

Die Aufbauorganisation kann nach Verrichtung, nach Objekten oder Regionen gestaltet sein. Häufig herrschen Mischformen vor.

Ablauforganisation: Strukturierung der Arbeitsabläufe und Arbeitsprozesse.

Die Organisationsformen sind durch Beziehungen der Stelleninhaber verknüpft, die

- materieller,
- formeller und
- personeller Art sein können.

materielle Beziehung	formelle Beziehung	personelle Beziehung
z.B. Transporte von Überweisungen oder der Barverkehr	z.B. Finanzmittelausgleich	z.B. Kompetenzen Leitung Kommunikation

Anknüpfend an die obigen Aussagen kann sich die Aufbauorganisation an folgenden Gliederungskriterien orientieren:

- Verrichtungsprinzip,
- Regionalprinzip und
- Objektprinzip.

Da das Verrichtungsprinzip im Bankgewerbe keine Verankerung gefunden hat, wird dieses Prinzip nicht weiter dargestellt.

REGIONALPRINZIP:

Hier erfolgt eine Zuordnung der Verantwortungsbereiche des Top-Managements nach Regionen, wobei das nicht das einzig ausschlaggebende Kriterium sein sollte. Bestehende Kundenbeziehungen sind ggf. auch weiterhin von dem bisherigen Vorstandsmitglied zu betreuen.

OBJEKTPRINZIP:

Beim Objektprinzip haben sich zwei wesentliche Grundstrukturen herausgebildet:

Kundengruppenorganisation | (Produkt-) Spartenorganisation

Während bei der Kundengruppenorganisation die Struktur an den Kundengruppen, wie z.B. Vermögende Privatkunden, Standardprivatkunden, Firmenkunden gem. definierten Umsatzgrößen ausgerichtet ist und der Kunde nur einen Ansprechpartner in allen Fragen "rund ums Geld" hat, ist bei der (Produkt-) Spartenorganisation die Organisationstruktur an den Leistungseinheiten Kredit, Zahlungsverkehr etc. ausgerichtet.

Werden beide Strukturen miteinander verknüpft, so liegt eine Matrixorganisation vor.

Eine Organisationsstruktur muss nach dem Gesichtspunkt der Wirtschaftlichkeit dafür sorgen, dass die Abläufe reibungslos verlaufen und so Kosten gespart werden können.

Ebenfalls sollte die Struktur der Organisation der strategischen Ausrichtung angepasst werden. Es muss also sichergestellt werden, dass rechenschaftspflichtige Einheiten gebildet werden, anhand derer der Erfolg der Geschäftstätigkeit gemessen werden kann. Dabei spielt der Aufbau nach Kundengruppen eine wichtige Rolle.

Eine Organisationsstruktur muss nicht zwangsläufig immer fix ausgerichtet bleiben, sondern kann und sollte sich auch modernen Entwicklungen anpassen.

Unter dem Gesichtspunkt Kostenreduktion wurde in der Vergangenheit häufig vom Lean-Banking gesprochen, dessen wesentliche Aspekte sich wie folgt gestalten:

In einer Analyse von Mc Kinsey stellten die Berater fest, dass das deutsche Bankensystem im Vergleich zu den USA und Japan eine zu niedrige Produktivität aufwies.

Merkmale dieses nun entwickelten Lean-Banking-Ansatzes für einen Strukturwandel zur Erhöhung der Produktivität sind:

- Kostenreduzierung bei gleichzeitiger Qualitätsverbesserung (TQM),
- veränderte Vorgehensweise bei einer Umorganisation; ganzheitlicher Ansatz von Veränderungen in der Organisation und im Vertrieb und
- verändertes Denken; Konzentration auf beeinflussbare Größen, die praktikabel sind und den Kundennutzen in den Vordergrund stellen.

DAS GANZHEITLICHE MANAGEMENTKONZEPT FOLGT 3 GRUNDSÄTZEN:

1) Marktorientierung der Unternehmensorganisation:
- Aufbauorganisation nach Kundengruppen und
- markt- und kostenorientierte Geschäftsstellenpolitik.

2) Integrierte Optimierung der Geschäftssysteme:
- straffe Leistungsangebote,
- vereinfachte, standardisierte Arbeitsabläufe,
- Teamarbeit und
- Flexibilisierung des Mitarbeitereinsatzes.

3) Management der Geschäftssystemelemente:
- Abbau von Hierarchien und
- Verkürzung der Kommunikations- und Entscheidungswege.

22.3 Planung

Parallel zur Organisationsstruktur ist natürlich die Planung als Instrument von elementarer Bedeutung. Nur durch eine weitreichende, langfristige und möglichst genaue Planung kann die dauerhafte Existenz des Kreditinstituts sichergestellt werden. Dabei kann die Planung als Instrument dazu genutzt werden, festzulegen, wie die gesetzten Ziele erreicht werden können – oder auch als Instrument zur Zielfindung bzw. Zieldefinierung eingesetzt werden. In der Praxis sind die Übergänge jedoch fließend.

Der Planungsprozess wird durch die Ausführungsphase realisiert, das Ergebnis entsprechend kontrolliert. Somit liegt ein Regelkreis vor, der sich wie folgt darstellt:

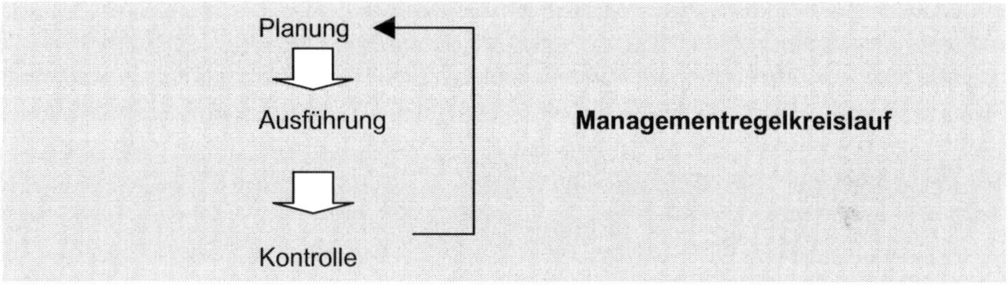

Dieser obige Regelkreislauf wird auch in der Literatur als Managementkreislauf bezeichnet und greift in die anderen Bereiche und Instrumente der Bankpolitik ein, sodass das System der Bankpolitik nicht isoliert auf die einzelnen Instrumente, sondern als Ganzes betrachtet werden muss.

Im Rahmen der Planung unterscheidet man u.a.:

Strategische Planung

- Langfristige Planung von Geschäftsfeldern und der Organisations- und Führungskräfteplanung. Entwicklung von Wettbewerbsstrategien zur Existenzsicherung unter Berücksichtigung des Shareholder Value-Ansatzes.

- Horizont i.d.R. größer als 1 Jahr.

Operative Planung

- Kurzfristige bis mittelfristige Budgetplanung der Kosten, Erlöse und sonstigen Leistungsziele wie Volumina und Stückzahl.

- Horizont i.d.R. bis 1 Jahr sowie Planung von Aktionen.

Zum Zwecke der Gewinnerzielung müssen die Aktivitätsbereiche einer Bank im Rahmen der strategischen Planung klar definiert werden. Es macht sicherlich wenig Sinn, wenn ein Kreditinstitut alle Facetten des Bankgeschäftes bei allen Kundengruppen darstellen möchte.

Daher erfolgt eine Untergliederung möglicher Betätigungsfelder in Geschäftsfelder. Geschäftsfelder werden im Bankengewerbe hauptsächlich nach Kundengruppen gebildet, deren Ertragsstärke dann analysiert wird.

Mögliche Geschäftsfelder bei einem Kreditinstitut können sein:

- Vermögende Privatkunden,
- Sonstige Privatkunden,
- Selbstständige und Freiberufler,
- Gewerbetreibende nach Umsatz gestaffelt,
- Firmenkunden nach Umsatz gestaffelt,
- Versicherungen,
- Kreditinstitute und
- Länderzuordnungen.

Die Ertragsstärke eines Geschäftsfeldes wird i.d.R. anhand der Wettbewerbsstärke und Marktattraktivität bewertet.

Wettbewerbsstärke

Wie leistungsstark ist die Bank gegenüber dem Wettbewerb in diesem Segment? Welche Leistungen erbringt die Bank im Vergleich zu den Wettbewerbern?

Marktattraktivtät

Wie attraktiv ist dieses Segment für die Bank gemessen an Marktwachstum, Konkurrenzverhältnissen, potenziellen Deckungsbeiträgen etc.? Hier spielt auch die ABC-Analyse eine wichtige Rolle, um objektive Größen zu ermitteln.

Mittels der Portfolio-Technik werden diese Geschäftsfelder transparent gemacht. Das so gebildete Ist-Portfolio dient als Basis für die zukünftige Wettbewerbsstrategie; es wird dann ein Soll-Portfolio gebildet.

EIN BEISPIEL SOLL DIESES VERDEUTLICHEN:

Preußenbank AG

Segmente:	Vermögende Privatkunden	GF 2
	Firmenkunden 1a	GF 3
	Sonstige Privatkunden	GF 1

Ist-Portfolio

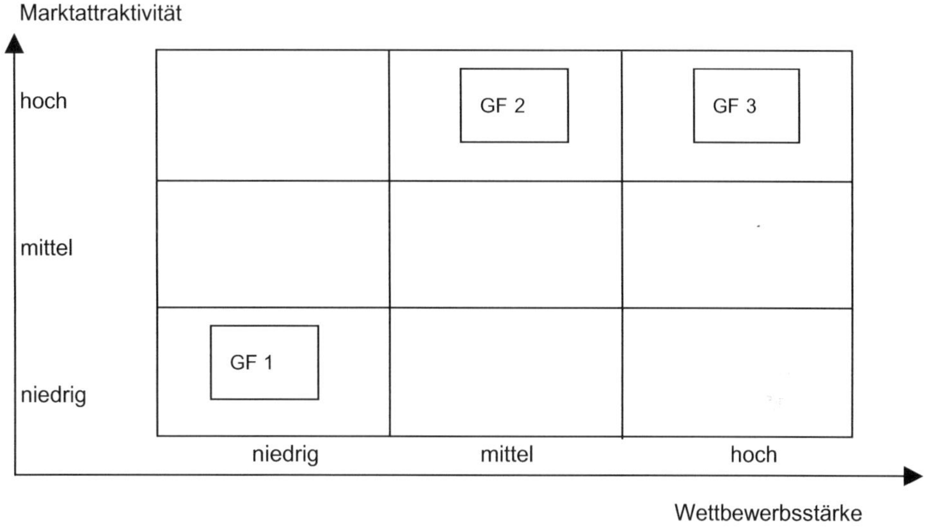

Soll-Portfolio

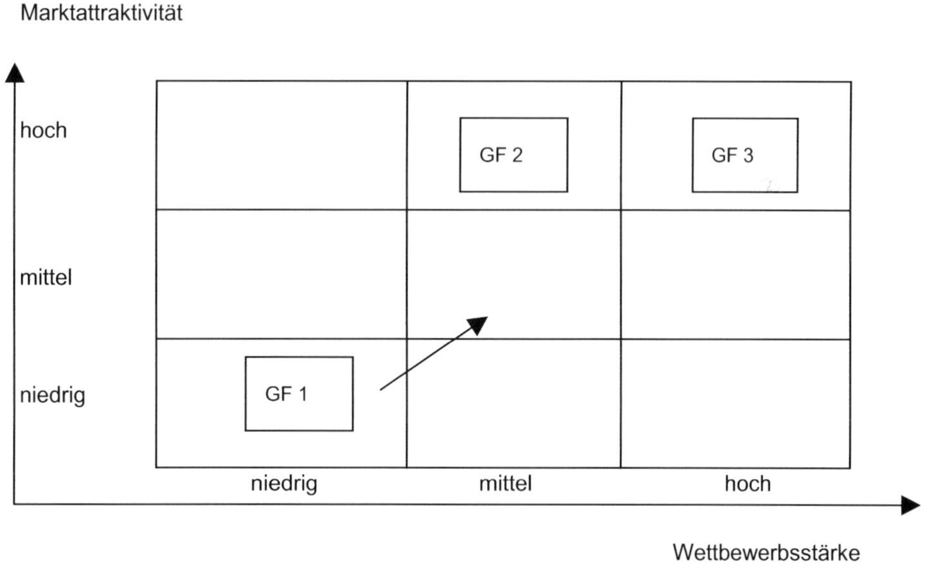

Es ist klar, dass sich die Preußenbank AG bei Ihrer Gründung auf die Geschäftsfelder 2 und 3 gestützt hat. Nun soll auch das Geschäftsfeld 1 mit bedient werden. Dazu ist aber eine Steigerung gem. Soll-Portfolio nötig. Alternativ kann auch über einen Rückzug aus diesem Geschäftsfeld nachgedacht werden. Insgesamt sind folgende Strategien möglich:

- Wachstumsstrategie,
- Erhaltungsstrategie und
- Rückzugsstrategie.

Im Rahmen der operativen Planung geht es um die Definierung der einzelnen Budgetpläne der "kleinsten" Einheiten. Anhand von Teilplänen werden Kosten, Erlöse und Absatzmengen geplant und die Gesamtbankwerte somit auf einzelne Einheiten runter gebrochen.

Die einzelnen Teilpläne werden von den Filialleitern und/oder Abteilungsleitern auf Grund von statistischen Zahlen sowie Erfahrungswerten und Sollvorgaben erstellt. Ebenfalls sind globale Richtlinien des Kreditinstituts zu berücksichtigen. Im Rahmen des Bottom-up/Top-down-Verfahrens erfolgt dann auf allen Ebenen eine Abstimmung und ggf. eine Anpassung bis die Werte des gewünschten Gesamtplanes erreicht werden.

Natürlich wird diese Planung im alten Jahr für das neue Jahr erstellt.

Der so erstellte Plan wird laufend auf allen Managment-Ebenen kontrolliert und die Gründe für mögliche Abweichungen analysiert.

An dieser Stelle wird ganz besonders deutlich, dass die operative Planung auf die Daten der Bankkostenrechnung zurückgreift und somit ebenfalls den Controllingprozess begleitet (siehe Seite 201).

22.4 Bankmarketing im Kundengeschäft

Bankmarketing lässt sich bezeichnen als der an Kundenbedürfnissen orientierte, zielgerichtete Einsatz absatzpolitischer Instrumente zur Überwindung der zwischen Angebot und Nachfrage bestehenden Marktwiderstände.

Aus dieser Definition lassen sich folgende Fragestellungen ableiten:

- Warum bestehen Marktwiderstände?
- Welche absatzpolitischen Instrumente gibt es?

Auf Grund der nachfolgenden Besonderheiten von Bankleistungen bzw. Marktleistungen entstehen Marktwiderstände beim Verkauf von Dienstleistungen.

Bankprodukte zeichnen sich durch

- Erklärungsbedürftigkeit und
- Vertrauensempfindlichkeit

aus.

Bankprodukte sind erklärungsbedürftig, da sie

- abstrakt, also nicht „anfassbar" sind und
- durch rechtlich bedeutsame Vertragsformen gekennzeichnet sind.

Bankprodukte sind vertrauensempfindlich, da sie

- durch die zur Verfügungstellung von Geld entstehen und
- sich i.d.R. durch eine länger laufende Zeitspanne auszeichnen.

Erklärungsbedürftigkeit und Vertrauensempfindlichkeit bedeuten Marktwiderstände, die durch den zielgerichteten Einsatz des Marketing-Mix abgebaut werden sollen.

Das Marketing-Mix bezeichnet die absatzpolitischen Instrumente:

- Produktpolitik bzw. Sortimentspolitik,
- Preispolitik,
- Vertriebspolitik und
- Kommunikationspolitik.

Dabei sollte sich der Einsatz der absatzpolitischen Instrumente unter anderem an der Bankloyalität der Kunden orientieren. Ebenfalls muss der Zeithorizont der Maßnahmen festgelegt werden.

Die Bankloyalität ist derzeit rückläufig. Durch neue Medien, z.B. Internet sowie durch Verbrauchersendungen werden die Kunden immer informierter und aufgeklärter. Hierdurch kommt es zu einer erhöhten Wechselbereitschaft hin zu einem günstigeren Anbieter oder zu einem Institut mit den besseren Serviceleistungen.

Wertpapierorders oder Baufinanzierungsanfragen werden insofern häufig über eine Internetplattform aufgegeben. Hierbei verzichtet der Kunde bewusst auf Beratung zu den einzelnen Geschäften.

Dieser Aspekt muss im Rahmen des Bankmarketings berücksichtigt werden. Es wird im Rahmen des Bankmarketings versucht, die Kundenbindung und damit auch die Bankloyalität stabil zu halten bzw. zu erhöhen.

Zu Beginn jeglicher Marketingmaßnahmen steht die Marktforschung.

Schließlich muss festgestellt werden, welche Kunden welche Produkte oder aber Dienstleistungen nachfragen werden. Mit der Marktforschung sollen die Bedürfnisse gewisser Kundengruppen erörtert und analysiert werden, damit das Marketing-Mix zielgerichtet eingesetzt werden kann.

Die Marktforschung kann selber betrieben oder an Marktforschungsunternehmen weitergegeben werden.

DIE MARKTFORSCHUNG KANN IN FOLGENDEN SCHRITTEN GESTALTET WERDEN:

- Festlegung der Segmente (z.B. Geschäftsfelder),
- Informationsbeschaffung zu den Segmenten und zum Markt,
- Analyse der Kundenbedürfnisse,
- Analyse möglicher interner Veränderungen und
- Treffen von Vorbereitungsmaßnahmen um den zielgerichteten Einsatz des Marketing-Mix sicherzustellen.

Die absatzpolitischen Instrumente lassen sich wie folgt beschreiben:

Produktpolitik bzw. Sortimentspolitik

Hier erfolgt die Festlegung, welche Bankprodukte bzw. Bankleistungen in welcher Kombination angeboten werden sollen. Es wird die Frage beantwortet: Wie soll das "Sortiment" gestaltet sein?

Ausgangspunkt für diese Fragestellung ist die Grundausrichtung des Kreditinstituts.

Zu unterscheiden sind grundsätzlich:

Universalbank **Spezialbank**

Während Universalbanken alle gängigen Bankprodukte sowie banknahe Produkte anbieten, haben sich Spezialbanken auf einige wenige Produkte konzentriert. Sie bieten also ein deutlich geringere Produkpalette an.

Neben den traditionellen Bankprodukten, die bilanzwirksam werden, wird den Provisionsgeschäften (Vermittlungsgeschäften), den traditionellen und innovativen außerbilanziellen Geschäften eine immer größere Bedeutung zugerechnet.

Im Rahmen einer Allfinanzstrategie werden auch Bausparverträge, Versicherungen, Closed-End-Fonds, Investmentfonds, Vermögensverwaltungen usw. verkauft und so Provisionserträge generiert.

Somit soll die Kundenbindung des Kunden zur Bank deutlich gefestigt werden. Der Kunde soll nun alle seine finanziellen Geschäfte mit einem Partner abwickeln können. Dabei ist es unerheblich, ob diese Produkte von Tochterunternehmen stammen bzw. über Kooperationsverträge angeboten werden.

BEISPIELE:

Universalbanken:	Sparkassen Genossenschaftsinstitute (Volks- und Raiffeisenbanken) Geschäftsbanken (z.B. Deutsche Bank Privat- und Geschäftskunden, Dresdner Bank)
Spezialbanken:	Hypothekenbanken (z.B. DG-Hyp, WL-Bank) Bausparkassen

Die Zusammenstellung der Produktpalette hängt im Wesentlichen von den festgelegten strategischen Geschäftsfeldern ab. Diese sind im Rahmen der strategischen Planung bestimmt worden. Die Produktpalette ist auf die Bedürfnisse der Zielgruppen abzustellen.

Bei der Gestaltung der Produktpalette sind auch die jeweiligen Kosten und Erlöse zu berücksichtigen, die aus diesem Angebot anfallen.

Eine breite Produktpalette verursacht beispielsweise mehr Kosten als eine eingeschränkte Produktpalette von Hypothekenbanken.

Auf der anderen Seite können durch eine breite Produktpalette auch wirtschaftliche Schwankungen kompensiert werden.

DIES SOLL AN EINEM BEISPIEL DARGESTELLT WERDEN:

Bei einem Rückgang der Bauanträge in einer allgemein schlechten wirtschaftlichen Situation für die Bauwirtschaft können die Baufinanzierungsneuzusagen von Hypothekenbanken und Universalbanken zurückgehen. Die Universalbanken haben dann aber noch die Möglichkeit, diesen Ertragsrückgang durch andere Geschäfte zu kompensieren.

Die Kosten- und Erlösseite der einzelnen Produkte wird anhand der Geschäftsartenrechnung und der Produktkalkulation bestimmt. Hier werden die Standardkonditionen festgelegt und der jeweilige Deckungsbeitrag bzw. das Marktergebnis einzelner Geschäfte ermittelt bzw. geplant.

Insofern wird deutlich, dass die Preisgestaltung in der Preispolitik eng mit der Produktpolitik sowie das Bankmarketing insgesamt mit den anderen Instrumenten der Bankpolitik zusammenhängt.

Preispolitik

Unter dem Gesichtspunkt eines immer härter werdenden Wettbewerbes, verbunden mit niedrigeren Margen und hohen Fixkostenblöcken, erlangt die Preispolitik eine besondere Bedeutung.

Es wird die Frage beantwortet: „Zu welchen Konditionen werden die einzelnen Bankleistungen bzw. Bankprodukte angeboten?“

Für die Preisgestaltung kommen grundsätzlich 4 wesentliche Ansätze in Frage:

- Teilpreisbildung,
- Ausgleichspreisstellung,
- Kostenorientierte Preise und
- Preiswettbewerb durch Kostenführerschaft.

Teilpreisbildung

Der Gesamtpreis, den der Kunde zu zahlen hat, wird in verschiedene Bereiche zergliedert, in denen dem Kunden durch Verhandlungen Zugeständnisse gemacht werden können, ohne dass der Gesamtertrag gravierend geschmälert wird.

Der Kunde gewinnt aber den Eindruck, gegenüber dem Bankberater "seinen" Preisvorteil herausgeholt zu haben.

BEISPIEL ANHAND DER KONDITIONSGESTALTUNG EINES KONTOKORRENTKREDITES:

100.000,00 EUR KK-Linie wird zu folgenden Konditionen angeboten:

11%	Sollzinsen
3/4% p.a.	Kreditprovision auf den nicht in Anspruch genommenen Betrag
1%	Bearbeitungsgebühr
15,00 EUR	mtl. Kontoführungsgebühr.

Durch die eingeschränkte Markttransparenz bei einer solchen Preisgestaltung kann der einzelne Kunde i.d.R. das Ausmaß geringer Konditionsänderungen nicht überblicken.

Ausgleichspreisstellung

Hier wird der Gesamtertrag der einzelnen Kundenverbindung gesehen. Solange der Gesamtertrag des Kunden ausreicht, können gewisse Zugeständnisse gemacht werden.

Kostenorientierte Preise

Dieser Ansatz wurde hauptsächlich versucht im Zahlungsverkehrsbereich durchzusetzen. Der Trend geht jedoch heute dahin, Zahlungsverkehrsleistungen, wie auch Kontogebühren, ganz zu streichen und dieses Defizit über Cross-Selling aus den so neu gewonnenen Kundenbeziehungen auszugleichen.

Preiswettbewerb durch Kostenführerschaft

Typisches Beispiel hierfür sind die Direktbroker. Unter Verzicht auf

- Beratung und
- teure Filialen

und unter Einsatz moderner EDV Systeme können Kostenvorteile realisiert werden, die durch niedrigere Gebühren an die Kunden weitergegeben werden.

So entsteht im Vergleich zu den traditionellen Universalbanken die Kostenführerschaft.

Es bleibt jedoch abzuwarten, ob sich dieser Ansatz nachhaltig durchsetzen wird.

Vertriebspolitik

Im Rahmen der Vertriebspolitik wird erörtert, über welche Kanäle die Bankleistungen bzw. Bankprodukte verkauft werden sollen. Es können entsprechende Vertriebsstrukturen gebildet werden.

In der Vergangenheit hatte das Zweigstellensystem durch eine Vielzahl von Zweigstellen und Filialen zu einer Kostenexplosion geführt. Der heutige Trend geht dahin, unrentable Zweigstellen zu schließen und zahlreiche Dienstleistungen in zentrale Zweigstellen zu verlegen.

Allgemein kann man feststellen, dass für die Zweigstellenauswahl neben der Standortfrage generell auch die dort angebotenen Leistungen ins Verhältnis zu der Intensität und Häufigkeit des menschlichen Kontaktes gestellt werden müssen.

MAN KANN DAHER DIE ANGEBOTENEN LEISTUNGEN WIE FOLGT EINTEILEN:

Kontaktintensive Problemleistungen	⟺	**Kontaktarme Routineleistungen**
z.B. Vermögensverwaltung Baufinanzierung		z.B. Girokonto, Sparbuch
Kontaktseltene Leistungen	⟺	**Kontakthäufige Leistungen**

kontaktintensiv:	lange, intensive Beratung
kontaktarm:	kurze, rasche Standardberatung
kontaktselten:	lediglich 1 – 2 Gespräche im Jahr
kontakthäufig:	viele Kontakte im Zeitvergleich

Somit kann eine Entscheidung getroffen werden, ob gewisse Beratungsleistungen aus dem normalen Zweigstellensystem herausgegliedert und z.B. in größeren Beratungszentren zusammengefasst werden sollen.

Ebenso kann über den Rationalisierungsstand im Zweigstellenbereich nachgedacht werden.

Ferner können Bankprodukte noch über „Dritte" vertrieben werden.

ÜBERSICHT VERTRIEBSSTRUKTUREN:

Direkter Vertrieb	Indirekter Vertrieb
Der Vertrieb erfolgt über Zweigstellen bzw. einen eigenen Außendienst. Dieser Außendienst kann mit HGB-Beratern, die ggf. einer eigens gegründeten Vertriebsgesellschaft zugeordnet sind, oder mit angestellten Mitarbeitern betrieben werden.	Der Vertrieb erfolgt hier über die Zwischenschaltung von freien Handelsvertretern (HGB), Strukturvertrieben usw.

Häufig sind jedoch Mischformen anzutreffen. Gerade durch eine Kombination dieser Vertriebsstrukturen wird der Allfinanzgedanke weiter intensiviert. Durch

- Übernahme,
- Neugründung und
- Kooperation

von/mit Versicherungen, Leasinggesellschaften, Bausparkassen und Investmentgesellschaften soll dem Kunden ein komplettes Angebot an Finanzdienstleistungen, eben aus einer Hand, angeboten werden. Dabei werden die Bankprodukte über die Vertriebswege der Vertragspartner vertrieben. Die Banken bieten Lebensversicherungen und Bausparverträge an. Somit können wertvolle Provisionserträge erzielt und Synergieeffekte genutzt werden.

Kommunikationspolitik

Hierunter ist zu verstehen, wie Kunden auf die einzelnen Bankleistungen bzw. Bankprodukte angesprochen werden. Dies kann wie folgt geschehen:

- persönlicher Verkauf,
- Werbung incl. Verkaufsförderung sowie
- Öffentlichkeitsarbeit.

Der persönliche Verkauf und der persönliche Kontakt zum Kunden sind die entscheidendsten Faktoren für zukünftige Geschäfte.

Alle Berater im Vertrieb spüren den unglaublichen Vertriebsdruck und können diesen langfristig nur durch den Aufbau von Kundenbeziehungen, die auch Folgegeschäfte ermöglichen, mildern.

Die Werbung soll zum einen

- dem Kunden ein Firmenbild vermitteln (Imagewerbung),
- ihn konkret auf einzelne Teile des Leistungsprogrammes ansprechen sowie
- ihn zur Kontaktaufnahme bewegen.

Wichtig ist, dass nicht "Geld" verkauft wird, sondern der Vorteil und der Service einer Dienstleistung.

Durch Verkaufsprospekte und weitere Hilfsmittel wie z.B. Checklisten, werden die Mitarbeiter in die Lage versetzt, noch besser zu argumentieren und den Kundenwunsch gezielter zu ermitteln.

Im Rahmen der Öffentlichkeitsarbeit werden sämtliche Anstrengungen verstanden, das Verhältnis der Bank zu den übrigen Sektoren der Umwelt möglichst positiv darzustellen und das Klima positiv zu beeinflussen.

23 Rentabilitätsmanagement

Lernziele
Sie werden die Bedeutung der Eigenkapitalrendite als zentrale Steuerungsgröße kennen lernen. Ihnen werden die Mechanismen der strukturellen Gewinnbedarfsplanung dargestellt. Die Bestimmungsfaktoren für den strukturellen Gewinnbedarf werden noch einmal erläutert. In diesem Zusammenhang werden Sie die Begriffe ROI-Schema, Mindestbruttozinsspanne und Ableitung der Mindestmarge im Kundengeschäft zur Rentabilitätssteuerung kennen lernen. Der Zusammenhang zwischen dem internen und externen Rechnungswesen wird noch einmal zusammengefasst dargestellt.

23.1 Einführung

Im Rahmen des Rentabilitätsmanagements wird versucht, die eigentliche Zielgröße – die Eigenkapitalrentabilität – zu steuern.

Die gewünschte (Mindest-)Eigenkapitalrentabilität zur Sicherung der wirtschaftlichen Existenz (Gleichgewichtsrentabilität) ergibt sich aus dem vorgegebenen bzw. geplanten strukturellen Gewinnbedarf. Ebenso kann die Gewinnbedarfsplanung auf die Phasen 2 und 3 ausgeweitet werden.

Aus der dann ermittelten Eigenkapitalrendite kann mit Hilfe des ROI-Schemas eine erste Planung vorgenommen werden, wie die Eigenkapitalrendite erreicht werden kann.

Es werden zum einen die bisherigen Komponenten im ROI-Schema analysiert, die zum Reingewinn und anschließend zur Eigenkapitalrendite einer abgelaufenen Periode führten.

Dann werden die Werte für das nächste Planjahr festgelegt. So kann das geplante Gesamtergebnis in seine einzelnen Komponenten zerlegt werden und bildet die Basis für weitere, zunehmend detailliertere Planungen.

Es kann z.B. die Mindestbruttozinsspanne der Gesamtbank ermittelt werden. Diese bildet wiederum die Basis für die Mindestmargenkalkulation im Kundengeschäft (Gesamtbank).

An dieser Stelle erfolgt im betrieblichen Rechnungswesen der Übergang zum internen Rechnungswesen auf die Einzelgeschäftsebene, um somit konkrete Planungs- und Steuerungsansätze für die einzelnen Geschäftseinheiten darzustellen und laufend einen Soll/Ist-Abgleich vornehmen zu können.

NACHFOLGENDE ÜBERSICHT VERDEUTLICHT NOCH EINMAL DEN ZUSAMMENHANG:

Bestandteile des betrieblichen Rechnungswesens	externes Rechnungswesen	geplante (Mindest-) Eigenkapitalrentabilität	Planung anhand des strukturellen Gewinnbedarfs
		Zerlegung in einzelne Komponenten über das ROI-Schema.	
		Ermittlung der Mindestbruttozinsspanne Gesamtbank und Mindestmarge im Kundengeschäft (Gesamtbank).	
	internes Rechnungswesen	Ableitung der Mindestmarge im Kundengeschäft (Einzelgeschäft) auf Basis des integrierten Kostenrechnungssystems. Sie bildet die Basis für die Planung der Ergebnisbeiträge, Volumen etc. der einzelnen Geschäftseinheiten. Die einzelnen Ergebnisse werden dann im laufenden Jahr überwacht, verglichen und wieder zum Reingewinn aggregiert. (Siehe Seiten 195 ff.)	**Soll-Ist-Vergleich**

Auch hier sehen Sie, dass sich das externe Rechnungswesen und das interne Rechnungswesen des betrieblichen Rechnungswesens gegenseitig ergänzen. Ebenfalls wird der schon angesprochene Zusammenhang zur operativen Planung deutlich.

23.2 Die Planung des strukturellen Gewinnbedarfs

Das Vorgehen bei der strukturellen Gewinnbedarfsplanung soll nun anhand eines einfachen Beispiels erläutert werden.

DIE PREUßENBANK AG WEIST PER 31.12.2008 FOLGENDE WERTE AUS:

Forderungsklassen:	Risikogewicht:	Buchwert:
Unternehmen	100%	300,00 Mio. EUR
Zentralregierung	0%	100,00 Mio. EUR
Mengengeschäft	75%	140,00 Mio. EUR
sonstige Positionen	100%	100,00 Mio. EUR

Bilanzsumme/Geschäftsvolumen:	640,00 Mio. EUR
Gesamtanrechnungsbetrag für Adressrisiken:	40,40 Mio. EUR
Das bilanzielle Eigenkapital beträgt	38,00 Mio. EUR
Die bilanzielle Eigenkapitalquote beträgt somit	5,94%

Weitere Parameter:

- Es bestehen keine Abzugs- und Unterlegungspositionen. Insofern entspricht das haftende Eigenkapital dem modifizierten, verfügbaren Eigenkapital und auch den anrechenbaren Eigenmitteln.
- Das Ergänzungskapital beträgt 40% des bilanziellen Eigenkapitals.
- Es sind 3 Mio. EUR an operationellen Risiken zu unterlegen.
- Marktrisiken bestehen keine.

DIE GESAMTKENNZIFFER PER 31.12.2008 BETRÄGT SOMIT:

anrechenbare Eigenmittel (53,2 Mio. EUR)
(38 Mio. EUR an Kernkapital x 1,4 Zuschlagssatz für das Ergänzungskapital)

———————————————————————— **x 100**

Anrechnungsbetrag für Adressrisiken und operationelle Risiken x 12,5 (542,5 Mio. EUR)
(40,4 Mio. EUR Adressrisiken und 3 Mio. EUR operationelle Risiken x 12,5)

→ **9,81%**

Es soll nun der strukturelle Gewinnbedarf für das Jahr 2009 ermittelt werden.

1. Zunächst ist der Bedarf an bilanziellem Eigenkapital zu ermitteln.

HIERZU WERDEN FÜR DAS JAHR 2009 FOLGENDE PLANWERTE FESTGELEGT:

Die Volumen der einzelnen Forderungsklassen entwickeln sich wie folgt:

Forderungsklassen:	Risikogewicht:	Buchwert:
Unternehmen	100%	310,00 Mio. EUR
Zentralregierung	0%	110,00 Mio. EUR
Mengengeschäft	75%	174,00 Mio. EUR
sonstige Positionen	100%	110,00 Mio. EUR
Bilanzsumme/Geschäftsvolumen:		704,00 Mio. EUR

Ferner werden folgende Werte definiert:

- Die Gesamtkennziffer gem. SolvV soll 10,5% betragen.
- Das Ergänzungskapital wird auf 45% des bilanziellen Eigenkapitals durch Emission von Genußrechten erhöht.
- Der Anrechnungsbetrag für operationelle Risiken beträgt 4 Mio. EUR.

ANHAND FOLGENDER FORMEL KANN NUN DAS NEUE BILANZIELLE EIGENKAPITAL ERMITTELT WERDEN:

$$\frac{\underbrace{\textbf{Risikogewichtete Positionswerte für Adressrisiken + (Anrechnungsbetrag für operationelle Risiken x 12,5)}}_{\textit{600,5 Mio. EUR}} \textbf{ x Gesamtkennziffer (Soll)} \quad \textit{x 0,105}}{\textbf{1 + Z} \quad \textit{1,45}}$$

→ **43,48 Mio. EUR neues bilanzielles Eigenkapital**

Z = Zuschlagssatz des Ergänzungskapitals zum bilanziellen Eigenkapital

Zusammenfassung der Ergebnisse:

Bei einem neuen bilanziellen Eigenkapital von 43,48 Mio. EUR beträgt der gesamte Zuwachs an bilanziellem Eigenkapital im Jahr 2009 5,48 Mio. EUR oder 14,42%. Die neue bilanzielle Eigenkapitalquote beträgt 6,18%. Das Ergänzungskapital erhöht sich auf 19,57 Mio. EUR. Die gesamten anrechenbaren Eigenmittel betragen 63,05 Mio. EUR.

Folgende Bestimmungsfaktoren beeinflussen den bilanziellen Eigenkapitalbedarf und bilden somit die Basis für die Ermittlung des strukturellen Gewinnbedarfs:

- Risikostruktur,
- Geschäftsvolumen (ggf. das erweiterte Geschäftsvolumen) und
- Sicherheitsanforderungen.

2. Nachdem das Wachstum des bilanziellen Eigenkapitals und somit das insgesamt benötigte bilanzielle Eigenkapital ermittelt wurde, kann nun der benötigte strukturelle Gewinnbedarf abgeleitet werden.

Hierzu gelten folgende Annahmen:

- Es wird 2009 eine Kapitalerhöhung von 4% des bilanziellen Eigenkapitals per 12.08 vorgenommen. Die neuen Aktien sind erst ab 2010 dividendenberechtigt.
- Es soll eine Bardividende von 5% des bilanziellen Eigenkapitals per 12.08 ausgeschüttet werden.
- Einheitlicher Steuersatz: 29,83% für Körperschaftssteuer und Gewerbesteuer.
- Die Erhöhung des Ergänzungskapitals aus Genußrechten spielt hier keine Rolle, da sie außerhalb dieser Berechnung realisiert wird. Es wurde also oben lediglich herausgearbeitet, um wie viel das bilanzielle Eigenkapital wachsen muss.

ERMITTLUNG DES BENÖTIGTEN REINGEWINNS PER 12/2009:

Jetzt kann ermittelt werden, welcher Betrag den Rücklagen zugeführt werden muss:

	5,48	Mio. EUR Zuwachs am bilanziellen Eigenkapital
-	1,52	Mio. EUR Kapitalerhöhung
	3,96	**Mio. EUR Bedarf an Rücklagenzuführung (Thesaurierung)**

⇨ Das Kapital von 38 Mio. EUR benötigt bei 5% Dividende 1,9 Mio. EUR.

⇨ Dies ergibt einen Reingewinn nach Steuern vom Einkommen und Ertrag von 5,86 Mio. EUR.

⇨ Vor Steuern muss also ein Reingewinn von 8,35 Mio. EUR vorhanden sein. (Lösung durch Dreisatz – Sie sehen, es geht auch einfach)

Anschließend kann die Eigenkapitalrendite ermittelt werden. Bezugsgröße ist das bilanzielle Eigenkapital.

Da im Jahr 2009 jedoch eine Kapitalerhöhung erfolgt, bietet sich eine Durchschnittsbildung an. Das durchschnittliche bilanzielle Eigenkapital beträgt: (38 + 43,48): 2 = 40,74 Mio. EUR. Bei einem Reingewinn von 5,86 Mio. EUR nach Steuern vom Einkommen und Ertrag ergibt sich eine Eigenkapitalrendite von 14,38%. Vor Steuern vom Einkommen und Ertrag beträgt sie 20,50%.

23.3 Ableitung der Mindestbruttozinsspanne Gesamtbank

Nachdem im vorherigen Kapitel die Bestimmung der Mindesteigenkapitalrendite anhand der Vorgaben aus der strukturellen Gewinnbedarfsplanung vorgenommen wurde, erfolgt nun die Ableitung der Mindestbruttozinsspanne der Gesamtbank mit dem ROI-Schema (ROI = Return on Investment).

Wichtig:

Die Eigenkapitalrendite kann auch anhand der Phasen 2 und 3 festgelegt werden.

Damit eine Planung der Mindestbruttozinsspanne erfolgen kann, ist es erforderlich, dass bereits ausreichend Daten aus der Vergangenheit vorliegen. Diese Daten aus dem externen Rechnungswesen sollten ebenfalls anhand des ROI-Schemas aufbereitet sein. In der Bankpraxis werden hinsichtlich der einzelnen Positionen in dem ROI-Schema unterschiedliche Begriffe verwendet. Die nachfolgende Beschreibung der einzelnen Komponenten stellt jedoch die gebräuchlichste Version dar.

Da im Rahmen des ROI-Schemas die globale Größe Eigenkapitalrendite die Basis für weitere Berechnungen bildet, erfolgt die Darstellung der restlichen Größen ebenfalls in %. Bezugsgröße ist die Bilanzsumme bzw. das Geschäftsvolumen. Im ROI-Schema wird i.d.R. als Geschäftsvolumen die Bilanzsumme zzgl. zinstragender Eventualverbindlichkeiten angesetzt. Es wird mit Durchschnittswerten gearbeitet. Ferner ist festzulegen, ob eine kompensierte oder unkompensierte Bilanz für die Bestimmung des Geschäftsvolumens zu Grunde liegen soll. Um mögliche Differenzen mit den Werten im internen Rechnungswesen zu vermeiden, wenn die Ergebnisse dort weiter verarbeitet werden, sollten an dieser Stelle möglichst einheitliche Größen verwendet werden.

Wichtige Größen im ROI-Schema sind:

- Bruttozinsspanne Gesamtbank,
- Bruttoertragsspanne,
- Bruttobedarfsspanne und
- Betriebsergebnisspanne.

DAS ROI-SCHEMA IST WIE FOLGT AUFGEBAUT:

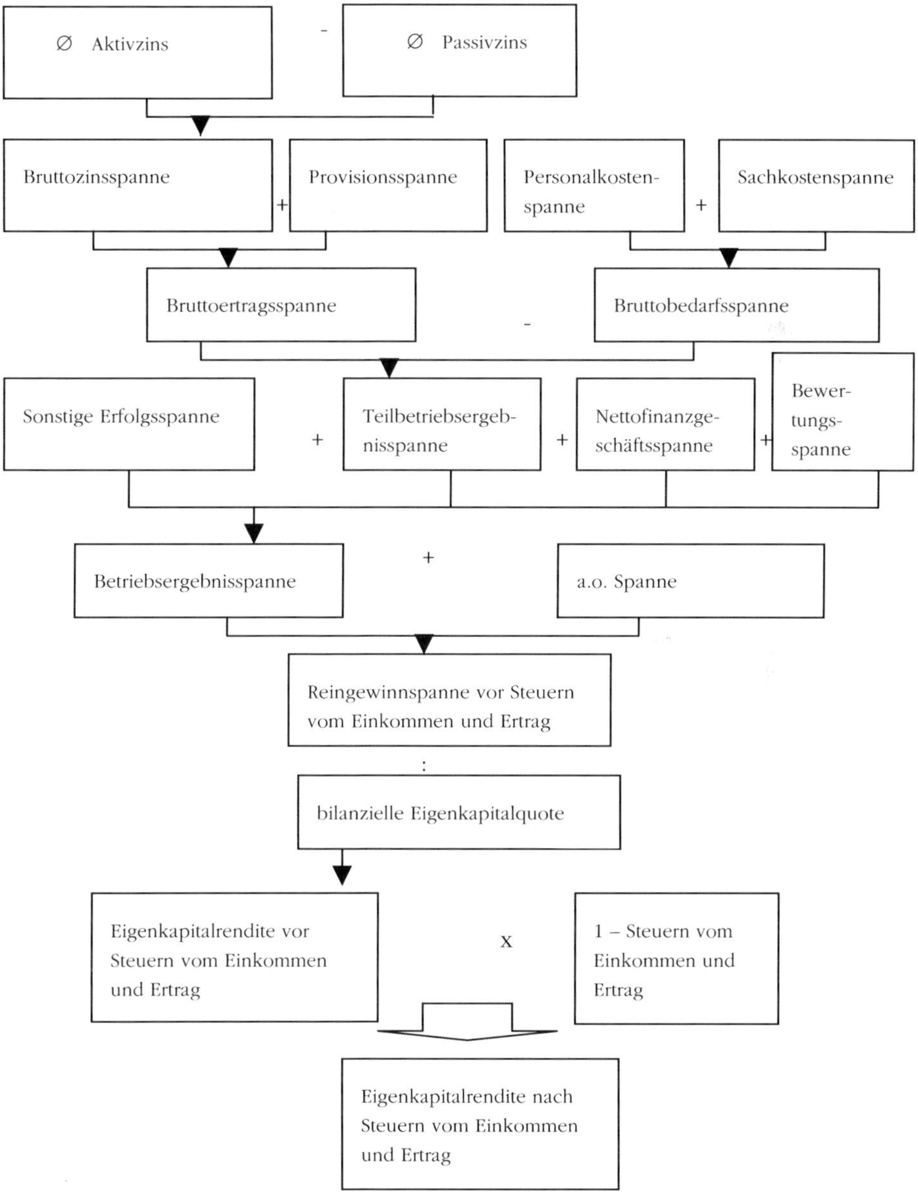

ZU DEN EINZELNEN POSITIONEN SIND FOLGENDE ERLÄUTERUNGEN WICHTIG, DAMIT AUCH DIE RICHTIGEN POSITIONEN AUS DEM EXTERNEN RECHNUNGSWESEN (FINANZBUCHFÜHRUNG BZW. GEWINN- UND VERLUSTRECHNUNG) ÜBERNOMMEN UND VERARBEITET WERDEN:

Sachkostenspanne:	Hier werden auch die Abschreibungen auf Sachanlagen erfasst.
Sonstige Erfolgsspanne:	Sonstige betriebliche Aufwendungen und Erträge werden hier erfasst.
Nettofinanzgeschäftsspanne:	Nettoaufwand oder Nettoertrag aus Finanzgeschäften.
Eigenkapitalquote:	Bezogen auf das bilanzielle Eigenkapital.
a.o. Spanne:	Neben den Beträgen aus den Positionen a.o. Aufwand bzw. a.o. Ertrag sind hier insbesondere Abschreibungen auf Wertpapiere des Anlagevermögens mit zu erfassen.
Bewertungsspanne:	Bildung und Auflösung von Vorsorgereserven nach § 340f HGB, EWB, Direktabschreibungen und unversteuerte Pauschalwertberichtigungen auf Forderungen sowie Kursgewinne und Kursverluste aus Wertpapieren der Liquiditätsreserve.
Steuern:	Hierbei müssen die steuerlich nicht anerkannten Vorsorgereserven sowie mögliche Steuervorauszahlungen oder Nachzahlungen berücksichtigt werden.

Aus dem ROI-Schema lassen sich Bezugsverhältnisse zur Ertrags- und Kostensteuerung ermitteln:

Einige wichtige Bezüge sind:

- Bruttozinsspanne zur Bruttoertragsspanne,
- Provisionsspanne zur Bruttoertragsspanne,
- Personalkostenspanne zur Bruttobedarfsspanne,
- Sachkostenspanne zur Bruttobedarfsspanne und
- Cost-Income-Ratio: Bruttobedarfsspanne zur Bruttoertragsspanne.

Ferner wird im Rahmen der möglichen Ertrags- und Kostensteuerung die Frage beantwortet, ob diese Mindestbruttozinsspanne auf Grund der Gegebenheiten der Vergangenheit überhaupt realisiert werden kann bzw. die geplanten Werte realistisch erreicht werden können. Außerdem muss geprüft werden, ob die dann ermittelte Bruttozinsspanne am Markt überhaupt durchgesetzt werden kann.

Es wird also definiert, wie der wachstumsbedingte Rentabilitätszuwachs erreicht werden soll.

Nun soll anhand der Parameter des ROI-Schemas die Mindestbruttozinsspanne für die Preußenbank AG abgeleitet werden. Dabei handelt es sich um die Fortführung des Beispiels zur Ermittlung des strukturellen Gewinnbedarfs für das Jahr 2009.

ES SOLLEN FOLGENDE PLANWERTE GELTEN:

Bewertungsspanne:	- 0,4%
Bruttobedarfsspanne:	1,5%
Provisionsspanne:	1,0%
Nettofinanzgeschäftsspanne:	0,5%
a.o. Spanne:	-0,2%
Sonstige Erfolgsspanne:	-0,2%
Strukturbeitrag:	0,5%
Durchschnittliches bilanzielles Eigenkapital:	40,74 Mio. EUR
Durchschnittliche Bilanzsumme:	672 Mio. EUR hiervon entfallen: Aktiv: 0,7 Kundengeschäft 0,3 Nichtkundengeschäft Passiv: 0,6 Kundengeschäft 0,4 Nichtkundengeschäft
Durchschnittliche bilanzielle Eigenkapitalquote:	6,06%

Tipp:

Sehen Sie sich das Beispiel zur strukturellen Gewinnbedarfsplanung noch einmal an. Sie werden dann einige der obigen Parameter wieder finden. Schauen Sie sich ebenfalls das ROI-Schema intensiv an.

ABLEITUNG DER ERFORDERLICHEN MINDESTREINGEWINNSPANNE:

$$\frac{\textbf{Eigenkapitalrendite vor Steuern EE} \times \textbf{bilanzielle Eigenkapitalquote} \quad (20{,}50) \times (6{,}06)}{\textbf{100}}$$

⇨ **1,24% Mindestreingewinnspanne**

ABLEITUNG DER MINDESTBRUTTOZINSSPANNE ANHAND DER GRÖßEN DES ROI – SCHEMAS:

	Reingewinnspanne	1,24%
-	a.o. Spanne	- 0,20%
	Betriebsergebnisspanne	**1,44%**
-	Sonstige Erfolgsspanne	- 0,20%
-	Nettofinanzgeschäftsspanne	0,50%
-	Bewertungsspanne:	- 0,40%
	Teilbetriebsergebnisspanne	**1,54%**
+	Bruttobedarfsspanne	1,50%
	Bruttoertragsspanne	**3,04%**
-	Provisionsspanne	1,00%
	Mindestbruttozinsspanne Gesamtbank	**2,04%**

Die Mindestbruttozinsspanne Gesamtbank für das Jahr 2009 beträgt 2,04% und wurde anhand der bekannten Komponenten des ROI-Schemas abgeleitet.

Sie bildet die erste Basis für die Konditionenfestlegung im Aktiv- und Passivgeschäft.

23.4 Ableitung der Mindestmarge im Kundengeschäft

Anhand dieser Vorgaben kann nun die Mindestmarge im Kundengeschäft Gesamtbank ermittelt werden.

Für diesen Rechenweg sind der Fristentransformationsbeitrag und die Mindestmarge (ZKB) im Nichtkundengeschäft (z.B. Eigengeschäfte, Sachanlagen, Eigenkapital) zu eliminieren.

Dazu wird folgende Formel verwendet:

$$\frac{\underset{(2{,}04\%)}{\text{Bruttozinsspanne}} - \underset{(0{,}5\%)}{\text{Strukturbeitrag}} - \underset{(0{,}1\%)}{\text{Marge Nichtkundengeschäftsanteil}}}{\underset{(1{,}3)}{\text{Kundengeschäftsanteil an der Bilanzsumme}}}$$

⇨ **1,11% Mindestmarge im Kundengeschäft Gesamtbank**

Bei der obigen Berechnung wurde die Marge Nichtkundenanteil mit 0,1% im Rahmen der Aufgabenstellung geschätzt.

Der Kundengeschäftsanteil an der Bilanzsumme ergibt sich wie folgt:

0,7 Kundengeschäftsanteil Aktiv + 0,6 Kundengeschäftsanteil Passiv = 1,3

Diese global für alle Kundengeschäfte ermittelte Marge stellt anhand der Daten aus dem externen Rechnungswesen die Basis für die Konditionengestaltung dar.

Dieser globale Wert muss jedoch im Rahmen des internen Rechnungswesens in der Bankkostenrechnung konkret auf einzelne Geschäfte bezogen werden. Er bildet die Basis für konkrete Zielvorgaben für die einzelnen Geschäftseinheiten. Dies geschieht in dem Rechenbaustein: Integriertes Kostenrechnungssystem.

Sie können anhand dieser Ausführungen besonders gut die Zusammenhänge zwischen dem externen und internen Rechnungswesen erkennen und nachvollziehen, dass sich im Rahmen der Bankpolitik der Gedanke und die Instrumente des Bankcontrollings mit den übrigen Instrumenten ergänzen.

24 Risikomanagement

Lernziele
Sie werden die Bedeutung einer ertragsorientierten Risikopolitik kennen lernen. Sie erfahren, welche Bankrisiken es gibt und welche Maßnahmen eingeleitet werden können, um diese Risiken zu eliminieren bzw. zu begrenzen. Ihnen wird der Begriff VaR - Value at Risk - als Maßstab für die Risikobewertung erläutert. Sie werden dargestellt bekommen, was man unter dem Risikotragfähigkeitspotenzial versteht. Sie bekommen einzelne Risikoarten genauer vorgestellt.

24.1 Einleitung

Bereits in der Einführung zum Bankcontrolling wurde auf den Teilbereich **ertragsorientierte Risikopolitik** hingewiesen.

Ertragsorientierte Risikopolitik und ertragsorientierte Wachstumspolitik müssen immer unter dem Gesichtspunkt der Rentabilität betrachtet werden.

Wachstumsziele und Ertragsziele stehen im Spannungsfeld zum Risiko.

Risikopolitik und Risikomanagement werden im Folgenden gleichgestellt, da es sich auch hier um einen prozessorientierten Ansatz handelt.

Kein Bankgeschäft ist ohne Risiko. Ohne Risikoübernahme sind jedoch nur geringere Erträge realisierbar.

Risiken gehören also dazu und müssen entsprechend gesteuert werden.

Hierzu gibt es gesetzliche Vorschriften, die durch die Deutsche Bundesbank und die Bundesanstalt für Finanzdienstleistungsaufsicht überwacht werden, sowie betriebswirtschaftliche Aspekte, die sich in den letzten Jahren entwickelt haben.

An dieser Stelle sind folgende Aspekte von Bedeutung:

- Welche Risiken gibt es?
- Welche Risiken kann sich eine Bank in welcher Höhe leisten?
- Wie können die Risiken erkannt, gemessen und bewertet, gesteuert und kontrolliert werden?

Der Begriff Risiko kann wie folgt definiert werden:

Gefahr der negativen Abweichung einer tatsächlich eintretenden, von der erwarteten Entwicklung.

MAN UNTERSCHEIDET FOLGENDE RISIKOARTEN, DIE SICH GEGENSEITIG BEDINGEN:

Finanzrisiken

Risiken des Wertbereichs

Operationelle Risiken

Risiken des technisch-organisatorischen Bereichs

Transaktionsrisiko

Abwicklungs- und Erfüllungsrisiken

Positionsrisiko

Veränderungen des Wertes von Geschäftspositionen aufgrund von Marktbewertungen und Bonitätsverschlechterungen.

Erfolgsrisiken (Wertbereich)

Sie schlagen sich im Gewinn nieder und vermindern ggf. die Eigenmittel

Gegenparteirisiken – bezogen auf die Bonität des Geschäftspartners:

- Kreditrisiko
- Aktienkursrisiko (besonderes)
- Zinsänderungsrisiko (besonderes)

Marktrisiken – bezogen auf Wertveränderungen einer Geschäftsposition aufgrund allgemeiner Marktveränderungen

- Zinsänderungsrisiko (allgemein)
- Aktienkursrisiko (allgemein)
- Währungsrisiko
- Rohstoffpreisrisiko

Liquiditätsrisiken (Wertbereich)

Gefahr, dass die Liquidität nicht gesichert ist.

Gegenparteirisiken – bezogen auf die Bonität des Geschäftspartners:

- Abrufrisiko
- Terminrisiko
- derivatives Risiko

Marktrisiken – bezogen auf allgemeine Marktveränderungen

- Terminrisiko
- Refinanzierungsrisiko
- derivatives Risiko

Beachten Sie bitte an dieser Stelle, dass in der SolvV das besondere Risiko von Aktien- und Zinspositionen dem Marktrisiko zugeordnet wurde und sich somit Unterschiede zu dieser betriebswirtschaftlichen Darstellung ergeben.

Unter Risikomanagement versteht man alle Maßnahmen, die zur Erkennung (Identifikation), Messung und Bewertung, Steuerung und Kontrolle von Risiken erforderlich sind.

MAßNAHMEN ZUR RISIKOBEGRENZUNG IM RAHMEN DER RISIKOSTEUERUNG:

ursachenbezogen	**wirkungsbezogen**
Risikovermeidung	**Risikotransfer** z.B. Konsortionalkredite, Verkauf von Forderungen im Rahmen von ABS
Risikominimierung z.B. durch Swaps Termingeschäfte	**Risikovorsorge** z.B. durch Einzelwertberichtigungen Pauschalwertberichtigungen
Risikolimitierung z.B. durch Beschränkung auf einzelne Branchen im Kreditgeschäft	**Risikodiversifikation**
Risikodiversifikation	

IM RAHMEN DES RISIKOMANAGEMENTS WIRD AUCH MIT RISIKOKALKÜLEN GEARBEITET. ES HANDELT SICH HIERBEI UM:

Risikotragfähigkeitskalkül

Welche Risiken kann sich die Bank in welcher Höhe leisten?

Risikotragfähigkeitspotenzial

vs.

Totalverlustpotenzial

Totalverlustpotenzial:

Ermittlung anhand des Value at Risk (VaR).
VaR = geschätzter Maximalwertverlust einer Einzelposition oder Portfolios der unter marktüblichen Bedingungen innerhalb eines definierten Zeitraums mit einer bestimmten Wahrscheinlichkeit eintritt.

Risikotragfähigkeitspotenzial:

Risikokapital – Ökonomisches Kapital, welches als Deckungsmasse für den VaR zur Verfügung steht.

Risiko-Chancen-Kalkül

Welchen Ertrag benötigt die Bank, damit sich die Risikoübernahme lohnt?

Einrechnung von Risikoprämien – Standard-Risikokosten für den zu erwartenden Ausfall und Eigenkapitalkosten des gebundenen Kapitals als zusätzliche Verzinsung des Eigenkapitals im Kreditgeschäft sowie einer möglichen höheren Marge, um dem unerwarteten Kreditausfall Rechnung zu tragen (z.B. als Verzinsung des vorzuhaltenden ökonomischen Kapitals)

Siehe hierzu auch Kapitel 19.2 Seiten 190-194!

Definitionsmöglichkeit des ökonomischen Kapitals anhand von Auflösungsstufen:

1. Stufe:
   Standard-Risikokosten
   Risikovorsorge
   ⇩
   für erwartete Verluste

   Übergewinn

2. Stufe:
   stille Reserven
   (z.B. Vorsorgereserven nach § 340f HGB)

3. Stufe:
   Mindestgewinn

   Sonderposten für allgemeine Bankrisiken

4. Stufe:
   offene Rücklagen
   Gezeichnetes Kapital

5. Stufe:
   übriges Ergänzungskapital

Wichtig:

Eine einheitliche Definition des ökonomischen Kapitals gibt es nicht.

Die Bundesanstalt für Finanzdienstleistungsaufsicht hat in den Rundschreiben 18/05 und 5/07 die MaRisk – Mindestanforderungen an das Risikomanagement verlautbart und somit die Säule 2 von Basel II umgesetzt.

Im Sinne der MaRisk umfasst das Risikomanagement unter Berücksichtigung der Risikotragfähigkeit die Festlegung angemessener Strategien sowie die Einrichtung angemessener interner Kontrollverfahren. Hinsichtlich der Kontrollverfahren wird zwischen einem internen Kontrollsystem und der internen Revision unterschieden.

Das interne Kontrollsystem umfasst u.a.

- Regelungen zur Aufbau- und Ablauforganisation,
- Prozesse zur Identifizierung, Beurteilung, Steuerung, Überwachung sowie Kommunikation der Risiken.

In den MaRisk werden folgende wesentliche Risiken definiert:

- Adressenausfallrisiken,
- Marktpreisrisiken,
- Liquiditätsrisiken und
- Operationelle Risiken.

Alle Geschäftsleiter sind nach den Vorgaben der MaRisk ohne Berücksichtigung ihrer einzelnen Zuständigkeiten für alle wesentlichen Elemente des Risikomanagements verantwortlich.

Nun sollen die einzelnen Erfolgsrisiken beschrieben werden und Maßnahmen aufgezeigt werden, wie diese gemessen werden können.

24.2 Kreditrisiko

Kreditrisiken lassen sich unterteilen in

Adressenausfallrisiken:	Gefahr, dass Kreditnehmer ihren vertraglichen Pflichten zur Leistung des Kapitaldienstes nicht nachkommen und Kreditausfälle drohen.
Bonitätsrisiko:	Gefahr, dass sich auf Grund von Bonitätsverschlechterungen die Ausfallwahrscheinlichkeit erhöht.

Zur Messung des Kreditrisikos gibt es zwei wesentliche Verfahren:

Traditionelle Kreditwürdigkeitsprüfung:

- Einnahmen-Ausgabenrechnung bei Privat- und Gewerbekunden,
- Scoring bei Privat- und Gewerbekunden sowie
- Bilanzanalyse bei bilanzierenden Gewerbe- und Firmenkunden.

Entsprechend dieser Ergebnisse können die Kreditnehmer in Ratingklassen eingeteilt werden, welche den Risikogehalt des Engagements darstellen. Somit wird auch die Kreditkondition beeinflusst.

Besonderheiten wie Kreditart und Sicherheiten müssen natürlich noch mit berücksichtigt werden.

Neue Formen der Kreditwürdigkeitsprüfung:

- Diskriminanzanalyse
  Gegenüberstellung des Kreditnehmers mit Unternehmen, die sich gut und schlecht entwickelt haben. Es wird anhand eines mathematischen Verfahrens versucht zu ermitteln, wie sich das Unternehmen anhand bestimmter Kennzahlengrößen weiterentwickeln wird.

24.3 Zinsänderungsrisiko, Aktienkursrisiko und Währungsrisiko

Zinsänderungsrisiko

Ein Zinsänderungsrisiko im engeren Sinne - auch Zinsspannenrisiko genannt - drückt die Gefahr aus, dass sich durch Zinsänderungen am Geldmarkt die Zinsmarge des Institutes verringert.

Das Zinsänderungsrisiko im engeren Sinne kann noch - hier vereinfacht dargestellt - auf festverzinsliche Wertpapiere im Bestand ausgeweitet werden. Dann spricht man vom Marktwertrisiko. Das Marktwertrisiko entspricht dem Zinsänderungsrisiko im weiteren Sinne. Es drückt die Gefahr aus, dass sich durch Zinsänderungen die Kurse von festverzinslichen Papieren nach unten bewegen. Dies kann auf Grund allgemeiner Marktveränderungen sowie anhand bonitätsbezogener Faktoren geschehen.

Insoweit können Zinsänderungsrisiken wie folgt dargestellt werden:

Aktivisches Zinsänderungsrisiko:	Passivfestzinsüberhang – Gefahr, dass die Zinsen für den variablen Teil sinken. Somit verringern sich die Erträge aus dem Aktivgeschäft und die Zinsspanne sinkt.
Passivisches Zinsänderungsrisiko:	Aktivfestzinsüberhang – Gefahr, dass die Zinsen für den variablen Teil steigen. Somit verteuert sich die Refinanzierung und die Zinsspanne sinkt.
Variables Zinsänderungsrisiko:	Gefahr, dass bei Zinsänderungen im variablen Bereich die Zinsänderungen nicht vollumfänglich an die Kunden weitergegeben werden können und sich somit die Zinsspanne reduziert. Dies ist hauptsächlich dadurch begründet, dass die variablen Aktiva und Passiva unterschiedliche Elastizitäten aufweisen können.

Marktwertrisiko: Gefahr, dass sich durch emittentenbezogene oder marktbezogene Zinsveränderungen der Kurs eines festverzinslichen Wertpapiers nach unten entwickelt.

Gemessen werden können die Zinsänderungsrisiken im engeren Sinne anhand der Zinsbindungsbilanz. Dabei werden unverzinsliche Positionen (Eigenkapital, Sachanlagen etc.) wegen des geringen Umfanges i.d.R. nicht mit berücksichtigt.

ANHAND DER FOLGENDEN ZINSBINDUNGSBILANZ WERDEN DIE ENTSPRECHENDEN ZINSÄNDERUNGSRISIKEN DARGESTELLT:

	1.Quartal 09	2. Quartal 09	3. Quartal 09	4. Quartal 09
Festzinsaktiva	400	350	340	300
Festzinspassiva	380	360	340	320
Festzinsüberhang	aktiv 20	passiv 10	0	passiv 20
Zinsänderungsrisiko	Passivisches ZÄR	Aktivisches ZÄR	-	Aktivisches ZÄR

Die traditionelle Zinsbindungsbilanz hat einige Nachteile und wird somit durch das Elastizitätenkonzept erweitert. Nun kann auch das variable Zinsänderungsrisiko erfasst werden.

Zinselastizität:

Bezeichnet die Relation zwischen Veränderung des Positionszinses und des Marktzinses innerhalb eines Zeitraumes.

BEISPIELE:

Darlehen, Zinsfestschreibung 10 Jahre — Zinselastizität: 0 (kann sich nicht ändern!!)

Interbankengeld variabel; Basis Euribor — Zinselastizität: 1 (ändert sich 1:1 mit Marktzins)

Spareinlage mit vereinbarter Kündigungsfrist — Zinselastizität 0,3 (Mischkalkulation aus Tagesgeld und 1 – 4 Jahresgeld entsprechend der Abrufwahrscheinlichkeit; ändert sich der Tagesgeldsatz um 1%-Punkt, so ändert sich die Kondition um 0,3%-Punkte)

Baufinanzierung Variabel	Zinselastizität 0,4 (Mischkalkulation aus Tagesgeld und langfristigem Zins; ändert sich der Tagesgeldzins um 1%-Punkt, so ändert sich die Kondition um 0,4%-Punkte)

Tipp:

Lesen Sie an dieser Stelle noch einmal das Kapitel 17.4

Die Basis für eine differenziertere Betrachtung bildet eine Elastizitätsbilanz, die aus der Zinsbindungsbilanz durch Erweiterung um Elastizitätsangaben entstanden ist.

Sie kann statisch, also nur auf einen Stichtag bezogen sein. Ebenfalls kann sie dynamisch ausgestaltet sein. In diesem Falle erfolgt die Betrachtung über einen längeren Zeitraum (z.B. Quartale).

In der Elastizitätsbilanz werden sämtliche zinstragenden (fest- und variabel verzinslich) und ggf. unverzinslichen Positionen mit ihrem Volumen und Elastizitäten gegenübergestellt. Dann werden entsprechende Festzinsüberhänge ermittelt und mögliche Zinsänderungsrisiken incl. ihrer Ergebnisveränderung festgestellt. Dabei werden unverzinsliche Positionen (z.B. Sachanlagen oder Eigenkapital), sofern sie berücksichtigt werden, in den Festzinspositionen erfasst. Eine Einbeziehung unverzinslicher Positionen empfiehlt sich, wenn große betragliche Unterschiede zwischen den unverzinslichen Aktiv- und Passivpositionen vorliegen. Ferner ist es so besser möglich, die Veränderung der kompletten bilanziellen Bruttozinsspanne bei Zinsänderungen darzustellen.

Auf der nächsten Seite ist eine Elastizitätsbilanz abgebildet. Die unverzinsliche Aktiva ist der Festzinsaktiva und die unverzinsliche Passiva ist der Festzinspassiva zugeordnet. Es handelt sich um eine dynamische Elastizitätsbilanz, da ein Quartal betrachtet wird.

ELASTIZITÄTSBILANZ FÜR DAS 1. QUARTAL 2009 – STAND 31.12.2008:

Aktiva	Vol. Mio. EUR	Zins-elastizität	Ertragsveränderung bei –1%-Punkt	Passiva	Vol. Mio. EUR	Zins-elastizität	Aufwandsveränderung bei –1%-Punkt
Unverzinsliche Aktiva	80	0	0	Unverzinsliche Passiva	200	0	0
Baufin. Fest	820	0	0	Verb. Banken > 3 Monate	1.000	0	0
Ratenkredite Fest	400	0	0				
Festzins-aktiva	**1.300**	**0**	**0**	**Festzins-passiva**	**1.200**	**0**	**0**
aktiver Festzinsüberhang	*100*						
Ford. an Banken täglich fällig Variabel	1.000	1	- 10	Sichteinlagen	1.500	0,3	- 4,5
Kontokorrent	400	0,80	- 3,2				
Variable Aktiva	1.400	0,94	- 13,2	variable Passiva	1.500	0,3	- 4,5
Summe	**2.700**	**0,49**	**- 13,2**	**Summe**	**2.700**	**0,17**	**- 4,5**
Veränderung des Zinsüberschusses bei Reduzierung des Marktzinses um 1%-Punkt.			+ 4,5 ⇩ **- 8,7**				

Erläuterung:

Die Bank hat im obigen 1. Quartal 2009 einen aktiven Festzinsüberhang in Höhe von 100 Mio. EUR. Formal liegt ein passivisches Zinsänderungsrisiko vor. Die Bank geht in diesem Beispiel also von sinkenden Zinsen aus. In der bisherigen allgemeinen Zinsbindungsbilanz wäre dies positiv betrachtet worden. Anhand der Elastizitätsbilanz stellt man nun fest, dass auch Zinssenkungen problematisch sein können. In diesem Fall sind die Elastizitäten der Aktivseite höher als die der Passivseite. Bei Zinssenkungen werden die Vorteile einer günstigeren Refinanzierung durch die Nachteile im geringeren Ertrag der Aktivseite übertroffen. Das Zinsergebnis sinkt um 8,7 Mio. EUR .

Das Marktwertrisiko kann anhand folgender Verfahren gemessen werden:

Barwertkonzept: Ermittlung des Kurswertes eines festverzinslichen Wertpapiers in Abhängigkeit einer bestimmten Zinsentwicklung. Er wird durch Abzinsung des Kursgewinnes bzw. -verlustes einer Position bestimmt.

Durationsanalyse: Analyse der Reaktion des Kurswertes festverzinslicher Wertpapiere auf Veränderungen der Marktzinsen. Je niedriger die Duration ist, desto geringer ist auch das Marktwertrisiko. Somit können Anleihen mit unterschiedlichen Laufzeiten und Zinsen vergleichbar gemacht werden.

Aktienkursrisiko

Das Aktienkursrisiko beschreibt die Gefahr, dass sich einzelne Aktientitel bzw. ganze Portefeuilles auf Grund von Kursreduzierungen negativ entwickeln; sich deren Wert also verschlechtert.

Dabei gibt es, analog den Regelungen der SolvV, folgende Ursachen:

allgemeines Kursrisiko

besonderes Risiko - emittentenbezogen

Die Messung erfolgt z.B. anhand des VaR.

Währungsrisiko

Das Währungsrisiko beschreibt die Gefahr, dass durch Kursrückgänge am Devisenmarkt offene Devisenpositionen Verluste erleiden.

Dabei sind zu unterscheiden:

Swapsatzrisiko: Es beschreibt die Gefahr, dass sich die Differenz zwischen Terminkurs und Kassakurs so verändert, dass offene Positionen nur noch unter Verlusten geschlossen werden können.

Devisenkursrisiko: Es beschreibt die Gefahr von allgemeinen Kursrückgängen, die dann zu Wertverlusten führen.

Die Messung kann ebenfalls anhand des VaR erfolgen.

25 Aufgaben und Fälle

25.1 Bankmarketing

Die Geschäftsleitung der Preußenbank AG stellt fest, dass das Kreditgeschäft der Filiale Spandau im Vergleich zu anderen Filialen rückläufig ist. Sie erhalten nun die Aufgabe, das Problem aufzuarbeiten und ggf. Vorschläge zur Verbesserung zu unterbreiten.

1. Erläutern Sie, in welchen Schritten Marktforschung betrieben und welche Informationen hierfür herangezogen werden können!

2. Sie stellen fest, dass im Geschäftsbereich der Filiale ein Gewerbegebiet sowie ein großes Neubaugebiet für Eigenheime und größere Mehrfamilienhäuser erschlossen wird.

   a) Erläutern Sie, wie die Leistungspalette der Preußenbank AG aussehen müsste bzw. ergänzt werden könnte, um das Kreditgeschäft zu verbessern. Begründen Sie Ihre Vorschläge!

   b) Nennen Sie die Marketinginstrumente, die zur Verbesserung des Kreditgeschäftes eingesetzt werden können!

3. Erläutern Sie die Vorgehensweise bei der Entwicklung und Einführung eines neuen Bankproduktes!

25.2 Strukturelle Gewinnbedarfsplanung

DIE PREUßENBANK EG VERFÜGT PER 31.12.2008 ÜBER FOLGENDE POSITIONEN:

Forderungsklassen:	Risikogewicht:	Buchwert:
Unternehmen	100%	250,00 Mio. EUR
Zentralregierung	0%	115,00 Mio. EUR
Mengengeschäft	75%	100,00 Mio. EUR
sonstige Positionen	100%	90,00 Mio. EUR
Bilanzsumme/Geschäftsvolumen:		555,00 Mio. EUR
Das bilanzielle Eigenkapital beträgt		42,00 Mio. EUR

Weitere Parameter:

- Es bestehen keine Abzugs- und Unterlegungspositionen. Insofern entspricht das haftende Eigenkapital dem modifizierten, verfügbaren Eigenkapital und auch den anrechenbaren Eigenmitteln.
- Das Ergänzungskapital beträgt 35% des bilanziellen Eigenkapitals.
- Es sind 2,5 Mio. EUR an operationellen Risiken zu unterlegen.
- Marktrisiken bestehen keine.

1. Errechnen Sie die Gesamtkennziffer gem. SolvV und die bilanzielle Eigenkapitalquote.

IM JAHR 2009 WERDEN FOLGENDE WERTE GEPLANT:

Forderungsklassen:	Risikogewicht:	Buchwert neu 2009:
Unternehmen	100%	270,00 Mio. EUR
Zentralregierung	0%	120,00 Mio. EUR
Mengengeschäft	75%	140,00 Mio. EUR
sonstige Positionen	100%	100,00 Mio. EUR
Anrechnungsbetrag für operationelle Risiken		5,00 Mio. EUR

Die Gesamtkennziffer soll auf 16% steigen.

2. Ermitteln Sie das neue bilanzielle Eigenkapital und bestimmen Sie die neue bilanzielle Eigenkapitalquote.

FÜR DAS JAHR 2009 SOLLEN FOLGENDE ANNAHMEN GETROFFEN WERDEN:

- Es wird eine Kapitalerhöhung von 5% des bilanziellen Eigenkapitals per 12.08 vorgenommen. Die neuen Aktien sind ab 2010 dividendenberechtigt.
- Es soll eine Bardividende von 8% des bilanziellen Eigenkapitals ausgeschüttet werden. Einheitlicher Steuersatz 29,83% für Körperschaftssteuer und Gewerbesteuer.

Ermitteln Sie nun, welcher Reingewinn vor und nach Steuern vom Einkommen und Ertrag erzielt werden muss! Bestimmen Sie ferner die jeweiligen Eigenkapitalrentabilitäten.

25.3 Kurzaufgaben

1. Stellen Sie das Zielsystem von Banken dar!

2. Erläutern Sie, warum der Förderauftrag der Genossenschaftsbanken nicht dem Gewinnziel widerspricht!

3. Nennen und erläutern Sie die Instrumente der Bankpolitik!

4. Beschreiben Sie die Notwendigkeit des Bankmarketings und erläutern Sie die einzelnen Instrumente!

5. Grenzen Sie operative und strategische Planung voneinander ab!

6. Welche Geschäftsfelder lassen sich bei der strategischen Planung bilden?

7. Beschreiben Sie die strategische Geschäftsfeldplanung!

8. Beschreiben Sie die Bestimmungsfaktoren des strukturellen Gewinnbedarfs!

9. Die Preußenbank AG plant zur Betreuung ihrer vermögenden Privatkunden die Gründung eines mobilen Vertriebes. Nennen Sie 5 Punkte, auf die die Preußenbank in ihrer Vertriebspolitik achten sollte!

10. Beschreiben Sie die wesentlichen Bankrisiken!

11. Was verstehen Sie unter den Begriffen Risikosteuerung und Risikomanagement?

12. Die Preußenbank AG hat im 4. Quartal 2007 einen Aktivfestzinsüberhang. Es wird mit steigenden Zinsen gerechnet. Erläutern Sie 2 Maßnahmen zur Begrenzung des Zinsänderungsrisikos!

25.4 Wiederholungsaufgaben

Bankmarketing

Der Vorstand der Grundcreditanstalt sieht im Segment gehobene Privatkunden noch Wachstumspotenzial für die Zukunft.

1. Erläutern Sie zwei Aspekte, die für dieses Potenzial sprechen!

2. In diesem Zusammenhang erläutern Sie bitte je zwei Maßnahmen die in den Bereichen Produkt- und Preispolitik eingesetzt werden können, um die Grundcreditanstalt zu positionieren!

Die AXB Bank hat vor kurzem eine Direktbank für das Retail Banking gegründet.

1. Erläutern Sie unter Berücksichtigung von Marketingaspekten vier Vorteile für die Gründung der Direktbank!

2. Beschreiben Sie aus Sicht der AXB Bank zwei mögliche Nachteile dieser Gründung der Direktbank!

Zinsänderungsrisiken

Die Preußenbank AG weist folgende Elastizitätsbilanz aus:

Aktiva	Mio. EUR	Elastizität	Passiva	Mio. EUR	Elastizität
Festverzinslich	15.000	0	Festver-Zinslich	12.000	0
Variabel	5.000	0,8	Variabel	8.000	0,4
	20.000			**20.000**	

1. Ermitteln Sie rechnerisch nachvollziehbar, wie sich eine Veränderung der Marktzinsen um 1%-Punkt auf die obigen Positionen der Preußenbank AG auswirken und kommentieren Sie das Ergebnis!

2. Erläutern Sie zwei Kritikpunkte der traditionellen Zinsbindungsbilanz!

Rentabilitätsmanagement

Die Preußische Bank eG betreibt mit allen Kundengruppen Geschäfte. Im Rahmen der strategischen Ausrichtung der Geschäftsfelder soll untersucht werden, ob das Retailgeschäft noch lukrativ ist.

Der Bereich Controlling legt hierzu folgende Zahlen vor:

In Mio. EUR	Retailgeschäft	Vermögende Privatkunden	Privatkunden gesamt
Zins- und Provisionsüberschuss	200	180	380
Personal- und Sachaufwand	180	150	330
Ergebnis vor Risikovorsorge	20	30	50
Risikovorsorge	20	15	35
Betriebsergebnis	0	15	15

1. Analysieren Sie das Ergebnis im Privatkundengeschäft und gehen hierbei auf die Verteilung auf die beiden Kundengruppen ein!

2. Erläutern Sie anhand von 2 Aspekten, warum die Bank im Retailgeschäft nichts verdient hat!

3. Ermitteln Sie für beide Segmente das Cost-Income-Ratio!

4. Erläutern Sie zwei Maßnahmen, die zur Ergebnisverbesserung im Privatkundengeschäft beitragen können!

Schlagwortverzeichnis

A

Ablauforganisation 220
Adressenausfallrisiko 28,252
Äquivalenzziffernverfahren 184
Aktien
  eigene 20
  Vorzugs-20
Allfinanz
  Begriff 229
  -produkte 229
Anhang im Jahresabschluss 115
Anlagevermögen
  abnutzbar 121
  nicht abnutzbar 121
Aufbauorganisation
  kundengruppenorientierte 221
  spartenorientierte 221
Aufwand
  Begriff 153
  neutraler 153
  ordentlicher 153
Ausgleichspreisstellung 230

B

Bankbilanzpolitik
  Begriff 129
  Maßnahmen 132
Bankleistungen
  Begriff 8
  Besonderheiten 9
Bankloyalität 227
Bankmarketing
  Begriff 226
  Instrumente 227
Bankpolitik 211
Bankregel, goldene 73
Bedarfsspanne 241
Betriebsabrechnungsbogen 183
Betriebsergebnis 241
Betriebs- und Geschäftsausstattung 120
Bewertungsergebnis 241
Beziehungen
  formeller Art 221
  materieller Art 221
  personeller Art 221
Bilanz
  unkompensiert 157
  kompensiert 157
Bilanzgewinn 21
Bilanzpolitik - siehe Bankbilanzpolitik
Bilanzschichtung 168
Bilanzsstrukturmanagement 129
Bilanzverlust 21
Bodensatz
  Begriff 73
  Theorie 73
Bonitätsrisiko 252
Bottom-up/Top-down-Verfahren 201
Bruttoprinzip 109
Bruttozinsspanne 162

C

Controlling 147

D

Deckungsbeitragsrechnung 188
Dotationskapital 20
Divisionsverfahren 184

E

Eigene Ziehungen in der Bilanzierung
  im Umlauf 96
  im Bestand 96
Eigenkapital
  Bedarfsplanung 215
  Bestandteile 16
  Verzinsung 155
Eigenmittel 16
Einlagenkreditinstitut 6
Einlagensicherung 13
Einzelkosten 156
Elastizität 175
Emissionsgeschäft 5
Ergänzungskapital 16
Europäischer Pass 7

F

Faktoren der Leistungserstellung 9
Finanzdienstleistungen 5
Finanzdienstleistungsinstitut 5
Finanzholding-Gruppe 51
Finanzinstrumente 4
Finanzunternehmen 5
Forward Rate Aggrements 46
Fristengliederung 95

G

Garantieverbund 13
Gemeinkosten 156
Gemeinkostenschlüsselung 184
Genossenschaftsbanken 13
Genussrechte 23
Gesamtbetriebskalkulation 161
Gesamtzinsspannenrechnung 165
Gewinn- und Verlustrechnung 109
Großkredite 61

H

Haftsummenzuschlag 24
Handelsbuch 4
Handelsbuchinstitut 4

I

IAS 135
Institutsgruppe 51

J

Jahresabschluss 87
Jahresabschlussprüfung 91

K

Kapitalflussrechnung 133
Kernkapital 16
Kommunikationspolitik 232
Konditionenbeitrag 171
Konsolidierung 54,134
Konzernabschluss 133
Kosten 153
Kostenstellenrechnung 183
Kreditinstitut 3
Kreditrisiko 252
Kreditwesengesetz 11
Kundenkalkulation 195

L

Lagebericht 116
Länderrisiken 124
Laufzeitmethode 33
Lean Banking 222
Leasing 5
Leistungserstellungsprozess 8
Liquidität 71
Liquiditätsrisiko 72
Liquiditätsverordnung 73

M

Management 211
Marketing-Mix 227
Marktbewertungsmethode 33
Marktleistung 8
Marktzinsmethode 171

Matrixorganisation 222
Millionenkredite 65

N

Nachrangige Verbindlichkeiten 24
Nettoaufwand aus Finanzgeschäften 112
Nettoertrag aus Finanzgeschäften 112
Neubewertungsreserven 22
Nichthandelsbuchinstitut 4
Nif 45

O

Offenlegungspflichten 92
Organisation 220
Organkredit 65

P

Planung 223
Portfoliomethode 224
Preispolitik 230
Produktpolitik 228
Provisionsaufwendungen 111
Provisionserträge 111

Q

Quotenkonsolidierung 54, 134

R

Rating 34
Rechnungswesen 87
Rentabilität 213
Risikomanagement 247
Rückstellungen 104
Ruf 45

S

Sachanlagen 121
Schichtenbilanz 168
Securitization 46
Segmentberichterstattung 135
Shareholder Value 214
Sicherungsziele
finanzielle 212
nicht finanzielle 212
Solvabilitätsverordnung 28
Standard-Einzelkostenrechnung 185
Strategische Geschäftsfelder 224
Strukturbeitrag 171
Stückkostenrechnung 184
Swap 48

T

Teilzinsspannenrechnung 167
Tochterunternehmen 52

U

Überkreuzkompensation 113

V

VAR 250
Verkaufsförderung 233
Verrichtungsprinzip 221
Vertriebspolitik 231
Vollkonsolidierung 54, 134

W

Werbung 233
Wertkosten 150
Wertleistung 150
Wertpapierhandelsbank 6
Wertpapierhandelsunternehmen 6
Wettbewerbsstärke 224

Z

Zielsystem 2191
Zinsänderungsrisiko 253
Zinsaufwendungen 110
Zinsbindungsbilanz 254